COLLECTION « VÉCU »

W0205877

DU MÊME AUTEUR

PENSÉES ET SOCIÉTÉ AFRICAINES : essais sur une dialectique de complémentarité antagoniste chez les Bantu du Sud-Est. Première édition : Mouton et Cie, pour « Cahiers de l'homme », 1963; deuxième édition : éditions Publisud, 1986.

RÊVES/RÉALITÉS. 1978 (tirage numéroté hors commerce).

LE SIGNE DU DÉBUT DE ZIMBABWE : facettes d'une sociologie de la connaissance. Editions Publisud, 1982.

LES MAASAI : GUERRIERS DE LA SAVANE. Editions Berger-Levrault, 1984.

MYTHES ET CROYANCES DE L'AFRIQUE AUSTRALE *in* Mythes et croyances du monde entier. Tome III. Lidis/Brepols, 1985.

JACQUELINE ROUMEGUÈRE-EBERHARDT

QUAND LE PYTHON SE DÉROULE

ÉDITIONS ROBERT LAFFONT
PARIS

© Éditions Robert Laffont, S.A., Paris, 1988
ISBN 2-221-04875-X

Je dédie ce livre à mes enfants :
Isabelle : ma poupée bangui, Chipo, don du ciel
Caroline chérie de soie vêtue
Georges : grand lion intrépide
et à mon compagnon de route Meitamei.

En souvenir de toutes les aventures
dures et merveilleuses
que nous avons partagées.

PRÉLUDE

En Afrique le grand événement c'est le fleuve ;
le fleuve rageur
le fleuve silencieux
le fleuve nageur
le fleuve voyageur
le fleuve des dieux
le fleuve courageux
le fleuve traître
le fleuve précieux
fleuve Limpopo caché sous les bancs de sable blanc
fleuve Zambèze se jetant dans l'immense falaise pour regagner
les cieux en vapeur légère,
fleuve mystérieux
Nil blanc et bleu,
sources des anciennes civilisations
présentes encore aujourd'hui dans les grandes royautés d'Afrique;
inspiration de la Grèce antique
moteur premier de notre civilisation actuelle.

En Afrique, paraît-il, naquit l'humanité.
C'est pourquoi à Zimbabwe, dans les grottes oracles
où l'on entend la voix du fils de Dieu, Mwali,
sa prêtrise est Shoko, petit singe préhistorique :
australopithèque, premier totem de l'humanité.

C'est pourquoi aussi, les intrépides guerriers maasai
lorsqu'ils partent en brousse aux olpuls : cachots où
ils vont abattre des bœufs et se rassasier de viande
et de bouillons agrémentés d'écorces bienfaisantes,
loin des regards des femmes,
rencontrent X – cet hominidé non identifié des forêts équatoriales,
notre voisin
qui nous voit plus souvent que nous ne le voyons,
voué à vivre une vie parallèle, ou à disparaître :
M. X, notre frère, notre père, notre prototype
homo habilis ou *homo erectus*,
ou encore *homo* inconnu, mais certes *homo*,
quoi qu'en disent ou en pensent les spécialistes.

Fort, poilu, nu
il abat le buffle avec un arbre déraciné,
lui brisant d'un seul coup la nuque, ou la patte,
avant de l'abattre et de manger crus son foie et son cœur
et de se rassasier en buvant son sang.
Curieux des hommes, il ne les attaque que très rarement,
se contentant de les observer, de leur voler de la viande,
parfois même du feu
ou de les paralyser de son cri rauque et incroyablement
effrayant;
cri qui fait trembler tous les animaux de la forêt
et qu'imitent les guerriers maasai
lorsqu'ils se déplacent après la tombée de la nuit.

Seuls ceux, comme moi, qui ont vécu en symbiose
avec le fleuve
avec la forêt
avec les animaux
avec les plantes
avec les mousses
avec les pousses
avec les orchidées, cachées à l'ombre

avec les araignées
avec les serpents
avec les buffles et les éléphants
avec l'hippopotame qui me vit naître
avec les sables du désert du Kalahari
et le lac près de Loyangalani
avec les peuples du désert
avec les Pygmées des forêts tropicales
avec les grands pasteurs nomades
avec les petits agriculteurs craintifs
avec les fiers aristocrates des grandes royautés d'Afrique,
seuls ceux-là sauront vous dire,
que X existe,
et vit auprès de nous sur des ondes parallèles,
parfois appelées à rencontrer les nôtres
pour un bref instant qui annule des siècles et des continents
afin de rejoindre notre XXe siècle
et participer à notre vie
vécue ce court instant, à l'envers.

J'écris auprès du fleuve Mara en crue
là où j'entends souvent son cri
et trouve ensuite un buffle avec une patte cassée.
Habituellement il s'agit d'une patte avant, mais hier
le neuvième buffle du troupeau près de notre forêt
avait une patte arrière brisée, le lendemain du cri de X
qui transperça la nuit,
me tirant de mes rêves,
comme ce fut aussi le cas en 1979 et 1981.

Alors voilà,
comment convaincre les incrédules
si nombreux
qui pensent que l'humanité se définit par le transistor
et n'existe que dans les limites du journal de midi,
prolongé par celui du soir
et parfois par la BBC ?

Je leur conterai des histoires vraies
qu'ils ne voudront pas croire.
Tant pis s'ils pensent qu'il s'agit
de légendes et de mythes
puisque ceux-ci reflètent
des réalités
bien au-delà de notre vie quotidienne et de nos rêves,
cernés de banalités.
Certains êtres semblent être choisis pour vivre
l'intersection de lignes parallèles,
là où le passé et l'avenir convergent dans l'infinité du moment
vécu, celui qui brise les restrictions du temps et de l'espace
pour rejoindre les vies précédentes
celles emportées par le fleuve :
le fleuve rageur, le fleuve nageur, le fleuve gageur,
le fleuve qui rit de notre pérennité,
de nos perspectives déformées
par les limites d'une seule vie,
tandis que nous appartenons à toutes les vies précédentes
dont nous portons les chromosomes,
à toutes les vies antécédentes,
qui coulent dans notre sang,
à toutes les vies dont nous portons le potentiel à venir
celle que nous céderons, bien malgré nous,
à nos enfants.

Voici pourquoi je vais écrire
au côté du fleuve rageur,
ma vie extraordinaire,
ma vie si hors de l'ordinaire
qu'elle ne devient
qu'une vie parmi tant d'autres
qui ne pourront y croire.
Peu importe, le fleuve Mara,
cordon ombilical,
qui me relie au Nil blanc, au Nil bleu,
et parfois même aux rives de la Seine,

m'encourage de son chant rageur
à vous livrer ces choses :
certaines sérieuses, certaines précieuses
d'autres triviales, toujours fluviales,
car en Afrique, le grand événement, c'est le Fleuve.

AVANT LE DÉBUT

Mes premiers souvenirs remontent à quatre mille neuf cent soixante ans sur les berges du Nil blanc. Enfant, je me roulais dans le sable chaud avant de me jeter, avec mes camarades de jeu, dans les eaux fraîches du fleuve où le courant, parfois trop fort pour moi, m'emportait sans pitié jusqu'à ce que j'arrive à me raccrocher à des papyrus en fleur. Ainsi j'appris que le fleuve, source de notre vie, était aussi souvent rageur et traître, mais qu'il resterait toujours mystérieux, détenteur de secrets enfouis dans les sables de ses berges, qu'il ne livrerait qu'aux princes capables de le traverser à la nage en portant un flambeau qui ne devait pas s'éteindre, malgré les attaques des crocodiles et les remous des hippopotames furieux.

Au début, j'habitais un palais de roseaux tressés, entourée de jeunes femmes très belles, qui me choyaient et m'apprenaient à danser, mais aussi à respecter mes aînées, en saluant à genoux, la tête posée sur mes mains allongées en remuant les deux index alignés l'un contre l'autre.

Puis je fus choisie, avec d'autres princesses, pour préparer la boisson rituelle en réduisant les petites graines d'éleusine caracana entre deux pierres en une farine bien fine. Mais dès que mes seins se mirent à pousser et pointer en avant, telles deux courgettes bien mûres, ma vie changea, car seules les fillettes non pubères pouvaient préparer le mpambo, la boisson rituelle offerte au grand python primordial qui habitait le fleuve auquel, chaque année, on offrait une fillette pubère en épouse.

Portant une poterie remplie de mpambo, elle descendait lentement dans les remous du fleuve, au son des flûtes de roseau, le tshikona joué et dansé par les hommes. Chaque homme avait une flûte correspondant à son âge et à sa virilité. Parfois il arrivait qu'un crocodile attrapât la jeune fille avant qu'elle ne puisse rejoindre le python, son époux. Alors on disait qu'il ne pleuvrait pas cette saison-là.

Un jour, on vint me chercher. Avec d'autres princesses, je fus alignée car on allait choisir celle qui devait accompagner le mpambo. On chuchotait mon nom et je me sentis envahie par une crainte immense; c'était certes un honneur, mais qui voudrait aller vivre au fond du fleuve rageur auprès d'un mari python ? Puis je vis un de mes frères débonnaires s'avancer vers moi. D'un geste brusque et sec, il me projeta hors de la rangée de princesses et leur dit de serrer les rangs : « Nyamkamati ne sera pas l'épouse du python, elle a été désignée pour être la mienne – ma *makhadzi.* » Pendant quelques secondes ce fut le silence le plus complet, puis tous se mirent à jacasser, à protester, à crier. Accroupie je cachais ma tête dans mes mains allongées, tremblant de tous mes doigts. Puis la reine mère s'avança vers moi, me dit de me relever et m'emmena vers le grand palais royal dissimulé derrière une énorme muraille de pierre, lieu que je n'avais encore jamais fréquenté.

A l'intérieur, des maisons en pisé longeaient les murailles. Au centre, s'élevait un immense palais en roseaux tressés, décoré d'animaux qui chevauchaient les chevrons. Puis je compris en franchissant le seuil que la toiture était retenue par d'immenses piliers de cèdre. Tout au fond, assis sur un siège surélevé et entouré d'hommes coiffés de couronnes diverses, se trouvait celui que je savais être mon père. Il était venu parfois rendre visite à ma mère dans son palais de roseau; lors de ces visites il me dévisageait longuement puis me touchait le front de son index et crachait sur moi la salive de sa bénédiction. Aujourd'hui, pour la première fois, je l'affrontais de face; la reine mère me dit de « losha » (saluer accroupie) et elle proclama : « Mudokwa l'a choisie pour être sa Makhadzi. » – « Ainsi soit-il, dit mon père, le roi, dorénavant elle sera la prêtresse principale de l'Oracle de la pluie, la reine invisible, celle qui cumule les quatre éléments : eau, terre, air et foudre. Elle aura pour instructeur d'abord la Tortue, qui vola le feu en le cachant dans un coquillage, puis Lutanga – “ ni homme ni femme, mais roseau qui s'ébranle dans la mare primordiale ”, enfin celui qui cumule la connaissance de tous les autres, Orion, car elle a un long chemin à parcourir, un chemin qui couvre des siècles et des siècles. »

Accrochée aux papyrus on me baigna dans le fleuve, puis on versa sur moi des huiles parfumées; on recouvrit ma tête d'un voile de coton blanc finement tissé, et on m'emmena au sanctuaire de l'Oracle où se déroula cette vie dont je n'ai guère d'autres souvenirs que de brèves éclaircies. Nous en reparlerons par rapport à ma vie actuelle, car ces souvenirs me viennent de très loin, pourtant me sont très proches et je n'arrive à y croire que lorsque d'autres y sont mêlés, m'en parlent et semblent y croire. Car, on ne se mesure que par rapport à d'autres, et une destinée hors de l'ordinaire n'est assumée que lorsque l'on se laisse guider par ceux qui nous ont précédés, ou par ces autres que le hasard sème, pêle-mêle sur notre parcours, sans qu'ils se doutent du message qu'ils transmettent. Ils furent nombreux; je tâcherai de n'en oublier aucun.

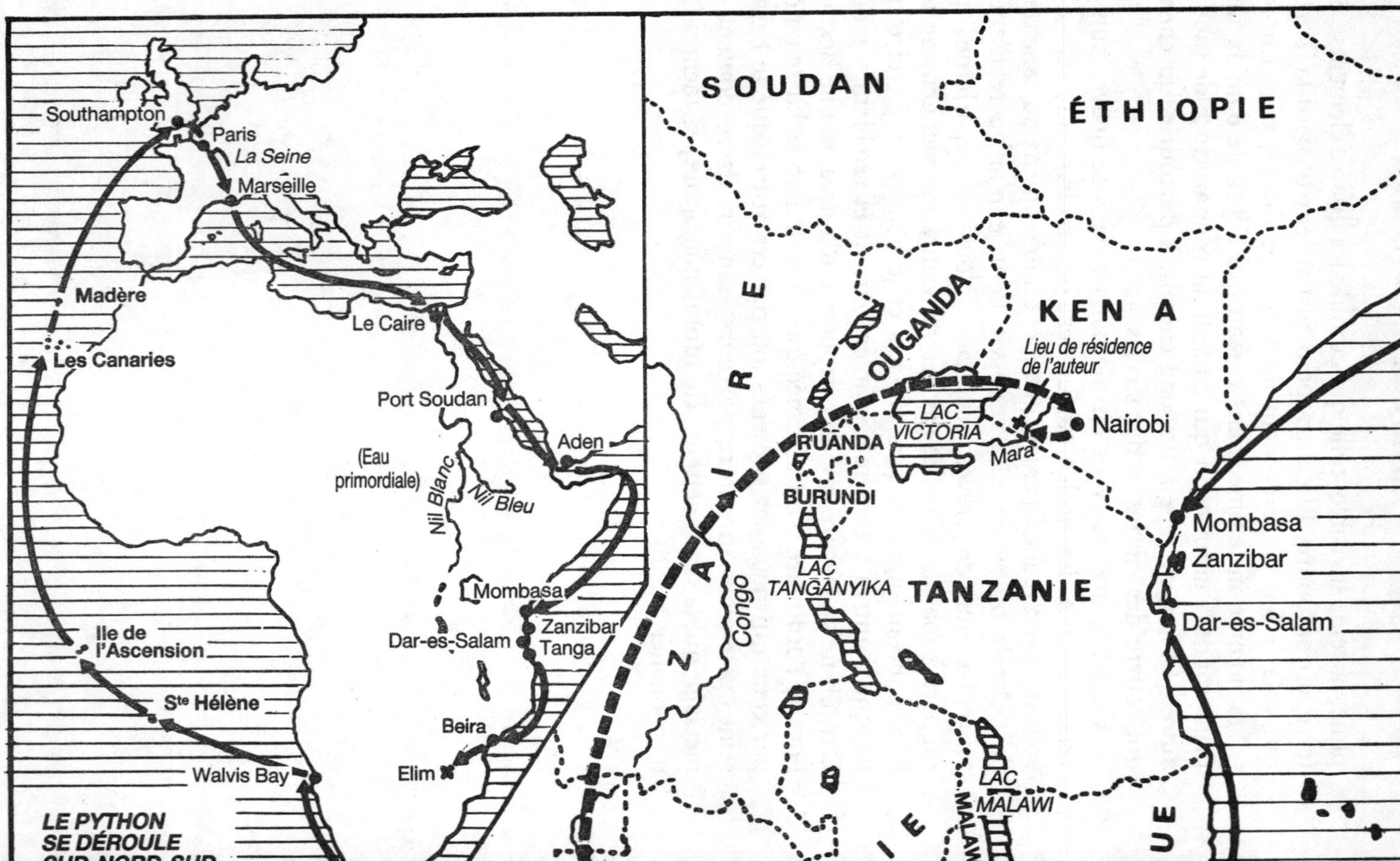
Southampton
Paris
La Seine
Marseille
Madère
Les Canaries
Le Caire
Port Soudan
(Eau primordiale)
Nil Blanc
Nil Bleu
Aden
Mombasa
Zanzibar
Tanga
Dar-es-Salam
Beira
Elim
Ile de l'Ascension
Ste Hélène
Walvis Bay
LE PYTHON
SE DÉROULE
SOUDAN
ÉTHIOPIE
KEN A
OUGANDA
Lieu de résidence de l'auteur
LAC VICTORIA
Nairobi
Mara
RUANDA
BURUNDI
LAC TANGANYIKA
TANZANIE
Congo
Mombasa
Zanzibar
Dar-es-Salam
LAC MALAWI

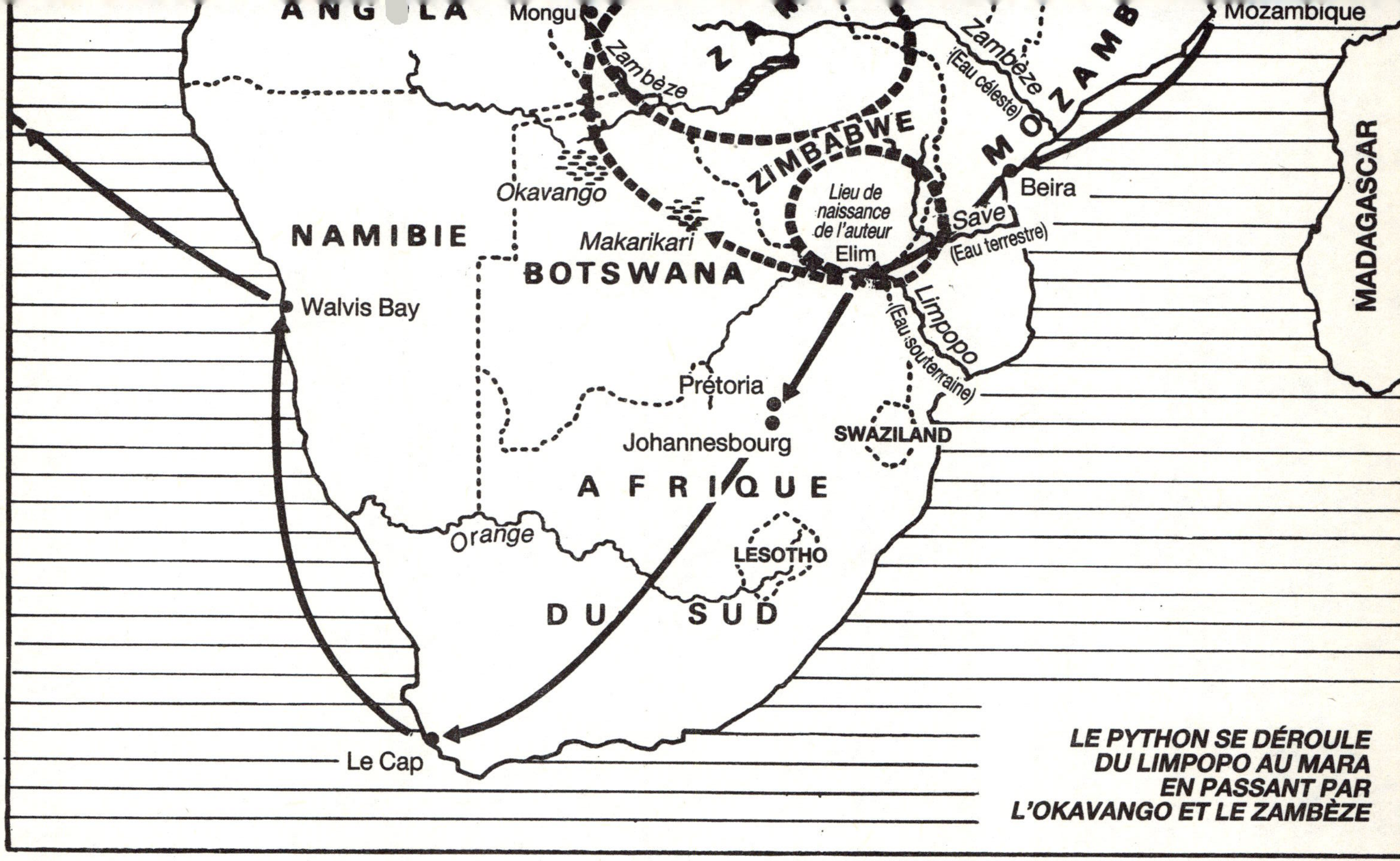

LE PYTHON SE DÉROULE DU LIMPOPO AU MARA EN PASSANT PAR L'OKAVANGO ET LE ZAMBÈZE

1.

ORIGINES

Mon grand-père missionnaire fut appelé « Tonnerre » par les Tsonga du Mozambique. Il devait être Jupiter dans toute sa colère justicière. Cependant, on lui reconnaissait le mérite d'amener la pluie en admettant que le tonnerre, bien qu'effrayant, était bienfaisant. Ainsi cela n'est peut-être pas un hasard si sa petite-fille est prêtresse de la pluie. Né des descendants d'une famille de griots (musiciens) de la cour de Savoie, réfugiée en Suisse romande lors de la révocation de l'édit de Nantes, il avait choisi de faire de longues études de théologie afin d'aller chanter des cantiques sur des terres dites païennes. Il apprit la langue des Tsonga et fut envoyé dans une coquille ballottée pendant trois mois sur les mers, suivant le parcours de Vasco de Gama et contournant Le Cap, jusqu'à Delagoa Bay au Mozambique, où il fut un des premiers protestants à féconder cette terre de l'Évangile. Presque polygame, ayant eu trois épouses, consécutivement et non pas simultanément, il officia personnellement à l'accouchement de quatre enfants de la première épouse, décédée d'une hémorragie à la naissance du quatrième, sa fille Louisa maintenant béatifiée par l'Église catholique; il perdit sa deuxième épouse, suédoise, à bord d'un bateau qui les ramenait en Europe, et il eut deux fils débonnaires de la troisième, artiste peintre, fille d'une famille genevoise, douce grand-mère qui me fut très chère, la seule des trois que j'aie pu connaître.

Le premier fils, Alexandre Jacques, suivit les traces de son père; il devint missionnaire chez les Tsonga, maintenant installés au nord du Transvaal parmi les Venda, à la suite des guerres de Gungunyane provoquant des remous et déplacements parmi les peuples du Mozambique. Il est l'auteur de plusieurs articles remarqués portant sur les coutumes des Tsonga parmi lequels il fut élevé. Il fut le premier à pouvoir filmer une école tsonga de circoncision, film que détient le British Museum, et il avait une collection d'oreillers de bois utilisés à travers toute l'Afrique. Celui qui m'intriguait le plus provenait d'une des pyramides d'Égypte.

Le deuxième enfant, Élisabeth, ma mère, naquit au Mozambique où elle passa sa première enfance, puis à la mort de sa mère, elle fut envoyée avec son frère Alexandre et ses deux sœurs, Alice et Louisa, en Suisse, à Morge, pour être élevée par une tante. Elle devint infirmière et revint travailler parmi les Tsonga à l'hôpital missionnaire d'Elim au nord du Transvaal. Alice épousa un chimiste qui s'en alla travailler aux États-Unis; ils revenaient fréquemment en Europe commander leur vin et rendre visite à la famille : les griots de la cour de Savoie qui continuent à fabriquer des boîtes à musique, transformées en magnétophones. Ma tante Louisa, aussi ma marraine, fut la plus énigmatique. Linguiste accomplie, elle devint préceptrice dans une grande famille italienne. Un soir, elle reçoit la visite de la Sainte Vierge au pied de son lit, et abandonne ses convictions huguenotes pour rentrer dans le sein de l'Église mère catholique, malgré les gronderies de son père Jupiter, dont les rivalités avec ses confrères catholiques au Mozambique faisaient des éclairs. Elle entre dans les ordres et veut devenir clarisse. On le lui déconseille avant de prononcer ses vœux, car sa santé ne lui permettait pas les excès d'ascétisme que cela impliquait. La voilà revenue au bercail en Afrique, où on lui offre un poste d'enseignement universitaire, mais elle demande une faveur à son père tonitruant : se rendre d'abord en pèlerinage à Jérusalem.

Son père, croyant que sa Louisa chérie viendrait ensuite s'installer dans son pays natal, l'Afrique, et reconnaissant au-delà de la douceur apparente de sa fille une volonté digne de lui, lui offre ce voyage, dont elle ne revint point. Entrée dans l'ordre des Pauvres Claires à Jérusalem, elle y suit un parcours étonnant que révèlent ses écrits et y meurt quelques années plus tard d'une typhoïde. Mais ses reliques se trouvent dans les couvents des Pauvres Claires, jusqu'aux confins de l'Afrique comme je le découvris à Bouar en République centrafricaine, lorsque je m'adressai aux sœurs Pauvres Claires pour me broder une robe de bal, afin d'assister, en qualité d'épouse du consul de France, au bal de commémoration de l'Indépendance. Je mentionnai en passant que ma marraine Louisa Jacques avait, elle aussi, été Pauvre Claire à Jérusalem. On sortit des mèches de ses cheveux et une carte postale écrite par elle, et je fus choyée comme une émissaire de l'au-delà. Je savais qu'elle avait été béatifiée à la suite de guérisons de cancer après l'application de ses reliques, mais je ne savais pas que je la retrouverais présente, par hasard, en Afrique. Je porte le nom de Jacqueline à cause du nom de famille de ma mère : Jacques, et Louisa, celui de ma douce et percutante marraine.

Mes deux autres oncles maternels vécurent toute leur vie en Afrique. Auguste fit des études de médecine et devint docteur chez les lépreux au Lesotho, lui aussi missionnaire, de la Mission évangélique de Paris, épousant une fille du missionnaire Dieterlen. Eddie, agronome, s'occupa des terres de son père, et devint malgré lui le sanctuaire qui me sauva la vie... il ne le sait pas encore; il y a pourtant vingt-cinq ans de cela. Ces deux oncles avaient fait la bataille de Tobrouk, et revinrent en héros au bercail.

En Afrique, chez nous, les ancêtres maternels transmettent le sang et constituent le sanctuaire. Les ancêtres paternels donnent le totem et régissent le devenir. Pour moi il existe un mystère non élucidé du côté des ancêtres paternels. Mon grand-père Aristide Eberhardt, issu de je ne sais où (on parle du duc de Saxe), fut adopté par la famille de Coulon, grande bienfaitrice de la mission suisse romande qui lui légua ce fils adoptif afin qu'il devienne missionnaire. Brillant mathématicien, il suivit les cours de théologie, et accompagné d'une jeune et belle épouse de dix-huit ans née Huguenin dont le père avait une manufacture de linge de maison fin, tissé et brodé à la main, ils partirent, à leur tour, voguer trois mois sur les eaux pour aboutir au Mozambique aux côtés de Numa Jacques. Là, son épouse, auparavant jeune fille oisive, dut apprendre à faire la cuisine auprès des femmes portugaises, si bien que je ne retrouvais les mets fins de mon enfance que l'an dernier au Brésil. Elle dut aussi apprendre à improviser des menus de steak d'hippopotame et de python, et fut réduite un jour à nourrir les dignes missionnaires avec un ragoût de singe. Aidée d'un jeune esclave qui lui fut donné par le conquérant Gungunyane, Kaleb aux oreilles percées, elle s'appliqua si bien à ses nouvelles besognes que la renommée de sa table et de sa conversation pétillante attirait non seulement les collègues de son mari, mais encore les aventuriers cherchant à faire fortune. C'est ainsi que mon grand-père hérita d'une fortune considérable, car l'un de ces aventuriers lui laissa en garde un énorme troupeau de bovins, puis disparut à tout jamais. Le troupeau se reproduisit pour devenir encore plus important, et lorsque mon grand-père eut à prendre sa retraite et quitter le Mozambique, il vendit le troupeau et acquit des terres chez les Venda, près de la station missionnaire d'Élim, où il mit à contribution ses talents en tenant les comptes de la mission et prêchant encore parfois. Il était beau, grand, bon vivant, passionné de musique et de botanique, et c'est auprès de lui que, fillette, j'appris, au cours de randonnées en brousse, le nom scientifique de toutes les plantes et arbustes des alentours. Cachée dans les fougères géantes devant son bureau, j'écoutais de la musique divine qui contrastait avec les tambours de ma réalité vécue. Je ne sais pour quelle raison ils n'eurent qu'un enfant : mon père, aux cheveux blonds frisés, au regard franc, au rire éclatant, homme fort que tout le monde aimait et respectait. Il parcourait le pays au galop sur son cheval Star, me tenant devant lui d'une main ferme, de l'autre les rênes, et il riait, faisant éclater le soleil en mille étincelles.

La naissance de mon père – grand événement – fut liée intimement au fleuve Zambèze, cet autre événement qui incarne les eaux célestes. Car le fleuve Zambèze se jette au niveau des chutes Victoria dans une falaise étroite et remonte en fine vapeur vers les cieux. Les Africains l'ont appelé Musi o Tonya, « la vapeur qui tonne », car le bruit des chutes ressemble à un tonnerre permanent. C'est au milieu du Zambèze, sur l'île Léalui, que vit le roi Lozi, roi perpétuel et aîné des descendants des empereurs de Zimbabwe, chez lequel je devais me retrouver, en Makhadzi Venda, en 1966. La naissance de mon père est donc liée au fleuve Zambèze, eau céleste; la mienne est liée au fleuve Limpopo, incarnation des eaux souterraines, car ce fleuve disparaît en saison sèche sous les sables blancs parsemés d'agates multicolores qui me rappellent ceux de ma première existence sur les berges du Nil blanc. Dans les deux cas, l'hippopotame a officié, aux côtés du crocodile, silencieux témoin de cet événement.

On dit que l'hippopotame ne peut supporter une femme enceinte. C'est pourquoi je faillis ne pas naître. Et pourtant je suis née. Ma grand-mère paternelle était, en 1900, prête à accueillir le nouveau siècle en lui présentant un chef-d'œuvre : son fils unique et débonnaire aux cheveux blonds bouclés à la stature d'un dieu grec. Mais, afin de regagner un hôpital où cet événement insolite pourrait avoir lieu dans les meilleures conditions possible pour ce lieu et cette époque, il lui fallait voyager un jour et une nuit en barque le long du fleuve Zambèze. Ses rondeurs allégées par la perspective d'une délivrance à la fin de ce voyage de neuf mois, elle posa un petit pied ferme dans la barque chancelante et, abritée par un énorme chapeau fleuri et un parasol en dentelle, elle glissa rapidement sur le courant intrépide du Zambèze, grand fleuve majestueux serpentant le long des rives ombragées, à la musique des papyrus. Soudain un bruit effroyable déchira ce tableau idyllique, et une énorme forme, bouche béante munie d'ivoires tranchants, s'élança à la poursuite de la barque. Les pagayeurs, se réveillant de leur rythme somnolent, battirent l'eau de leurs rames plates, chantant des incantations pour implorer les forces protectrices, pendant que d'autres offraient des bracelets au Dingololo, le monstre destructeur ou protecteur du fleuve Zambèze. Ils arrivèrent tout juste à échapper, puisque l'hippopotame abandonna ma grand-mère et mon père presque né pour se retourner vers son propre nouveau-né. Ainsi faisant, il me permit, quelques dizaines d'années plus tard, de naître moi aussi et de révérer l'hippopotame. Élevée par la suite sur les rives du fleuve

Limpopo, je le côtoyais avec respect, en me baignant avec les crocodiles. Mais, dans les marécages Okovango, où j'aboutis un jour à la recherche de la cité perdue du Kalahari, je passai une nuit sur une barque des chasseurs de crocodiles et devais apprendre que l'hippopotame constitue le plus méchant des ennemis pour ceux qui gagnent leur pain en vendant les peaux des crocodiles aux maroquiniers du faubourg Saint-Honoré. En effet, ils poursuivirent nos barques, et prévoyant sans doute que ces beaux sacs orneraient un jour le bras de quelque femme enceinte, ils coupèrent une barque en deux de leurs mâchoires, en happant le bras d'un chasseur. Les chasseurs se munirent alors d'une barque en métal, mais l'hippopotame réussit à laisser une dent d'ivoire éclatante dans la coque de ce bateau de fer. C'est pourquoi j'hésite à nager comme jadis, avec l'hippopotame aux côtés des crocodiles.

Mais à l'instant, sur les rives du fleuve Mara, me voici de nouveau voisine de l'hippopotame. Le cercle se referme. Ainsi soit-il. Il inaugure pour moi la deuxième partie de ma vie : celle où je vais écrire ce que jadis j'ai vécu.

Il semblerait que j'aurais dû naître à la cour Venda ou peut-être Lobedu. Cependant, ceux qui orchestrent ces choses ont choisi de brouiller les cartes et me faire naître de ce couple issu de parents missionnaires, mais qui, par leurs naissances respectives, appartenaient déjà au continent africain. Pourquoi ? Pour de multiples raisons, dont l'une – cela m'a été révélé récemment – était que j'étais destinée, en ces périodes de troubles, à sauvegarder un certain héritage culturel, certaines connaissances initiatiques, qui seraient mieux conservées par moi que par les jeunes gens de la cour Venda. Ce n'est peut-être pas un hasard, qu'à la même époque, prince Dika Akwa Nya Bonambela, grand initié et savant, m'ait dédié son dernier livre : *Les Descendants des pharaons à travers l'Afrique* avec ces mots : « Afin que vive et perdure l'Afrique initiatique. » Dans cette perspective, je comprends pour la première fois certaines choses. Pourquoi Mbangambanga (Couteau-couteau), officiant dans les circoncisions masculines chez les Tsonga et les Lemba de Zimbabwe, est venu me trouver de nuit, afin que j'enregistre en secret tous les textes initiatiques des écoles masculines, auxquelles je n'avais pas accès, en tant qu'initiée féminine. Il me dit ce jour-là : « Tu sais, je suis peut-être le dernier à réciter correctement ces textes, car en allant à l'école nos jeunes perdent la mémoire. Je veux que ta machine enregistre tout, et tu pourras alors les restituer à mon peuple. » Il risquait la mort en me laissant enregistrer tout cela. Il me sauva la vie, plus tard, lorsque désignée pour un meurtre rituel, il ne m'administra pas la potion qui endort, et me donna une chance de m'en sortir. Ce qui, sans lui, aurait été impossible.

Dans mon métier, on côtoie constamment la mort; elle est devenue ma plus sûre compagne de route. Celle à laquelle j'arrache tous les jours ma vie. Mais après tout, cela est aussi vrai sur les routes de France, seulement cette éventualité est moins percutante.

Mais j'en étais à la naissance et non pas à la mort. L'infirmière missionnaire Élisabeth Jacques épousa Samuel Eberhardt qui, ayant fait des études d'agronomie, vint s'installer sur les terres achetées par son père près de la station missionnaire d'Élim, où il se mit à innover en introduisant des méthodes d'avant-garde. Ils vécurent sept ans de bonheur et eurent trois enfants – trois fillettes –, je fus la deuxième; puis une fièvre de Malte l'emporta à l'âge de trente-trois ans. Ce fait irréversible, je ne pus jamais l'accepter. C'est pourquoi sans doute la mort, pour moi, n'est que l'autre face de la vie – un potentiel toujours présent – qui, à tout moment, peut faire basculer l'équilibre précaire de nos vies. Ma mère tomba très malade, ayant perdu sous le choc le fils qu'elle attendait et qui était presque à terme. C'est ainsi que les Eberhardt, venus je ne sais d'où, sont voués à disparaître à moins que mon fils, selon la coutume africaine, n'en prenne le nom, relançant la balle vers une destinée inconnue. C'est aussi pourquoi Tortue, qui initia mon père et le vit naître, sage vieillard tsonga au totem chaoke, « ceux qui ont volé le feu dans un coquillage », inaugurant ainsi le passage de la nature à la culture, me dit, bien avant mon mariage, de ne jamais abandonner mon nom de jeune fille, car selon les lois initiatiques bantu, le corps d'une femme appartient au mari, mais sa tête appartiendra toujours à son père.

Je n'ai de cette première enfance passée auprès de mon père que des souvenirs heureux, liés à son rire, à sa force, à son cheval Star qui me faisait parcourir des distances immenses, le vent caressant mon visage. Je parcourais pieds nus la brousse avec mes camarades venda et tsonga, et prenais plaisir à aller chez eux et me mêler à la vie quotidienne de leurs villages.

Puis vint la rupture. Seule à accompagner ma mère malade, je partis avec elle, à l'âge de cinq ans, sur un paquebot pour l'Europe. De Paris, je me souviens de la *Victoire de Samothrace*, qui, perchée en haut d'un immense escalier, m'avait semblé géante. Je fus déçue lorsque, seize ans plus tard, je devais la voir de nouveau, et constater la relativité de nos impressions. De Paris aussi, je me souviens d'une mode pied-de-poule noir et blanc. Ma mère s'était acheté un manteau de chez Patou et se proposait de m'en acheter un semblable, ce qui me semblait affreux, car j'avais l'habitude des couleurs vives et chatoyantes des tropiques.

De ma visite en Suisse, je me souviens de mon arrière-grand-père Huguenin qui avait quatre-vingt-dix-neuf ans et de son camarade de promotion qui se déplaçait encore en vélo. Digne vieillard vêtu d'un habit noir impeccablement taillé, chapeau haut de forme, et chaussures en vernis, j'avais refusé de l'embrasser car ma mère m'avait dit, à bord du paquebot, de ne pas embrasser les messieurs inconnus. Je me souviens aussi d'une très grande boîte à musique dans la famille de mon grand-père griot, et d'une plus petite que l'on m'offrit et que je possède encore. Puis de mon trousseau, que je reçus alors, de linge fin en lin, brodé à la main avec mes initiales J.L.E. dont il me reste encore quelques pièces. Tout le monde me choyait, mais moi j'enrageais. Je voulais des espaces plus grands, moins peuplés. Je voulais pouvoir me réfugier dans mon champ de glaïeuls sauvages, où tapie par terre je me cachais des invités de ma mère. Je voulais danser avec les petites graines rouges et dures, que le vent parsemait et que j'attrapais au vol; je voulais m'enfouir dans une case enfumée, où on m'offrait des galettes de farine de maïs, préparées au rythme des chants et des pilons ; je voulais avant tout revoir Star, le fidèle compagnon de mon père, qui nous avait emmenés à travers monts et vallons, le vent caressant mon visage et semant pêle-mêle le soleil dans mes boucles dorées. Je haïssais la neige qui m'avait fait tant souffrir ; je ne tolérais ni gants ni chaussures, si bien qu'on me trouva pieds nus dans la neige, fabriquant un bonhomme de mes mains gelées ; puis pour me réchauffer, je m'étais précipitée vers le feu qui pétillait, crépitait dans la cheminée de mon arrière-grand-père, et je me suis retrouvée les mains et les pieds couverts de gerçures. La seule qui venait à bout de mes rages fut ma douce marraine tante Louisa. Elle m'emmenait avec elle à la messe, où je devais découvrir toute une mise en scène qui me séduisait et m'intriguait. Loin des sermons secs et sévères des missions, je retrouvais presque l'attrait des tambours : je suivais avec admiration les circonvolutions du chœur et les mouvements scandés de l'encensoir, qui répandait une fumée bénéfique, les chants grégoriens me transportaient ailleurs – au-delà des limites des cercles de montagnes vers les rives des fleuves que je portais en moi : Nil blanc, Zambèze, Limpopo, Mara – vous scandiez déjà les événements de ma vie.

Après un an, nous nous retrouvions à bord d'un paquebot, où, déguisée en ange rose, je gagnai le premier prix de la soirée, puis faillis me noyer dans la piscine en imitant une fillette plus âgée qui plongeait de la planche la plus haute. Là, j'appris que je ne reverrai plus mon grand-père, décédé moins de un an après son fils unique. Je revins donc à une vie entourée de femmes : ma mère, ma grand-mère, mes deux sœurs, ma nourrice tsonga, mes mères venda – tant de femmes –, tandis que ma seule réalité était mon père trépassé, et les princes charmants qui peuplaient mes rêves.

Au début, j'étais consternée de constater que j'avais oublié en un an le tsonga et le venda, et mes sœurs se moquaient de moi. Jalouses de cette randonnée effectuée seule avec notre mère, elles formaient maintenant bloc contre moi – situation qui devait durer très longtemps. Ma sœur aînée était un garçon manqué et s'amusait à chevaucher les jeunes bœufs avec les bergers, partait avec les hommes à la chasse, se mêlait de tout, les commandait tous. Moi, je rêvais, jouais aux poupées, écoutais de la musique, jardinais. Je partais en longues promenades, parlais aux fleurs et aux arbres, et posais sans cesse des questions gênantes. Ma jeune sœur s'accrochait aux jupes de ma mère et – en son absence – aux culottes de ma sœur. Ma mère tâchait de nous apprendre à lire et à écrire en français, mais un jour vint où il fallut être scolarisées en anglais – langue officielle, avec l'afrikaans, de l'Afrique du Sud que personne de notre entourage ne pratiquait. On fit venir une gouvernante, qui me fit faire quatre classes en un an car, disait-elle, j'assimilais tout à une vitesse étonnante : comme si tout était déjà connu. Je commençai donc ma scolarité à sept ans et à quinze ans étais prête pour l'université.

Mais que de souffrances entre-temps! Dès douze ans j'avais été envoyée en pension dans un lycée où l'on n'était qu'un numéro régi par les sons d'une cloche. Trois heures de sport obligatoire par jour développaient, certes, nos corps emprisonnés dans des tuniques de laine noire, portées sous le soleil des tropiques. De plus, nous n'étions qu'entre filles – je ne supportais pas tout cela et me fis renvoyer, non pas de l'école, où j'étais première de ma classe, mais de la pension victorienne. Ma seule joie à cette époque était les vacances lorsque j'allais retrouver mon pays natal, mes amis d'enfance et Star. De nouveau je humais les odeurs âcres des cases enfumées, de la farine de maïs fermentée, de la transpiration des Venda; je retrouvais les rires des Tsonga, le rythme des tambours, les secrets partagés en puisant de l'eau, la fatigue des membres qui bêchent les champs, le plaisir de chevaucher monts et vallons. C'est ainsi qu'un jour, lorsque nous ne l'attendions pas, nos mères africaines vinrent nous retrouver dans un champ en me disant : « Va chercher quelque chose de chaud pour te couvrir, ce soir tu resteras avec nous au village. » J'allai en informer ma mère et partis avec mes amies : les jeunes filles tsonga et venda. Arrivées près du village, d'où nous parvenait le rythme des tambours, des femmes nous saisirent en criant : « *Khomba*! » (jeune fille pubère!) et nous emmenèrent brusquement à la lisière du feu où d'autres fillettes également effrayées apprenaient avec des jeunes femmes pour les instruire certaines danses et gymnastiques; d'autres nous incitaient à apprendre les lois initiatiques, à réciter les textes sans erreur, à nous plier aux règles du jeu, à obéir aux aînées, à ne pas divulguer les secrets du khomba. Dans cette ambiance surchauffée et surexcitée, nous tremblions de peur, et cela contribua, je m'en rendis compte par la suite, à nous faire comprendre d'emblée la portée de ce rite de passage et le sérieux de nos rôles de femme, dont nous débutions l'apprentissage, ce soir-là.

C'est ainsi, que bien malgré moi, je suivis l'école d'initiation des jeunes filles tsonga et venda – le khomba – et par la suite je devais être amenée à suivre celles du tshikanda et du domba venda, d'abord avec les roturières, puis avec les Vhakololo – les princesses venda – qui, ayant suivi la première initiation, sont appelées à une deuxième école, où elles apprennent leur rôle de princesse et une langue propre à la royauté. Nous dansions le Deu, la danse du python qui se déroule, matin, midi et soir, et apprenions les milayo (lois initiatiques) avec Lutanga, dit « ni homme ni femme mais roseau qui s'ébranle dans la mare primordiale ». Les jeunes filles pubères des royaumes viennent passer environ un an à la cour de leur roi afin d'assister au domba où elles reçoivent une instruction sexuelle, civique et d'histoire; comme les domba n'ont lieu que tous les six ans environ, certaines se sont forcément mariées entre-temps, sans avoir dansé le domba. Celles-ci en tant que femmes mariées, parfois déjà mères, ont des obligations chez elles et ne peuvent donc se payer le luxe de rester un an de suite à la cour royale. Elles viennent pendant une ou deux semaines, puis repartent chez elles, assistant cependant obligatoirement à la fin du domba. Il en était ainsi pour moi puisque mes activités scolaires entraînaient de longues absences du pays venda : je venais cependant danser le Deu et participer au domba pendant mes vacances, et assistais à la fin lorsque l'on reçoit la bénédiction finale de la grande Makhadzi – sœur royale – qui jette un mélange de toutes les espèces de graines comestibles sur le dos des novices, parées de nouvelles jupettes de perles multicolores. Je possède encore ma jupette.

J'eus l'occasion de revenir très souvent au domba, officier en tant qu'initiatrice, puisque celles de la promotion antérieure deviennent les instructrices des jeunes; c'est ainsi que six ans après ma propre initiation je revins dans la région, jeune mariée, et pus obtenir la permission de filmer le domba. Mais avant que mon mari n'obtienne l'autorisation de filmer – puisqu'il s'occupait de l'image –, il dut passer par certaines épreuves des initiés venda, car disait Lutanga : « Une initiée ne doit pas épouser un non-initié; cela ne va pas ensemble. » Ayant fait de la danse acrobatique, il sut s'en sortir assez bien mais pas suffisamment bien pour garder son épouse jusqu'au bout. Mais cela est une autre histoire, liée au Nil blanc et à ma première existence auprès de mon frère-époux non emprisonné dans un cartésianisme rigide. Je reçus une statuette que m'offrit une célèbre égyptologue pour mon mariage; elle l'a datée de la VIe dynastie égyptienne. Ansi me rejoignit, le jour de mon mariage, mon mari égyptien, hautement initié; il continue à être présent à mes côtés, à diriger mes pas et à me protéger.

C'est peut-être à cause de lui que les Venda ont constaté que « Dieu t'a faite comme nous, mais pas tes sœurs ». Cela me fut dit un an après mon initiation khomba lorsqu'on tenta d'initier ma jeune sœur Janine. Comme moi, elle fut emmenée à son insu mais avec la différence que je l'accompagnais en tant qu'instructrice. Vers minuit, la peur l'envahit si bien qu'elle se mit à pleurer et on décida de la ramener à la maison. Elle ne fut plus jamais invitée à participer. Ma sœur aînée Monique n'avait jamais été pressentie comme une novice possible, tant elle avait toujours été sur d'autres ondes. Janine, par contre, artiste de nature, en avait le potentiel, mais ne put jamais l'actualiser à cause d'une nature trop craintive. Elle en a peut-être souffert ou peut-être s'estime-t-elle heureuse d'y avoir échappé.

Le propre de l'initiation c'est de vous tendre les clés – de vous offrir des possibilités, sans jamais vous y contraindre. Soit on les saisit au vol et on les utilise, soit on passe à côté. A celui qui sait les utiliser sera offert d'autres clés; celui qui passe à côté ne le saura peut-être jamais, car personne ne le lui fera remarquer. C'est une éducation moins contraignante que celle de l'Occident mais aussi beaucoup plus implacable et exigeante. C'est un engagement de toute une vie, car grâce à l'application de ces données initiatiques on atteint, au moyen d'un parcours personnel impliquant des efforts constants, d'être branché sur les ondes, au niveau de la connaissance profonde. Ce niveau est exprimé chez les Venda par les « matano », objets que les initiés peuvent lire, et qui résument toute une connaissance, tels des modèles opératoires. Au niveau de la connaissance profonde on arrive à saisir les relations dialectiques des structures qu'ils révèlent à plusieurs niveaux, et à les appliquer à différents contextes. Cela, mes divers écrits le démontrent. C'est ainsi que ce fut en dansant le domba que je suivis mes premiers cours d'histoire africaine, de logique, de sociologie, d'épistémologie, ce qui me donna une base incroyablement solide pour affronter les bancs de la Sorbonne.

Mais avant d'en arriver là, j'obtins un diplôme BA puis une maîtrise (MA) à l'université de Johannesburg, accordée avec « mention très honorable ». Mais surtout, je militais contre ce courant d'apartheid qui prenait racine et me lançais corps et âme dans toutes sortes d'activités : je dirigeais une école du soir pour les employés africains de l'université, initiais des clubs de loisir pour les voyous de Soweto, présidais l'Association des étudiants chrétiens qui militait pour maintenir l'université multiraciale; mais nous pressentions que la bataille serait perdue, et rêvions d'autres horizons... Paris pour moi, Londres ou Édimbourg pour d'autres.

C'est à cette époque que je devais rencontrer Georges, celui qui représenta toute ma vie l'homme idéal... le prince charmant de mes rêves d'adolescente. D'origine danoise, né comme moi en Afrique, il était grand, beau et courageux.

Mes amours furent précoces. Lorsque j'avais douze ans un monsieur de vingt-huit ans, fiancé depuis quatre ans, brisa ses fiançailles par amour pour moi et jura de m'attendre, jusqu'à ce que, mûre, je devienne sa femme.

QUAND LE PYTHON SE DÉROULE

Moi, j'étais flattée.
Il m'emmenait au cinéma dans sa Cadillac noire,
me tenait la main, m'offrait des chocolats noirs
et soufflait des mots
doux et très beaux.
Jusqu'au jour où il me toucha les seins.
Je m'en allais furieuse dire à ma mère
que ce prétendant n'était qu'un mufle pervers;
propos auxquels elle répondit
que lorsqu'on aime, cela est admis.
Je décidai alors que je n'aimais point et je rêvais du prince dont les mains
s'occuperaient des rênes de son cheval
et non de mes seins
qui n'étaient qu'à moi, mon propre bien.

Puis, suivit un cortège de prétendants vaillants
plus beaux les uns que les autres
qui m'emmenaient au bal en habit à queue,
et m'offraient des orchidées pour mes cheveux.
Puis, apparut Georges,
revenu de la guerre
où, pilote, il volait dans les airs,
Il devint président de l'Union des étudiants,
et toutes les jeunes filles furent séduites.
Grand, beau et percutant,
il me faisait rêver.
Puis un jour il m'invita à danser.
Cela fut le début de randonnées en brousse,
de bals fleuris,
de rêves sur la mousse,
de varappe où, suspendue au bout de la corde,
je supportais tous ces dangers par amour pour Georges.

A l'époque nous rêvions de l'Europe.
Il partit poursuivre des études de génétique à Édimbourg

moi je partis pour Paris.
Malgré un amour si fort
lorsqu'il vint me voir à Paris
il repartit le lendemain
Car j'avais décidé de me marier vierge
et rien au monde ne pouvait ébranler mes vœux
surgis de mon initiation venda
et de mes parents pieux.
Plusieurs se heurtèrent à cette volonté de fer
Jusqu'au jour où Pierre,
jurant de célébrer nos noces
me conquit et m'épousa!
Le rite fut célébré à Oxford
dans une vieille chapelle
Moi en robe de mariée de dentelles
brodées à la main avec des fils de soie
par les gitanes de Granada.
Couronnée de fleurs d'oranger
je portais un bouquet de roses et d'orchidées.
Un carillon annonça :
neuf années grasses, suivies de neuf années maigres.
L'amour délirant, puis l'abandon.

2.

LES BATEAUX DE MES RÊVES ET DE MES RÉALITÉS

Jusqu'à l'âge de cinq ans, je n'avais vu ni mer ni bateau. Je connaissais le fleuve Limpopo qui, ruban de sable en saison sèche, devient un torrent furieux après les pluies, projetant son écume en jets de colère vers les cieux et nous asperge lorsqu'il déborde sur les rochers de la berge, bien au-delà de son lit sablonneux. Alors on trouvait la carcasse gonflée d'un jeune hippopotame, fracassé contre les rochers, que venaient manger les crocodiles, assez malins pour s'être refugiés en terre sèche au premier bruit de déferlement du torrent, qui se déroulait comme un rouleau de papier argenté. Planant, le majestueux Aigle pêcheur déployait ses ailes noir, rouge et blanc, et jetant sa tête en arrière émettait son cri perçant qui atteignait les cieux pour remercier les dieux d'avoir envoyé une pluie abondante. N'était-il pas le roi des eaux, de la terre et de l'air? Seul, celui qui régissait le feu, le seigneur des nuages, du tonnerre et des éclairs, échappait à sa tutelle. Chez les Venda on l'appelait Raluvhimba; au Zimbabwe, c'est Nyabapa.

Ces sautes d'humeur du fleuve m'étaient donc connues et rythmaient ma vie. Aucun bateau n'aurait pu naviguer le long de ce fleuve, ensablé en saison sèche, torrent tourbillonnant en saison de pluies. Avec les sources et les ruisseaux cristallins des monts Zoutpansberg où je jouais avec les fougères, étendue sur les mousses, c'était la seule étendue d'eau que je connaissais. Quelle surprise alors de me retrouver au sommet de Table Mountain au cap d'Espérance, et de contempler une infinité d'eau, bleue à gauche, verte à droite, blanche au centre, où se rencontrent les courants de l'océan Indien et de l'océan Atlantique. Et chose encore plus étonnante, je voyais semés par-ci par-là des bâtiments petits, moyens, très grands, qui flottaient sur l'eau, dansant au rythme des vagues statiques, qui ne se déroulaient pas en torrents furieux, mais s'enroulaient sur elles-mêmes dans un perpétuel refrain à l'adresse non des cieux, mais des divinités de ces profondeurs mystérieuses. Alors quel rôle pouvaient jouer ces coquilles sur l'eau ?

« Demain nous partons sur un paquebot pour la France », m'annonça ma mère, et je me mis à rêver aux sens cachés de cette phrase magique.

Garth Castle faisait son dernier voyage. Mais il était luxueux comparé aux coques qui voyageaient pendant trois mois de Southampton à Delagoa Bay et qui, tous les cinq ans, emmenaient mes grands-parents pionniers missionnaires vers leur champ de travail à l'ombre des grands acacias épineux que broutaient les girafes curieuses, rythmant les cantiques de leurs longs cous ondulants.

Demain nous serons à bord du paquebot dans les eaux vertes, froides, écumantes, longeant la Côte des Squellettes, témoins de la ruée vers le diamant, car on dit que l'on en ramasse à vue, mais on y laisse habituellement sa vie, puisqu'on n'y trouve aucune eau douce et limpide. C'est une côte où les âmes des morts se manifestent en feux follets, en lueurs phosphorescentes glissant sur l'eau, chevauchant les vagues et grimpant à bord des navires dans l'espoir de fuir l'enfer de cette « Skeleton Coast ». Puis ayant échappé aux dangers de ces lieux maudits, on aborde une île, elle aussi damnée, puisque c'est là que mourut notre empereur vaillant, emmené captif par les méchants Anglais, condamné à vivre à Sainte-Hélène, au milieu de l'océan rempli de baleines et de requins. Nous sommes restées si longtemps, ma mère et moi, à contempler sa tombe, qui nous rappelait celle d'un autre vaillant héros, mon père intrépide, mort peu de temps auparavant à l'âge de trente-trois ans, que nous avons failli manquer le départ de notre navire; nous dûmes grimper à bord au moyen d'une échelle de secours en corde. Le plus beau matelot me hissa sur ses épaules. C'est alors que je décidai d'épouser un matelot, et je ramenai chez moi une poupée Popeye, investie de tous les dons et grâces, malgré sa grimace due sans doute au fait qu'il était obligé de se nourrir d'épinards. Moi, je saurais le faire sourire en lui préparant des mets de choix, comme ceux que j'allais manger dans les huttes venda : des galettes de maïs pilé dans un mortier au rythme de chansons improvisées par de belles jeunes femmes aux seins ballottants et luisant au soleil de nos mille désirs, accompagnées d'épinards sauvages aux arachides, ou œufs de fourmis au goût de champignons rares.

Et le bateau ploya plus loin, vers cet horizon sans cesse reculant; et à bord on dansait dans de longues robes du soir, des couples s'entrelaçaient dans les couloirs, et le jour nageaient ou jouaient au volley, ou frappaient d'éclats de rire les balles de ping-pong, pendant que moi je faillis me noyer.

Elle avait huit ans; j'en avais cinq; elle savait nager; moi je ne savais que me tremper dans le Limpopo, creusant des trous dans le sable pour voir remonter l'eau jusqu'à ce qu'une piscinette doublée d'agates muliticolores récompense mes efforts. Lors des crues on n'osait guère s'approcher des eaux déchaînées, mais on courait nues dans les retombées d'écume. Elle monta sur la plus haute des planches de la piscine du paquebot et me dit : « Fais comme moi, c'est très simple », et elle plongea, tête en avant, les deux bras croisés pour fendre l'eau d'un bleu accueillant. Je l'ai suivie, et je suis tombée dans un gouffre sans fin où je me débattais quand même pour éviter les feux follets de la Côte des Squelettes. J'ouvris les yeux : une bouche était contre la mienne et rythmait mon souffle, ou volait-elle mon ombre ? Je me souvins que ma nourrice tsonga m'avait prévenue de ne jamais prêter ma bouche à un autre, et je commençai à me débattre et reconquis ma personne entièrement. On me dit que j'avais failli me noyer, et de ne jamais recommencer, ce que je fis malgré moi deux autres fois : une fois à l'âge de quatorze ans pour gagner des points pour mon collège; l'autre, bien que mère de deux enfants, dans un affluent du Mara en colère, malgré les objections des guerriers maasai qui appelaient l'eau « l'ennemi ». Gens du feu, ils savaient ce que je devais encore apprendre, que l'eau donne la vie comme elle peut la reprendre. C'est pourquoi le Python créateur est à craindre, comme aussi le domba où l'on danse le *Deu : tharu ya mabidighami* – le python se déroule. Car là aussi on y risque sa vie; une des filles non accompagnées sera victime pour rejoindre le Python; elle renforcera sa promotion. J'ai failli être victime, car j'étais plus vulnérable que les autres. Mais je sus me réfugier chez mon oncle maternel, qui représente le « sanctuaire ».

En attendant mon sort d'initiée, enfant de cinq ans, je voguais sur les vagues vers une île de rêve : Madère, enveloppée de brumes et de dentelles, de nappes brodées main qui nous émerveillaient et firent la joie de bien des tables de fête, de bien des amis, heureux d'en recevoir, et des femmes de l'île, veuves de matelots ou de pêcheurs, qui vivaient de ces ventes aux touristes de passage.

Puis les îles Canaries : le navire restait au large et en un clin d'œil se trouvait encerclé de barquettes multicolores, proposant des babioles de tous ordres, des bibelots, des mets tropicaux, des tissus flamboyants, des oiseaux en cage, de belles filles complaisantes. On rit, on chante, on crie, on hurle, on envahit les ponts en ligne continue telles les fourmis guerrières : on vous offre des bananes, on vous offre des canaris, des perroquets, des tourterelles, des essences divines. Les sirènes sourdes du paquebot résonnent sur l'eau annonçant son départ; on se bouscule pour regagner les barques vacillantes, on hurle pour régler les derniers marchés, on s'envoie des baisers en agitant les mains, on se sépare de cette foire qui brise le miroir de l'eau et on reprend le chemin vers d'autres horizons. Le son lourd des sirènes du navire résonne longtemps sur l'eau s'éloignant en vagues dans son sillage; nous regagnons la mer et cet horizon infini où se confondent notre passé avec notre avenir, dans un présent scintillant de vide sans rides.

J'ai refait ce parcours quinze ans plus tard, munie de diplômes pour regagner le lieu saint de la Sorbonne. Tandis qu'enfant j'avais été spectatrice, jeune fille je jouais le rôle principal. Drapée en statue de la Liberté, je gagnais le premier prix au bal costumé, comme d'ailleurs je l'avais déjà fait en ange rose, puis en rose. Mais tandis que fillette tout m'était étranger et je regardais de loin, comme si, très âgée déjà, maintenant je participais pleinement et laissais battre mon cœur au rythme des galants, des valses, des slows, des rocks et des flirts.

Un jour, un jeune homme moins pressant que les autres m'invita à venir voir quelque chose d'important dans sa cabine. Téméraire, j'acceptai mais restai sur mes gardes, debout près de la porte. Il tira une cantine de dessous sa banquette, l'ouvrit, en sortit un revolver et le braqua sur moi.

– Pour dire que la vie ne tient qu'à un fil! Je presse la détente et ta vie s'envole.

J'eus envie d'ouvrir la porte et de m'enfuir, mais je savais qu'alors il tirerait sûrement. Ma voix, venue de je ne sais où, ne trahit guère mon agitation intérieure :

– Oui, mais tu ne le feras pas.

Il se mit à trembler et continua à me viser :

– Chaque fois que je mange, couteau en main, j'ai envie de le planter dans le cœur d'un voisin; chaque jour, je sais que j'ai ici une arme capable tout de suite de faire disparaître une vie.

– Oui, mais tu ne le feras pas.

De toutes mes forces j'affirmai mon droit à la vie; cela dura une infinité d'instants, puis il remit le revolver dans la cantine, la repoussa sous la banquette, et comme si rien d'anormal ne s'était passé, nous regagnâmes le pont pour nous étendre au soleil.

– J'ai vu mon père, ma mère et mon frère égorgés sous mes yeux; j'avais douze ans et réussis à m'enfuir. Depuis, cette phobie s'empare de moi. J'ai besoin de savoir que je suis le plus fort.

– Avec l'aide de Dieu, tu les vaincras ces manies.

Je savais que seul Dieu m'avait sauvée ce jour, par une sagesse qui me venait de loin, de mon autre vie sur les bords du Nil, où je sentais déjà sans le savoir que j'avais été prêtresse. Il faut croire qu'il put le vaincre, ce cauchemar, car plusieurs années plus tard, ma mère me dit qu'elle se faisait soigner les dents par un charmant jeune dentiste qui m'avait connue lors d'un voyage sur le *Donnator Castle,* lorsque nous partions tous les deux poursuivre nos études en Europe.

Mon voyage de retour se fit par le canal de Suez. A Port-Soudan, où nous nous sommes arrêtés quatre jours, nous

nous sommes promenés dans un bateau au fond en verre grossissant, et nous pouvions voir toute la flore des fonds et tous les poissons aux formes bizarres et aux couleurs magiques danser sous nos pieds. Puis regagnant la terre nous fûmes présentés aux hommes « Fuzzy-Wuzzy », dont l'immense chevelure entremêlée protégeait leur cou du sabre de l'ennemi. Ils ont le nez des anciens Étrusques, le regard brillant, les yeux en amande, le sourire éclatant, la peau noir charbon : ils m'ont fait rêver, ils m'ont fait vibrer d'une connaissance ancienne, très ancienne, car j'avais dû les connaître dans ma vie précédente, associés aux lions, mes fauves protecteurs.

Ce matin j'ouvre la porte de ma cuisine. Il est là sans broncher, il me regarde, le vieux buffle au ventre tacheté de teigne, aux cornes pointues blanchies sur le crâne; il rumine l'herbe qu'il broute en un cercle tout autour; j'avance de quelques pas; il ne bouge pas, tandis que quatre femelles s'en vont bruyamment en écrasant les mousses et les fougères, en brisant les branches de leurs sabots de fer, de leurs cornes d'enfer. Il me regarde et me dit clairement : « Je suis chez moi ici, quoi que tu penses, quoi que tu fasses; je te tolère quand même tant que tu me fiches la paix. » Il tourne le dos, et part à pas lents, ne daignant même pas se retourner pour voir si je le menace, car il semble savoir que le pacte est scellé.

Les éléphants, eux, étaient venus hier soir; d'abord trois, puis l'un d'eux est reparti chercher les autres. Douze reviennent me saluer, me présenter leurs petits; ils ont taillé mon géranium géant sur le seuil de ma porte; les orchidées ont disparu. « Les cannas ne poussent plus à cause du porc-épic », me disent-ils; en effet il est rare, contrairement à ce que pensent les hommes, qu'eux, les éléphants majestueux, détruisent la flore, car ils en auront besoin demain; donc ils se contentent de briser quelques branches, de goûter à tout sans épuiser leurs ressources. Et, d'année en année ils se souviennent de leur circuit, de chaque arbre, de chaque buisson luisant, de chaque palmier succulent, de la saison des fruits, des hommes rencontrés et de leurs comportements. Ils passent sans bruit sous ma fenêtre la nuit et me soufflent tout bas, que, du temps de mes rêves, ils aidèrent mes frères, à traverser les Alpes, car jadis on le sait, les Maasai le disent, ils furent les amis des femmes.

C'est ainsi que des rives du Mara, je pense aux Fuzzy-Wuzzy, aux lions, aux buffles, aux éléphants, mes voisins, car ensemble ils se rencontrent sur les peintures rupestres du Hoggar, du Tibesti ou est-ce seulement celles de mes rêves?

Le bateau prit quarante-trois jours pour atteindre Beira où je débarquai. Mais il s'arrêta à Aden, accroché aux arêtes du désert, à Mombasa avec les requins de tous ordres, à Dar es-Salaam aux plages semées de limaces concombres, à Zanzibar parfumé de clous de girofle.

A Mombasa, un bel officier portant un uniforme blanc éclatant, aux galons dorés, m'invite à faire de la voile dans la baie infestée de requins, suiveurs de bateaux. Je ne me doutais guère qu'il en était un. Il m'invite ensuite au bal à bord de son paquebot en rade. Habillée en longue robe lamée, je franchis une drôle de passerelle; il dit au rameur de revenir nous chercher à une heure du matin; le rameur part, et je me trouve à bord d'un bateau désert, sans fuite possible, entourée de requins. Un jeune mousse sort de l'obscurité d'un des ponts et sauve la situation. Le lendemain je reçois un grand bouquet de roses, et un mot d'excuse me suppliant de ne rien dire, car il n'est pas séant que, portant des galons d'un officier de marine, on agisse en requin des hautes mers. Je conclus alors un pacte d'amitié avec un jeune Italien qui m'appelait *carissima farfalina* de le protéger des baleines s'il me protégeait des requins.

A Zanzibar, on se retrouve dans un décor biblique. Des ruelles parfumées où glissent le long des murailles des silhouettes de femmes drapées de voiles sombres, portant des cruches sur l'épaule, des clochettes en argent tintant aux chevilles, scandant chaque pas, signalant leur passage. Et pourtant c'est ici que de cruelles caravanes d'esclaves furent parquées attendant leur départ pour l'Arabie et les pays de l'Est. C'est ainsi que parfois les dalles gémissent, et qu'à midi, ou surtout à minuit, on entend les cris de désespoir des damnés des siècles passés.

A Beira, mes parents m'attendaient. J'avais presque fait le tour du continent en bateau. Cela boucla le cycle de mes voyages luxueux en paquebot; dorénavant, je prendrai l'avion. C'est ainsi que je perdis le sens des distances, et toute idée des proportions de ce continent qui me vit naître et grandir deux fois : sur les berges du Nil, puis sur les rives du fleuve Limpopo. C'est pourquoi je vis entre les deux, au bord du fleuve Mara, presque sur l'équateur, attendant que me soit révélé mon prochain pas – ou peut-être ma prochaine vie.

En parlant des bateaux, j'allais oublier d'évoquer les bateaux à voile sur des lacs divers que je n'ai jamais vraiment su manier; mais surtout mes exploits féministes, en arrivant à créer une équipe féminine pour les compétitions d'aviron, domaine à l'époque réservé aux hommes. Mais cela fait partie de ma vie d'étudiante à Johannesburg.

Cependant, cela fut la barque royale de la sœur du roi Lozi qui me consacra Makhadzi; c'est elle le bateau de mes rêves devenu réalité.

Le Litunga du Zambèze, roi des Lozi, est considéré comme l'aîné de tous les Rozwi; il est l'empereur perpétuel du Grand Empire du Mambo, issu de l'Aigle pêcheur, Shiri ya Denga, qui s'enfuit vers le nord-ouest avec les pierres de feu. Celles-ci furent volées dans une coquille d'escargot, des Ndau Chauke, issus de Musika Vanhu, le créateur des hommes, dont les descendants sont encore les historiens traditionnels de l'empire. Il vit au milieu du fleuve Zambèze, eau céleste par excellence, sur l'île royale Léalui.

Princesse venda, et leur envoyée, je vins un jour de 1966 le trouver. J'avais pour but de vérifier si ce que l'on disait de lui : Empereur perpétuel, était connu d'eux, car j'entreprenais une étude du « complexe culturel » du Zimbabwe auquel se rattachent les Venda du nord du Transvaal, parmi lesquels j'ai été élevée, initiée, adoptée à la cour royale.

J'arrivai donc chez un cousin avec mes deux fillettes, Isabelle, quatre ans, et Caroline, quinze mois. Étienne Berger, missionnaire de la mission de Paris, lui-même né au Barotseland, le pays lozi, parlait la langue parfaitement. Il me dit tout de suite que je ne pouvais espérer habiter l'île royale car seule la royauté lozi en avait le droit. Je lui demande de me présenter au Litunga Sir Mwanawina Lewanika. Nous partons donc en barque. Les cieux se déchaînent et le fleuve encore plus. Je me demande si les dieux interviennent pour empêcher mon accès à l'île, si mon projet leur déplaît, si je le paierais de ma vie et de celle d'Étienne, si je devais à tout jamais, si j'en sortais vivante, renoncer à mes projets prétentieux, semble-t-il. Nous prions. Les eaux se sont calmées; nous reprenons les rames et glissons sans mot dire sur le fleuve redevenu silencieux. Nous arrivons mouillés jusqu'à la moelle, les vêtements collés au corps, les cheveux dégoulinants, et dans cet état on nous introduit à la porte du palais royal, fait de nattes de roseaux tressés en chevrons royaux et figures de zèbres. D'immenses piliers de cèdre constituent l'armature du palais, et, tout au fond, sur une estrade, le roi nous attend, assis sur son trône.

Je m'agenouille, la tête au sol, les mains devant moi, les index frémissants selon la coutume des femmes venda. Étienne s'accroupit, frappe trois fois des mains, selon la coutume des hommes lozi. On nous fait signe d'avancer, et nous sommes placés, Étienne à la droite du roi, le côté masculin, moi à sa gauche, le côté féminin. Selon l'ancienne coutume venda, j'offre un premier cadeau « pour ouvrir l'oreille du Litunga » – « J'écoute », me répondit-il. Je lui dis : « Les Venda de la cour royale qui m'ont adoptée m'envoient chez vous, car ils disent que vous êtes l'aîné des lignées royales, et que c'est chez vous que je dois continuer mon instruction. » J'offre le deuxième cadeau destiné à « ouvrir la bouche ». Un léger sourire s'esquisse sur la face royale : « *It may very well be* », me répondit-il en un anglais parfait. Jusqu'alors j'avais transmis mes propos en français à Étienne qui les traduisait en silozi, selon la coutume de ne s'adresser au roi que par un intermédiaire. Je reprends donc la parole en anglais pour lui faire part de mon désir de venir, avec mes deux fillettes et une jeune fille française qui s'occupe d'elles, habiter l'île royale pour poursuivre mon étude des structures sociales des sociétés du complexe culturel du Zimbabwe. « J'ai entendu votre requête. Retournez à la mission de Mongu y attendre ma réponse », me dit-il. Ainsi se termine ce bref entretien, si lourd de signification pour moi.

De retour à la mission, j'attendis en vain. Étienne était sceptique et m'expliqua : « Tu comprends, même les sujets lozi qui ne sont pas de la famille royale immédiate ne peuvent habiter l'île royale Léalui. Il s'y passe d'ailleurs des cérémonies secrètes qui ne concernent que les princes. L'ethnologue Max Gluckman, auteur du livre intitulé *Les Lozi*, a dû se contenter d'habiter le village, en terre sèche, de son informateur. » J'appris par la suite auprès du Litunga que cet informateur n'était pas lozi, mais appartenait à l'une des vingt-deux ethnies assujetties au roi lozi. Comme chaque ethnie célèbre les initiations selon des coutumes spécifiques, il en résulte que la description des initiations féminines attribuées aux Lozi ne correspond pas au code royal, ce qui contraria beaucoup le Litunga. Cela renforce mon parti pris pour des études à l'échelle d'une microsociologie et d'une micro-histoire, avant de prétendre pouvoir comprendre la macrosociologie et l'histoire de ces peuples.

Deux semaines plus tard, alors que j'avais abandonné tout espoir d'une réponse du Litunga, à la tombée de la nuit, je suis appelée au bord du fleuve. « Je viens de la part du Litunga pour vous emmener, avec vos enfants, à Léalui, où vous serez son hôte. Nous partons immédiatement. » Je cours chercher mes bagages, les enfants, Millout la jeune fille, et dans la pénombre accentuée par une nuée de moustiques nous embarquons dans une petite pirogue sur l'immense fleuve Zambèze, bordé de papyrus. Mille étoiles clignotent à notre arrivée près de l'île, où les feux des foyers répondent aux chants des ancêtres. Mes fillettes dorment paisiblement, et moi je me demande quelle mère normale embarquerait ses enfants, et celui d'une autre, dans une aventure pareille. J'ai peur. Puis la pirogue aborde; on nous tend la main. Un homme tenant une lampe nous dit de le suivre. Je quitte la pirogue de mon cauchemar et suis mon destin qui doit me mener à la barque royale de mon investiture. Pourquoi ? Comment ? Je ne pouvais le savoir. Mais ma peur me quitte et je devine qu'ici je trouverai la clé de bien des mystères, le code de l'ancienne royauté perpétuelle de cet immense empire de Zimbabwe qui s'étendait de la côte est au Mozambique, où vécurent mes grands-parents, mon père et ma mère, à la côte ouest – l'Angola, et la Côte des

Squelettes qui hanta mon enfance. Cet empire est articulé autour des trois grands fleuves de cette région : le Limpopo de mon pays natal, eau souterraine, le Sabi origine du mythe royal, eau terrestre, et le Zambèze, eau céleste, qui se déverse avec fureur dans les chutes Victoria appelées « Musi O Tonya » (« la fumée qui tonne »). C'est ici au Zambèze que se réfugia Shiri ya Denga, l'oiseau du ciel, alias Aigle pêcheur, l'aîné de la lignée des empereurs, pour mieux diriger, de son île royale Léalui, le sort des autres voués à des destins plus turbulents : rois magiques chez les Venda; rois économiques chez les Rozwi de Zimbabwe qui contrôlent le trafic d'or et d'argent et leurs mines; royauté de la pluie chez la reine Mujaji des Lobedu, royaume premier chez les Swazi. Car il s'agit en effet d'un immense complexe culturel soudé, malgré les apparences, en un seul empire, comprenant plusieurs royautés dont les rôles sont complémentaires, et dont les grands initiés, seuls, connaissent la portée et les articulations toujours actives.

Mon trajet, commencé sur une barque chancelante que faillit anéantir un orage déchaîné, devait aboutir à un voyage sur la barque de la sœur royale qui consacrait mon rôle de Makhadzi (sœur du roi), celui que j'avais déjà assumé dans ma première vie, sur les berges du Nil blanc.

Le Litunga délégua une princesse pour m'enseigner le protocole de la cour Lozi; il désigna un conseiller pour m'instruire en toutes choses, et de temps à autre il me convoquait en audience pour s'informer de mes progrès.

La hiérarchie de naissance et de fonction, donc de rang, est très strictement observée chez les Lozi, et la façon de siéger lors des réunions de la Cour de justice, qui réunit tous les ministres, les princes et les hauts fonctionnaires, en témoigne. Une seule femme a le droit de siéger à la Cour : la sœur royale, la Makhadzi, assise à la gauche de Litunga et appelée Mukwae Mboela, la Terre du Sud. J'eus ce privilège. N'étais-je pas une Makhadzi venue du sud, du pays des Venda, la branche cadette, dont le roi Thovela est La Terre qui détient les secrets du Python créateur, consacrant ses filles pubères à ses rituels ? N'avais-je pas aussi dansé la danse du Deu en chantant : *Tharu ya mabidighami* (« le python se

déroule ») ? N'avais-je pas aussi dansé avec les Hosanas de l'oracle de Mwali pour invoquer la pluie ? N'étais-je pas allée vivre à la cour de la reine Mujaji : l'Éternelle faiseuse de pluie, qui, lorsqu'elle
se sent vieillir, boit la coupe de poison afin que sa fille prenne sa suite sans que l'on puisse parler de la mort de la reine Mujaji ?

Je siégeais donc à la cour Lozi à la place de la reine du Sud. Puis un jour, on me prêta la barque de la reine principale, la Moyo, pour aller au sud rendre visite à la fille du Litunga portant le titre « Mukwae Mboela », qui siégeait sur le trône du Sud, et en gouvernait la province. Douze pagayeurs ramaient ; le conseiller nous accompagnait ; nous étions à l'abri du soleil sous le toit de roseaux construit au centre de la barque. Avant de partir, on avait pris soin de nous parer de bracelets d'ivoire – ceux fabriqués par l'artisan du roi et portés seulement par la royauté lozi. A l'aller j'ai demandé à me baigner : on m'a dit d'attendre d'être au milieu du fleuve, là où il n'y avait plus de crocodiles ou d'hippopotames. De retour à bord, je me séchai au soleil en tenant le rebord de la barque lorsque j'ai senti glisser mon alliance de mon doigt : une bague datée de 1760 en or vingt-deux carats, faite de petits poissons alignés, la queue dans la bouche du petit poisson suivant. J'alertais tout le monde : trop tard, mes poissons en or étaient partis au fond du fleuve Zambèze. « C'est parce que tu n'as pas offert de cadeau au Dingololo du Zambèze en venant à bord », me dirent les pagayeurs. « Il faut toujours lui demander le droit de passage en lui offrant quelque chose, normalement un bracelet en métal », me dit-on. Or au retour, ma fillette Isabelle s'amusait avec son petit bracelet en ivoire, lorsqu'il roula et tomba à son tour dans le fleuve. Dingololo, le monstre du Zambèze, exige tous ses droits.

La reine du Sud n'était pas chez elle. Il n'est guère possible que ce fait n'ait pas été connu à la cour de Léalui, où l'on avait arrangé ce voyage. Était-il donc nécessaire qu'en tant que Makhadzi je « pinga nyika » comme disent les Venda, un rite par lequel le roi ou sa Makhadzi « circonscrit le territoire » en le parcourant assis sur un palanquin porté par ses sujets, ou dans ce cas, dans la barque royale ? Les bateaux de mes rêves devenaient des réalités, sans que je puisse encore en mesurer la portée.

Nous devions effectuer encore deux parcours rituels : un avec la reine, Moyo principale, pour visiter les terres qui surgissent de temps à autre du Zambèze, et où elle cultivait la graine rituelle, éleusine caracana, et le millet; nous y fûmes dévorés par les fourmis guerrières. L'autre, accompagnée du conseiller et cette fois sans mes enfants, je fis le tour des îles; chacune représente un tombeau royal; car les rois lozi sont ensevelis dans leur barque royale que l'on coule au flanc d'une île. Chaque roi a donc son île mortuaire. Lorsqu'on énumère la généalogie des rois lozi, on énonce le nom de cette île, à la base de laquelle il repose, allongé dans sa barque royale, enveloppé de peaux de léopard, prêt pour le voyage vers d'autres horizons, transporté par les eaux du fleuve Zambèze qui représente l'eau céleste, ou encore le lien entre l'eau souterraine du Limpopo chez les Venda, l'eau terrestre chez les Shoko de Wedza auxquels appartient le fleuve Sabi et l'eau céleste au niveau de ces chutes du Zambèze. Incomparables, elles rejettent vers les nuages une dense vapeur, projetant les rois lozi vers les cieux, où ils prennent l'essor de l'Aigle pêcheur, car ne sont-ils pas les descendants de Shiri ya Denga, l'Oiseau du ciel ?

Le mythe contenant tous les éléments de ce vaste puzzle ne m'avait été donné qu'en 1962, lorsque j'étais revenue au Zimbabwe avec Isabelle, née à Bangui, et alors âgée de trois mois. « Viens, nous avions oublié de t'emmener chez Musikavanhu (le Créateur des hommes); il est notre aîné et le gardien de l'histoire de nos peuples. » Par hasard, ce mythe en deux parties, apparemment incohérentes, nous permet de voir en perspective cet ensemble du complexe culturel du Zimbabwe. Il me permit de comprendre ce que j'allais vivre en 1966 chez les Lozi, et fut le sujet de mon cours à la Sorbonne en 1969.

De retour à Léalui je suis témoin d'une effervescence inhabituelle. On danse en demandant au roi de quitter l'île au centre du Zambèze pour regagner sa résidence en terre sèche, à une trentaine de kilomètres en amont. On chante en demandant au Litunga d'avoir pitié de sa famille, car le Zambèze est en crue, fourmis et serpents envahissent l'île et l'eau rentre dans les maisons. Alors un jour on sort les grands tambours de guerre, on repeint en stries vertes et blanches la barque royale, chacun s'affaire à coudre des vêtements de cérémonie, les peaux de léopard, portées par les princes qui doivent les revêtir pour pagayer la barque royale, sont étendues au soleil; on m'emmène au magasin choisir des tissus pour me fabriquer un nouveau costume lozi, qui se porte au-dessus de l'ancien, et on confectionne aussi de minuscules costumes pour Isabelle et Caroline. Au sein de toute l'effervescence et de ces préparatifs enjoués, une question était sur les lèvres de chacun et restait sans réponse : quelle serait ma place dans le cortège des barques que régit un protocole millénaire? Moi-même je n'en savais rien.

Mon costume, choisi par la princesse, mon guide en toutes choses, arborait de grands tournesols sur un fond orange, couleur solaire. Celui d'Isabelle était bleu comme les eaux du Zambèze, celui de Caroline vert avec de petites fleurs blanches évoquant de gras pâturages. Puis le grand jour arrive. On vient nous chercher. Une barque m'est désignée et le cortège prend forme. Ma barque se trouve à la gauche de celle de Litunga, un peu en retrait, précédant celles des six reines, les Moyo. Les tambours de guerre résonnent en longues vibrations sur les remous du fleuve. Les princes lozi, d'une carrure exceptionnellement grande et belle, resplendissants dans les peaux de léopard – leurs seuls vêtements pour le Kuomboka –, frappent comme un seul homme les eaux de leurs longues rames, et propulsent en avant la barque royale striée, précédés seulement par le cri aigu de l'Aigle pêcheur. La grande transhumance annuelle des Lozi est lancée, et, une à une, les barques suivent, gardant toujours un écart dicté par le protocole.

La barque de mes rêves était devenue réalité. Une réalité qui me transportait à travers le temps vers mon existence sur le Nil il y a près de cinq mille ans, et vers mon avenir que seul l'Aigle pêcheur connaissait peut-être. Car ce jour-là je fus consacrée Makhadzi : ma barque occupait la position de la sœur royale : reine du Sud.

3.

LA CITÉ PERDUE DU DÉSERT DU KALAHARI

Il est une cité perdue dans les sables du Kalahari, que nul n'a trouvée depuis Farini, cet Italien « fou », qui l'a décrite et même dessinée dans un livre paru en 1885 : *The Lost City of the Kalahari*. Jeunes mariés, nous poursuivions, Pierre et moi, des recherches au Zimbabwe sur l'histoire de ce vaste empire, lorsque nos maîtres africains nous parlèrent d'une cité de pierres bien plus importante que « Great Zimbabwe », appartenant au même complexe culturel, enfouie dans le sable du désert du Kalahari, gardée par une bande de Bushmen armés d'arcs et flèches empoisonnées. On nous proposa de nous y emmener.

Les préparatifs furent longs et compliqués. Il fallut d'abord rendre visite et hommage à une reine et obtenir sa permission. Elle nous fit promettre de ne jamais divulguer l'endroit à d'autres personnes, de ne pas l'indiquer sur une carte géographique, de ne rien emporter de cet endroit qui devait contenir un trésor de pierres blanches et brillantes. Par contre, nous avions le droit de photographier et filmer les lieux. Pour nous accompagner elle délégua un de ses conseillers royaux, un chasseur professionnel qui armé d'un vieux mauser devait chasser pour nous ravitailler; enfin, comme interprète, un enfant bushman élevé à sa cour, parce qu'il parlait le bushman 'xung aussi bien que le sitswana, langue que je pratique moi-même.

Il nous fallut abandonner notre Land-Rover et louer un camion de deux tonnes, car on prétendait alors que les Land-Rover détérioraient les pistes du Kalahari. De plus, nous avions besoin de transporter l'eau, l'essence et la farine de maïs avec nous. Nous voilà donc partis, faisant à peine quinze kilomètres par jour, car le camion s'enlisait dans le sable, et nous passions notre temps à le déterrer et à l'inciter avec des branchages à continuer le parcours. Nous devions franchir la distance entre deux points d'eau chaque jour.

Au premier campement bushman, les palabres et les explications furent interminables. Le lendemain nous reprenions la piste avec pour guide un Bushman assis sur le capot du camion, tenant un long bâton avec lequel il désignait le chemin à suivre, et dans le camion un vieux devin, indispensable pour mener à bien notre expédition, disait-on. Chaque matin celui-ci consultait ses osselets, et annonçait l'animal qu'il faudrait abattre ce jour-là, prescription que suivait à la lettre notre chasseur, qui arrivait toujours, en visant à côté, à descendre l'animal désigné. Le soir, au point d'eau, on dépeçait l'animal, et très vite des petits pas furtifs se faisaient entendre, des visages curieux apparaissaient et dansaient à la lueur du feu, et nos hôtes, les propriétaires de ce point d'eau, venaient se joindre au festin. Les hommes préparaient la viande. C'est aux femmes que revient la préparation de la bouillie de maïs. J'étais la seule femme. C'est donc à moi que revenait cette tâche. Nous repartions le lendemain accompagnés d'un de nos hôtes. Ainsi à chaque point d'eau nous ajoutions un nouveau guide à notre expédition, sans pour cela renvoyer le précédent. A la fin nous avions accumulé vingt-quatre guides, et je préparais en plusieurs séances la bouillie de maïs et exerçais mes avant-bras, heureusement habitués à ramer, puisque étudiante j'avais été capitaine de notre équipe d'aviron.

Un jour notre devin décréta qu'il fallait abattre, pour notre repas, une antilope tsessebe. Tout le monde se moqua de lui, disant que cela serait impossible puisque les tsessebe, antilopes rares, n'existaient pas dans cette région. Piqué dans son amour-propre, le vieillard désigna le ciel et dit : « Lorsque le soleil sera là (presque au zénith), à gauche du camion vous verrez un troupeau de tsessebe. Il faut en abattre un. » En effet, vers onze heures du matin, à gauche du camion, un troupeau surgit, et nous avons festoyé ce soir-là de viande d'antilope tsessebe. Je commençais à me douter qu'il s'agissait d'un code, et que ce n'était pas par hasard qu'il fallait abattre tel ou tel animal. L'avenir devait le prouver.

Notre guide avait abandonné sa place perchée sur le capot. Il préférait courir devant le camion, en zigzag, selon la coutume de son peuple. Il avait constaté que, de sa position si élevée, il perdait le sens de l'orientation. Nous nous étions retrouvés un jour sur notre propre piste, après avoir décrit un cercle complet en suivant les directives de son bâton pointu. Alors au lieu de décrire des cercles, il était encore préférable d'opter pour les zigzags.

A notre troisième arrêt on nous informa qu'une expédition comprenant plusieurs Blancs, mais aucun guide royal, nous précédait de quelques jours. Ils avaient dormi à leur point d'eau trois jours plus tôt et avaient distribué beaucoup de tabac. En effet, nous devions croiser leurs traces plusieurs fois dans les jours qui suivirent, et nous pouvions voir un drapeau autre que le nôtre dressé sur les murailles de la Cité de pierres, pour nous accueillir. Il s'agissait, nous l'apprîmes par la suite, de l'expédition d'une université canadienne.

La dernière étape fut dramatique : nous suivions un vallon entre deux dunes, et droit devant nous longeant les mêmes dunes, nous avions les traces du camion rival. Oui, ils arriveraient sûrement avant nous ! Tout à coup notre guide disparut derrière une des dunes. Intrigués, nous arrêtâmes le camion pour scruter l'horizon. Il était là, à moitié caché par les sables, couleur sable lui-même, avec son visage fripé et ses yeux bridés, gesticulant pour nous faire comprendre que le camion devait repartir derrière la dune, à un angle d'environ cent quarante-neuf degrés. Chose curieuse, il y avait un passage à peine visible entre les dunes. La manœuvre pour y arriver fut difficile, le camion s'enfonçant dans le sable comme dans du beurre, mais, encouragés par les clics des vingt-quatre guides, nous franchîmes enfin la dune à notre droite, pour nous retrouver dans un autre vallon identique, qu'il s'agissait de remonter. Puis soudain un spectacle extraordinaire se dessina sur l'horizon. Nous pensions être victimes d'un mirage du désert ; mais non, il y avait bien réellement une crête de rochers en plein désert. De plus, nous avons pu constater que des monolithes de la même forme que ceux de « Great Zimbabwe » avaient été taillés dans la roche, des monolithes de presque un mètre de haut. Nous avions donc d'emblée la réponse à la première question : où peut-on trouver des roches dans le désert du Kalahari pour construire une cité en pierres ?

Il restait la question de l'eau. Les puits ne contiennent jamais beaucoup d'eau – suffisamment pour les besoins d'une bande de Bushmen, qui dépasse rarement trente personnes, mais qui certes ne pourraient subvenir aux besoins d'une cité de plusieurs milliers de personnes. Or la cité décrite par Farini s'étend sur environ un kilomètre et demi, et devait être le chef-lieu, voire la capitale, de toute la région. Les historiens traditionnels du Zimbabwe affirment qu'elle était la plus importante des huit cités de pierres appartenant au mambo de Zimbabwe. Une bande de Bushmen armée d'arcs et de flèches empoisonnées la gardent encore aujourd'hui, comme nous avons pu le constater.

Arrivés vers le soir, nous installâmes notre campement en creusant des trous dans le sable chaud du désert, qui nous serviraient de lit, car le sable conserve la chaleur accumulée pendant la journée et les nuits dans le désert du Kalahari sont extrêmement froides. Je m'apprêtais à préparer la bouillie de maïs lorsque le guide royal me dit : « Conserve l'eau que nous avons amenée pour le retour. Nous allons t'amener de l'eau très fraîche et claire. » Étonnée, je scrutais l'horizon pour un trou d'eau et ne voyais rien. « Viens, apporte ton récipient », me dit le guide, et à un mètre de là il roula une grosse pierre qui cachait un orifice. Le petit interprète 'xung muni d'une gourde se mit à plat ventre et commença à ramper en se glissant dans le tunnel. Quelques minutes plus tard, il réapparaissait portant la gourde remplie d'une eau limpide. « Oui, à cet endroit il y a un lac souterrain. Nous ne sommes plus très loin de la Cité, nous annonça le guide, si Dieu le veut, nous y serons demain. »

Mais nous avions encore des obstacles à surmonter. Et les obstacles les plus banals peuvent parfois être les plus redoutables. Chose curieuse, ce jour-là, nous n'avions encore rien abattu, contrairement à ce qui se passait à l'ordinaire. Le chasseur alla donc consulter le devin : « Nous n'avons pas de viande ce soir.

– Va tuer une girafe », répondit-il. Vigilant, mon mari se fit traduire la consigne. « Impossible s'exclama-t-il, la girafe est *royal game*, et appartient à Sa Majesté la reine d'Angleterre. » Et cela déclencha notre première querelle. « Personne ne le saura, et d'ailleurs, lorsque nous aurons trouvé la cité perdue du Kalahari, tout nous sera pardonné, devais-je objecter.

– Nous sommes en mission officielle du gouvernement français et ne pouvons enfreindre les lois de nos voisins britanniques, reprenait Pierre, drapé dans le drapeau français.

– Nous dépendons ici de Sa Majesté la reine Tawana, et devons suivre les consignes du devin », répondis-je.

J'avais beau supplier, Pierre était, en tant qu'homme, plus écouté que moi et considéré comme le chef de l'expédition. Le chasseur partit abattre un koudou. Ce soir-là, autour du feu, nous entendions des bruissements dans les buissons aux alentours mais personne ne vint se joindre à notre festin. Et comme pour provoquer le sort, cette nuit, des girafes se promenèrent entre les trous de sable dans lesquels nous dormions.

Le lendemain, le devin jeta les osselets et décréta : « Il faut tuer une girafe. » Pierre nous raconta une histoire entendue dans le bar de Riley's Hotel à Maun, celle de deux pilotes dont l'avion avait dû faire un atterrissage forcé en plein désert et qui, pour se nourrir, avaient tué une girafe; ils se sont retrouvés en prison, bien qu'ils aient plaidé en disant qu'il s'agissait d'un cas de force majeure : une question de vie ou de mort, dans ce désert où ils n'avaient vu aucun autre gibier. En effet, les lois des pongolo (amazones) sont irréversibles, irrévocables, et nous avions affaire à la plus grande des pongolo : la reine d'Angleterre.

« La Cité est maintenant très proche, nous pourrons l'atteindre à pied, nous dit le guide royal.

– Allons-y, répondis-je en partant dans la direction indiquée.

– Reviens, cria le guide affolé, nous ne pouvons y aller sans un des gardiens, sinon nous risquons de nous faire abattre d'une flèche empoisonnée.

– Mais où sont-ils, ces gardiens ?

– Ils nous observaient hier soir autour du feu; nous avons

trouvé leurs traces ce matin, mais ils ne sont pas venus. Il faut attendre qu'ils se décident à venir. »

Nous dûmes attendre toute cette longue journée, et le lendemain, et le surlendemain. Chaque jour le devin déclarait qu'il fallait tuer une girafe; chaque jour Pierre s'obstinait un peu plus, et moi je plaidais ma cause. La venue des gardiens de la Cité perdue n'était-elle pas liée au festin de viande de girafe? Il me semblait maintenant clair que le rôle du devin était de nous indiquer le code de passage de chaque territoire. N'avait-on pas toujours trouvé un guide en respectant l'animal à abattre, ce qui incitait les propriétaires du territoire suivant à venir se joindre au festin? En initié, le guide royal refusa de répondre à une question directe. La connaissance profonde devient évidente pour celui qui suit le parcours initiatique et il n'est donc pas nécessaire de l'énoncer. Seul le code initiatique est énoncé car lui ne peut être inventé ou déduit. Il est reçu par celui qui est à même de le comprendre. Pierre acceptait ces arguments mais, fidèle à sa mission de respecter l'ordre établi outre-mer, il décida que nous repartirions pour obtenir des autorités britanniques l'autorisation d'abattre une girafe. Je désespérais. Deux mois de trajet pénible dans le désert, brûlés par le soleil; des heures et des heures à déterrer le camion et à tourner sans fin la bouillie de maïs. Une accumulation de guides qui ne seraient peut-être pas prêts à nous aider une deuxième fois, qui partiraient au trot en zigzaguant dans le désert jusqu'à ce que nous ne croyions plus qu'à un mirage où à « un rêve qui nous rêve », selon l'expression 'xung. « Pierre, je t'en supplie, tuons une girafe. Résolvons le problème immédiat, nous trouverons sûrement une solution plus tard pour un problème futur et peu probable. – NON. »

Je pense qu'une des différences essentielles entre Pierre et moi, qui dut jouer pour finalement nous séparer, est que je vis uniquement dans le présent, tandis que lui vit dans un avenir idéal. Nous repartîmes donc vers ce permis idéal... que les girafes décidèrent d'entraver! Péniblement, nous rebroussions chemin, nos guides devenus maussades, ne comprenant guère pourquoi déployer tant d'efforts pour abandonner au seuil d'une réussite. Un trou d'eau par jour, un guide en moins. Le devin ne consultait plus guère ses osselets, sauf pour marmonner seul des imprécations, conscient peut-être des déboires à venir. Nous ne comptions plus les jours. L'expédition s'était prolongée bien au-delà des deux semaines prévues, nous n'avions plus de médicaments antipaludiques, et très peu d'eau potable dans nos réservoirs. L'essence aussi risquait de poser un problème, car au départ nous ne savions guère où nous allions, et en Afrique il est poli de dire qu'une destination est proche. Ce problème nous fut épargné par la girafe de nos rêves et de nos cauchemars. A la tombée de la nuit, lorsque tous les bruits se multiplient en vagues crépitantes à travers le désert, nous nous approchions lentement du prochain trou d'eau. Un bourdonnement incessant devenant de plus en plus fort annonçait notre arrivée. Puis une nuée de mouches s'abattit sur notre camion, en particulier sur nos visages et nos yeux, cherchant à aspirer chaque gouttelette de sueur ou de liquide. Une odeur putride devenait aussi de plus en plus insupportable au fur et à mesure que nous nous rapprochions de notre oasis. Le chasseur nous dit d'arrêter le camion à distance, qu'il irait voir si des fauves en train de terminer un festin d'il y a plusieurs jours n'occupaient pas les lieux. Il revint en hâte. Non ce n'étaient pas des fauves mais une girafe. Elle était tombée dans le trou d'eau, et il ne restait plus que de la chair en putréfaction et des mouches. Plus une seule goutte d'eau, la girafe ayant macéré dans ce liquide précieux. Décidément les girafes avaient décidé de se moquer de nous! Fatigués, nous nous sommes éloignés un peu de ces lieux lugubres pour installer notre campement, et avons dû puiser dans nos maigres ressources d'eau pour préparer notre repas de thé et de bouillie de maïs. Ce soir-là, je ne voulais certes pas de viande, ce qui ne fut pas le cas de nos guides. Ils commentaient d'une façon surexcitée cet événement insolite, dans lequel il m'apparut qu'ils voyaient autre chose que le pur hasard. De nouveau des girafes étaient dans les parages, et se promenaient entre nos lits de trous de sable.

Le lendemain matin, le guide royal, Pierre, le chasseur et certains de nos guides bushmen allèrent examiner le trou d'eau pour voir s'il n'y aurait pas moyen d'extraire un petit peu d'eau pour notre radiateur auquel nous refusions de sacrifier de l'eau potable. Décidément NON. Le « non » de la girafe putréfiée était aussi catégorique que l'avait été celui de Pierre! Nous décidâmes de continuer notre chemin, espérant pouvoir rejoindre le point d'eau sans déboire! Hélas! on ne prend pas ce genre de risque dans le désert qui réfléchit la chaleur, et tel un forgeron attise son ardeur, jusqu'à ce que le fer chauffé à blanc cède; le radiateur répandit les dernières gouttes précieuses de son liquide vaseux sur les sables assoiffés.

Nous voilà en panne définitive. Que faire? Consternés nous regardions notre engin cassé : il ne nous était jamais venu à l'esprit qu'il puisse nous trahir. Les guides bushmen et même le devin, avec quelques clics d'adieu, se dispersèrent, repartant à pied, en zigzaguant dans le désert, vers leurs campements que certains n'étaient pas sûrs de retrouver où ils les avaient laissés. Vers le soir, il ne restait plus que deux Français désemparés, le chasseur, notre fidèle guide royal, et le petit interprète 'xung, qui regardait s'éloigner les siens d'un regard qui en disait long sur son désir de lui aussi disparaître dans les sables chauds du désert. Mais il tint bon. Bien heureusement pour nous. La suite devait nous le révéler.

Le repas du soir fut lugubre. Nous nous contentions de viande, renonçant à la bouillie de maïs et au thé pour épargner l'eau. Le lendemain notre guide dit : « Je m'en vais avec les deux autres chercher de l'aide. Vous ne devez surtout pas quitter le camion : cela serait pour vous la mort certaine. » Et à leur tour ils partirent. Nous les regardions s'éloigner sans oser exprimer nos pensées. Reviendraient-ils comme ils l'avaient dit? Rien ne les y obligeait. A leur place serions-nous revenus?

Le premier jour nous nous sommes affairés à rendre notre séjour dans le camion naufragé plus agréable. Car sans les guides il nous fallait renoncer au confort des lits dans le sable : nous avions été trop souvent visités par des fauves que les Bushmen vigilants éloignaient par des feux, qu'ils attisaient la nuit à tour de rôle. Nous improvisâmes donc un lit dans le camion en le recouvrant d'une bâche qui avait servi à protéger les fûts d'eau et d'essence contre les ardeurs du soleil. Puis nous fîmes l'inventaire de nos vivres. Un sac de farine de maïs presque plein, mais pas assez d'eau pour nous permettre ce luxe. Il faudrait chercher à ne se nourrir que de viande – le demi-oryx qui nous restait. Donc nous ferions sécher la viande en lanières comme je l'avais vu faire dans mon enfance. Mais cela pouvait aussi attirer les fauves. Alors pour la nuit nous l'enfermions dans le camion qui, en fait, tenait lieu de réfrigérateur, malheureusement pour nous à l'arrière. Nous regrettions donc nos nids dans le sable chaud, sans oser nous aventurer dehors. En fait, nos précautions étaient vaines. Rien ne vint nous distraire dans ce sacré désert. Ce qui confirmait nos craintes d'abandon pur et simple. Le troisième jour la trêve de la lune de miel finie, les querelles reprirent.

« Tu vois, nous aurions dû tuer la girafe pour rester en vie.

– Si tu es décidée à mourir, moi non. Je pars. Je ne crèverai pas ici comme un idiot!

– Tu crèveras plus sûrement ailleurs, mon amour; reste, je t'en prie, c'est notre seule chance de survie! »

Pierre, que la fièvre commençait à gagner, partit à grandes enjambées on ne sait où. Je courus après lui, tombai de tout mon long dans le sable chaud, ce qui l'amena tout de même à rebrousser chemin. Le lendemain encore, sa volonté de fuir redoubla, et moi je suppliai encore :

« Le guide royal est redevable à la reine. Il reviendra sûrement. Attendons sur le camion.

– Nous n'avons pratiquement plus d'eau, ma chérie. Il est idiot d'attendre sans chercher un puits. »

Heureusement, ses jambes chancelaient sous lui, la fièvre parvint à le retenir alors que moi j'en étais incapable. Il s'assoupit sur le camion et partit vers d'autres horizons. C'était soit le paludisme, pour lequel je n'avais plus de remèdes, soit cette fièvre récurrente provenant d'un pou tombé d'un perroquet d'une rare espèce qui habite les rives du fleuve Zambèze. Ce ne fut donc pas un hasard si ce perroquet nous fit don de ce pou, qui terrassa Pierre à plusieurs reprises, heureusement pour nous, au milieu du désert.

La nuit froide le raviva : « Je pars demain à l'aube; s'ils reviennent, suivez mes traces. J'aurai peut-être la chance de trouver un trou d'eau et je reviendrai te chercher. » A l'aube, il dormait encore, et moi je ne bougeais pas de peur de le réveiller. Son corps était brûlant malgré la fraîcheur de la nuit et la rosée de l'aube. Je me souviens que les Bushmen récoltent cette rosée, l'aspirant de chaque brin d'herbe dans des petits roseaux. Mais je renonçai à cette manne, pour ne pas réveiller Pierre, et songeai qu'il serait toujours temps de le faire pour me distraire, lorsque je me trouverais abandonnée, seule dans le désert. Vers midi il délirait, se redressait et retombait. Puis à mon tour je crus le rejoindre dans d'autres pâturages, car je voyais pointer sur l'horizon, dans une nuée de poussière, un troupeau de bovins – cela devait être un rêve. Ils se dirigeaient vers nous, à la queue leu leu, menés par un petit berger à la silhouette inconnue; et chose bizarre, à leur suite, venait Jésus assis sur un âne, précédant le cheval branlant de Don Quichotte lui-même. Je courus vers eux. Oui, un berger inconnu menait dix bœufs, attelés à un traîneau fait de la fourche de deux branches, et derrière eux, notre sauveur, le guide royal, fidèle à son poste; assis sur un vieux cheval que guidait l'âne annelé, notre minuscule interprète tenant une gourde d'eau se racontait ses rêves, en songeant à sa mère. Le chasseur, lui, n'était pas revenu. Il partait plus loin rendre compte à la reine des déboires de ceux qui ne savaient pas respecter les consignes du devin du désert. Car nous n'aurions jamais dû oublier que nous étions en mission officielle non seulement du CNRS mais encore des Grands Esprits cosmiques de Zimbabwe, les Magombgwe, et que seuls eux régissaient notre sort.

Arrivés au camion, nous avons installé tous nos effets sur le traîneau, et calé Pierre en l'adossant au sac de farine de maïs avec le fût d'eau vide à ses côtés. Puis nous avons enfermé le peu d'essence qui nous restait dans la cabine du camion, qui poursuivrait seul notre cauchemar du désert. Et nous avons repris les traces du traîneau, mené par le berger Mambukushu et notre petit Bushman, tandis que je chevauchais le cheval et suivais notre guide dignement perché sur l'âne.

Nous avancions plus rapidement qu'avec le camion, car le traîneau glissait sur le sable, tandis que le camion s'enlisait. A la tombée de la nuit nous avions pu regagner un point d'eau auprès de deux grands arbres. Nous avons installé nos lits dans le sable, protégés par les troncs d'arbres, et disposé les bœufs tout autour pour nous protéger des fauves. En fait, vers l'aube, deux lions vinrent nous observer, mais le berger vigilant sut si bien leur parler tout en attisant les feux qu'ils se contentèrent d'inventorier la situation, en se disant peut-être qu'ils reviendraient festoyer le lendemain. Heureusement, le lendemain nous n'étions pas là, ayant poursuivi notre chemin, lisse et facile. Dès l'après-midi nous avions rejoint un trou d'eau où des traces de feu témoignaient d'un passage récent – celui de nos guides. Au fur et à mesure que nous avancions, la végétation devenait plus abondante et le gibier aussi. Puis nous traversâmes une forêt de noix mukongo, et fîmes une récolte de ces fruits délicieux qui, bien que durs à casser, donnent un beurre de noix qui agrémente la viande sèche. Car nous mangions encore notre oryx boucané.

Un jour, enfin, apparut un campement humain. Des hommes et des femmes s'affairaient autour de quelques maisons de paille, entourées de quelques plates-formes. Ils firent semblant de ne pas nous voir. Nous les interpellions en 'xung, en sitswana, en simambukushu, ils ne répondirent pas et continuaient leurs besognes comme si nous n'existions pas. Notre guide nous dit : « Éloignons-nous d'ici; ce ne sont pas des hommes, bien qu'ils en aient l'apparence. Ils nous dévoreraient cette nuit. » En effet, ils n'avaient pas l'apparence des Bushmen 'xung ou kao, dorés comme le sable, mais étaient plutôt couleur de cuivre rouge, chose bizarre, comme le sol de chez eux l'est aussi. Pour notre part, ayant relevé de nombreuses traces de fauves dans les parages, nous étions heureux de pouvoir camper près d'eux, même s'ils demeuraient silencieux. Nous installâmes donc notre traîneau chez eux, tandis que les guides s'éloignaient le plus possible, tout en nous guettant, prêts à intervenir en cas d'attaque; or l'attaque vint d'ailleurs – les lions attirés par les bœufs rôdèrent autour de nous toute la nuit, et notre vie fut sauvée, grâce à nos hôtes silencieux, qui ne dormirent point, mais attisèrent les feux, comme s'il s'agissait d'un jeu.

Le tabac rompit le silence et la résistance. Le lendemain, il fut déterré de dessous le sac de maïs sur le traîneau, et distribué, ce qui provoqua un remue-ménage sans précédent. Une magnifique jeune femme abandonna sa séance de coiffure pour venir nous sourire; elle fut dénommée Brigitte Bardot. Une autre femme portant de longues tresses ocrées, ornées de cauris et de perles, lui fabriquait une perruque blonde, en attachant à ses cheveux de longues ficelles de sisal. Notre jeune berger accourut et se mit à les interpeller. A notre grande surprise, la femme à la chevelure ocrée lui répondit dans sa langue, le mambukushu. Nous pouvions donc communiquer, puisque le berger comprenait le 'xung et transmettait les messages de nos hôtes mambukushu, qui l'avaient amenée vivre sur le fleuve Okovango, d'où elle s'était évadée pour revenir chez elle, avec cette coiffure qui séduisit les belles du désert. Comme quoi les modes venues d'ailleurs sont toujours accueillies avec rigueur, car les femmes sont partout pareilles, à l'affût d'atouts pour étonner les hommes et les subjuguer un peu plus, grâce à leurs ruses pour paraître encore plus belles. Cette rescapée du monde mambukushu devint une amie intime, car c'est elle qui traduisait du gukwe en mambukushu; elle était fougueuse et rageuse, charmeuse et hargneuse, amicale et agressive, comique aimant la mimique, et se plaisait à comparer les charmes des hommes mambukushu, trop forts et brutaux, à ceux des hommes gukwe, raffinés en amour, comme pour conter les légendes et danser en transe, arts inconnus des sauvages du fleuve, disait-elle. Pourtant, un long tambour trouvé chez elle provenait des rives du fleuve hostile, ainsi que les perles et les cauris qui ornaient la belle.

Quatre des femmes avaient de jeunes nourrissons, portés accrochés sur le côté. Le jour, les hommes partaient poser leurs pièges et femmes et fillettes allaient à plusieurs heures de marche vers la forêt faire la récolte de noix mukongo et ramenaient, en outre, toute une variété de délicieuses denrées comestibles : fruits, baies, racines, melons, chenilles, œufs de fourmis. Mon mari trouva délicieux ce curieux mets tant qu'il pensait manger des champignons exotiques, mais sa colère se déclencha lorsqu'il apprit la vérité sur l'origine de celui-ci.

J'ai dû apprendre très tôt à jouer sur tous les tableaux, car, avec une multiplicité d'identités, on a la possibilité d'en actualiser une ou plusieurs selon les besoins de la cause, tout en virtualisant les autres; enfant, j'avais appris à manger des sauterelles chez les Venda. Il n'était donc pas difficile pour moi de m'adapter aux mets des gens du désert, exploit moins facile pour Pierre qui ne se sentait que français. Cependant, avec son épouse aux petits soins et tous ces plats fins, il reprenait des forces, suffisamment pour protester, et même pour accompagner les hommes qui allaient tendre des pièges. Moi je voulais aller à la cueillette avec les femmes, mais toujours on protestait, et je devais rester au campement avec la pythonisse gitane et la nourrice. En effet, une des mères restait à tour de rôle au campement, une seule suffisant pour allaiter les quatre bambins, pendant que les trois autres partaient à la cueillette. J'observais l'habileté avec laquelle la nourrice de garde allaitait chaque enfant juste suffisamment pour le faire taire, lui enseignant dès le premier âge à accepter d'alterner des périodes austères avec la période de plénitude que représentait le retour de la mère le soir, lorsqu'il pouvait téter à volonté.

Puis un jour, je compris pourquoi on ne voulait pas me permettre de partir avec les femmes. Trois femmes et quatre fillettes étaient parties et n'étaient pas revenues le soir. Personne ne s'inquiéta car, disait-on, la forêt de mukongo étant loin du campement elles avaient dû décider d'y rester deux jours, afin de ramener une récolte abondante. Le lendemain soir, elles n'étaient toujours pas là. On commença à se poser des questions. Tôt le lendemain, trois hommes armés partirent à leur recherche. Ils étaient de retour avant midi et, sans mot dire, s'assirent à quelques distances du campement. Alors « le grand prêtre » patriarche du campement partit se joindre à eux, et s'assit, toujours sans mot dire, tandis qu'un silence de consternation s'abattit sur tout le campement. Même les enfants cessèrent de jouer. Tout était paralysé, sous les rayons ardents du soleil de midi qui frappe sans merci. Tous regardaient, du coin de leurs yeux bridés, les quatre hommes silencieux. Puis le patriarche revint et dit brusquement d'une voix rauque : « Retournez à vos besognes; elles ne reviendront plus. » Chacun se détourna et reprit son travail : on pila, on cousit, on prépara les peaux, on cassa des noix, et personne ne parla. C'est seulement plusieurs jours plus tard que nous apprîmes la vérité, chuchotée par les hommes à leurs épouses dans l'ombre de la nuit : au retour, surprises par l'obscurité, elles s'étaient allongées pour dormir sous un arbre, leur lourd fardeau de noix enveloppé dans une peau; elles ne se réveillèrent point, car des lions féroces en firent leur festin.

La mort, comme la naissance, était toujours silencieuse et solennelle chez les Gukwe. Un matin, j'appris qu'une jeune femme qui avait encore un enfant en bas âge avait accouché; deux jours plus tard, un matin, elle emporta le nouveau-né vers une termitière à quelques mètres du campement; je suivais de loin pour assister à son rite; elle le déposa sur la termitière et sans se retourner lorsque l'enfant se mit à pleurer, elle revint chez elle. J'attendais avec impatience la suite de ce rite. Le soleil montait et frappait très fort; l'enfant, épuisé par ses pleurs, ne faisait plus que gémir; et personne ne venait le ramener au campement. De temps à autre, je demandais quand il reviendrait. Ma question semblait agacer les femmes, qui parlaient d'autre chose. J'allai alors trouver le patriarche : « Continue ta besogne, il ne reviendra plus. » J'eus peine à comprendre, je ne voulais pas accepter et pourtant ma seule besogne était bien d'observer sans juger. Un jour, une amie, me voyant perturbée, me dit tout à coup en voyant passer la jeune mère, son premier-né à ses trousses : « Il est encore trop jeune pour avoir un frère; alors le nouveau-né a été rendu à la mère termitière. » Et je me souvins qu'à Zimbabwe on disait que la termitière incarnait le sein de la mère primordiale Vanya Chava. En me trouvant chez les Gukwe du désert du Kalahari, j'étais encore dans l'enceinte de l'empire de Zimbabwe, comme me l'avaient indiqué les historiens traditionnels. Par la suite, une étude systématique de toutes les populations du fleuve Okovango me le confirma.

Pour l'instant je vivais au jour le jour, une réalité austère, âpre et étonnante, et je tâchais de comprendre. La nourriture quotidienne était assurée plus souvent par les femmes que par les hommes. Mais un jour les hommes revinrent heureux, portant, les pattes attachées à un pieu, une belle antilope koudou aux grandes cornes torsadées, qu'ils avaient prise dans un piège. Les femmes se mirent à chanter en frappant des mains et un cercle se forma autour de l'animal que deux hommes se mirent à dépecer, tandis que les autres hommes partaient en file indienne vers la forêt. « Ils partent détendre leurs pièges », me dit-on, lorsque j'interpellai mes voisins. La viande fut partagée selon des règles millénaires, et ce soir tout le monde festoya. Tout le monde sauf un homme, qui se tenait à l'écart, au centre d'un cercle tracé sur le sable, et qui chantait tout seul un hymne solennel. Le lendemain encore, tandis que chacun mangeait, il restait à l'écart, sans manger cette viande. « Il est le propriétaire du piège qui a attrapé l'antilope, m'expliqua-t-on, il demande pardon au Créateur d'avoir tué une de ses créatures : " Tu vois bien que cela n'est pas par gourmandise que je l'ai prise dans mon piège, mais pour nourrir ma famille; vois, moi je n'en mange pas. " » Tous les pièges sont détendus dès qu'un animal a été pris et ne seront reposés que lorsque la viande aura été épuisée. Raffinement suprême, celui qui aura attrapé le koudou ne reposera pas son piège pour ne pas risquer de tuer de nouveau – ainsi pourra-t-il aussi participer au prochain festin.

Nous apprîmes aussi que chez les Gukwe il y a trois méthodes de chasse qui s'excluent les unes les autres et dépendent des saisons : lors de la saison sèche, qui correspondait à notre séjour chez eux, on pose des pièges dans les forêts, le long des pistes qu'emprunte le gibier pour se rendre aux points d'eau; lors de la saison des pluies, lorsque de grands troupeaux se rendent aux nombreuses flaques d'eau réparties dans tout le désert, on chasse à l'arc et à la flèche empoisonnée, sachant que l'on peut prendre le risque de suivre le gibier blessé à plusieurs jours de course du campement, puisqu'on trouvera de l'eau, ce qui n'est pas le cas en période de sécheresse, lorsqu'il est nécessaire de rester plus près du campement et d'une source d'eau assurée. Puis vient la période entre parenthèses, celle des initiations des jeunes gens; on leur enseigne à chasser au bâton de jet, et c'est seulement lorsqu'un jeune homme s'est montré suffisamment habile pour abattre ainsi une grande antilope qu'il pourra demander la main de sa belle, en offrant ce don à son futur beau-père. La saison des rites est à cheval entre les deux : saison sèche, saison des pluies, car elle appartient aux dieux.

Nous apprenions chaque jour quelque chose de nouveau sur la

vie de ces petits hommes rouges du désert. Et nous ne regrettions plus la disparition de notre guide royal. Puis un jour, pointant sur l'horizon, nous vîmes la silhouette insolite et bien connue d'un homme sur un âne, suivi du cheval branlant de Don Quichotte. Je courus vers eux. C'est peut-être pour compenser cette image que, plusieurs années plus tard, Salvador Dali me dessina en Don Quichotte, tout en rond, sur un cheval à muscles ronds. Car le cheval qui arrivait était tout le contraire : loin d'être le beau Star de mon enfance, il était maigre, vieux et chancelant, et pourtant c'est ce cheval qui sauva la vie de Pierre.

Quelques jours plus tard, nous nous apprêtions à reprendre la route et quittions non sans regret ce havre de paix et d'amitié chez ces êtres qui n'étaient peut-être pas des hommes, mais des surhommes... une émanation du désert.

Nous avions à voyager encore quelques semaines pour rejoindre le chef-lieu du fleuve, à Shakawe, où une barque nous emmènerait jusqu'à Maun, en traversant les marécages des Okovango Swamps. Mais cette fois-ci c'était avec enthousiasme que nous nous lancions à la découverte de ces nouveaux horizons. Le traîneau glissait gentiment sur les sables brûlants; moi, portant des bas de laine noire emportés pour me protéger des nuits du désert, qui remplaçaient mes culottes de cheval, je chevauchais ma docile monture tandis que notre guide royal avançait d'humeur égale, sous tous horizons, sur son âne annelé. Pierre tantôt marchait à côté du traîneau, tantôt se reposait dessus. Mais après quelques jours sans histoires, il devint évident qu'il se reposait plus qu'il ne marchait, et les frissons s'étaient de nouveau emparés de lui. La fièvre récurrente porte bien son nom. Nos réserves de maïs étaient depuis longtemps épuisées, et nous vivions de viande boucanée et de noix mukongo – régime peu indiqué lorsqu'on est fiévreux. Nous hâtions le pas. Cela n'aidait en rien. Il ne fallait surtout pas dépasser le prochain point d'eau. Puis un soir nous vîmes de la fumée au loin. Rien n'évoque plus le foyer, le connu, le domestiqué, qu'une fumée au loin pour le voyageur épuisé. Oui, en nous rapprochant nous pouvions entendre des voix, et des clics familiers. Le visage de notre petit interprète s'éclaircit : nous étions à nouveau en territoire 'xung. L'accueil fut chaleureux.

« Depuis trois jours nous savions que des visiteurs nous venaient de l'ouest.

– Nous vous avons vus de loin, nous mourions de faim, mais vous ayant vus nous revivons », devait répondre notre guide, selon la salutation de rigueur. Et en fait, si le mauvais sort de la girafe nous poursuivait comme certains semblent le croire, du moins y avait-il aussi nos Grands Esprits gardiens pour nous offrir, à chaque nouveau déboire, une voie de sortie.

La nuit précédente un scorpion m'avait piqué la main droite, qui avait tellement enflé que je pouvais à peine tenir les rênes. Heureusement que mon digne cheval était docile, car je ne dépendais plus que de ma main gauche pour le guider, et l'empêcher de trébucher. Cependant le lendemain, Pierre étant retombé dans le coma, il fallut partir avec le guide, à une journée de cheval car, disait-on, on y trouverait un poste de police avec une radio émettrice, qui nous permettrait peut-être d'appeler un médecin. Notre guide se souvenait de l'avoir noté à l'aller et avoir remarqué une piste d'aviation. Confiant Pierre aux bons soins de nos hôtes, une bande de Bushmen 'xung inconnue, nous partîmes dès l'aube vers l'est, aidés par la vieille boussole de mon grand-père missionnaire. Car il s'agissait de partir vers le soleil levant. Vers midi je pensais tomber de mon cheval, tant la chaleur frappait et ma main gonflait, la douleur devenant difficilement supportable. Mais pensant à Pierre dans le délire, je conjurai mon cheval d'aller plus rapidement. Cependant, l'âne monté par le guide d'humeur royale gardait sagement un pas toujours égal. La nuit commençait à tomber : il n'y avait toujours pas signe de ce poste. Nous étions-nous trompés ? Dans ce cas comment faire ? Nous ne portions chacun qu'une gourde d'eau, un peu de viande boucanée et aucun point d'eau n'était en vue. Le cheval et l'âne, eux aussi, sentaient les effets de ce voyage bien plus long que les autres.

Puis un chien aboya sur notre droite. Dans le crépuscule, en nous dirigeant trop bien vers l'est, nous étions passés à côté de ce petit poste de trois huttes en tôle ondulée, situé plus au sud-est que notre route, et caché par une dune. Ici le désert n'avait plus de végétation, laquelle est plus abondante dans le Désert rouge que dans ce Désert jaune. Changeant de direction et grâce à ce chien belliqueux, nous arrivâmes vers huit heures du soir pour trouver un policier en uniforme impeccablement repassé, assoupi à son poste, tandis que l'autre, en tenue décontractée, s'occupait de préparer leur repas de gibier. Ils durent croire à un cauchemar, l'un sursautant et l'autre se levant, tandis que le chien s'en prit à l'âne annelé qui l'envoya promener d'un coup de sabot précipitant ainsi la descente hâtive de mon digne guide royal. Pour ma part, ayant toujours été terrifiée par les chiens, bien plus que par les fauves, je restais perchée sur mon cheval Don Quichotte, comme sortie d'une peinture du Greco. Le froid du désert commençait à descendre, je claquais des dents, et mes jambes chancelantes s'écroulaient sous moi. Je n'étais jamais restée sans répit quinze heures de suite à cheval. Le cheval aussi n'avait supporté ce trajet que grâce au pas lent et régulier imposé par le guide. On nous offrit un breuvage chaud et sucré, avant de s'enquérir de notre mission. Puis enroulée dans une couverture de Sa Majesté la reine d'Angleterre, je passai la plus grande partie de la nuit à essayer de joindre Peter Pretorius, un médecin ami de Bulawayo, qui avait déjà soigné Pierre, et m'avait sauvé trois doigts. Nous apprîmes plus tard pour quelle raison cela s'avérait si difficile : des émeutes avaient éclaté dans la ville, dont une partie flambait, et les médecins étaient tous occupés.

La ville flambait encore à notre arrivée trois jours plus tard. Malgré les grésillements des flammes qui rendaient une conversation normale impossible, Peter comprit qu'il s'agissait pour nous de louer un avion pour qu'il se rende à un poste perdu dans le désert à huit cents kilomètres de Bulawayo, où nous amènerions Pierre en traîneau. Il crut à un accident avec un fauve, et emporta de quoi faire une transfusion de sang. Cher Peter, il avoua avoir eu très peur de cet atterrissage en plein désert, et cette randonnée dans ce minuscule avion à quatre sièges. Mais fidèle à son métier, auquel il est toujours encore si dévoué, il quitta la ville en flammes pour se rendre à notre rendez-vous doré.

Notre retour au campement fut facilité par les traces de la veille et le fait qu'une mission avait été accomplie : l'avion viendrait de Bulawayo avec un médecin nous chercher le surlendemain. Il s'agissait maintenant de pouvoir amener Pierre en traîneau jusqu'au poste dans l'espoir que l'avion saurait le repérer. La main encore gonflée, le cœur plus léger, j'incitai notre guide qui me devançait à presser le pas, lorsque tout à coup mon cheval se mit à trembler, me donnant l'impression qu'il allait se désintégrer sous moi. Je cherchais à comprendre ce qui se passait lorsque le guide dit sans jeter un coup d'œil derrière lui : « Contrôle le cheval, ne le laisse surtout pas partir au galop, nous sommes suivis. » Je me retournai et vis deux énormes lions qui nous suivaient tous deux à distance égale de mon cheval à peine dix mètres derrière nous. La force de leur torse était inimaginable; délibérément, ils posaient une immense patte l'une après l'autre, à la même cadence, sur le sable chaud, et mon cheval tremblait, et moi aussi. Les lions avançaient au même pas que nous, gardant exactement la même distance entre nous et eux; moi je m'attendais à tout moment à sentir ces énormes pattes aux griffes crochues descendre sur moi et me terrasser. Mon cheval ne cherchait pas à s'évader; c'est tout juste s'il arrivait à avancer. Moi je tremblais, je priais, je conjurais le sort et les Grands Esprits qui m'avaient incitée à partir dans ce désert ingrat; je leur demandais de secourir Pierre, qui avait refusé de tuer une girafe. Je ne pouvais m'empêcher de jeter un coup d'œil en arrière, tandis que le guide impassible continuait au même rythme, comme si rien n'était là pour nous inquiéter ou perturber notre parcours.

Les secondes devinrent des minutes, les minutes des heures; notre procession insolite avançait toujours au même rythme. Les lions imperturbables gardaient leurs distances; le cheval tremblait, moi aussi; le guide continuait sans mot dire au même pas. Puis la nuit tomba. C'est au crépuscule que les lions chassent, me dit une voix, venue de mon enfance africaine. Oui, mais ceux-là gardaient le pas. Je m'habituai donc à leur présence, et pensai qu'un jour on m'avait présentée avec Pierre à des Bushmen 'xung en disant : « Ce sont des esprits lions; donnez-leur les informations qu'ils désirent, et laissez-les repartir en paix. » Était-ce des esprits d'antan, qui suivaient ainsi mon chemin ? Était-ce un mirage du désert, ou avais-je réellement affaire à deux lions belliqueux ? La nuit tomba. Mon guide refusa de presser le pas, mais je crus entendre quelques imprécations, quelque prière, scander notre avancée dans le noir vers ce campement où Pierre n'était peut-être plus qu'un esprit lion venu suivre nos pas. On ne voyait plus que quatre taches rouges derrière nous, les yeux des fauves ou ceux des fantômes ? Nous avions dû franchir les dix derniers kilomètres en cette auguste compagnie, lorsque apparurent au loin les lueurs d'un feu. Même alors, le guide royal garda le même rythme, celui de notre cœur, et nous emmena sains et saufs au bercail, suivis des deux fauves fidèles. Les Bushmen attisèrent les feux. Pierre ravivé par le froid protestait que ç'avait été une folie d'aller jusqu'au poste appeler un médecin, et qu'il n'irait point dans cet avion venu de loin. Les Bushmen attisaient les feux, ne comprenant pas pourquoi tant de mots inutiles accueillaient des voyageurs venus de loin, qui auraient pu périr. Les lions rôdaient autour du campement, et restèrent jusqu'à quatre heures du matin. C'est seulement le lendemain que j'appris au hasard des bavardages que ces fauves étaient en fait mes lions protecteurs, venus m'accompagner, pour qu'aucun mal ne m'arrive, dans ce périple dangereux entrepris par amour pour Pierre.

Les lions à peine disparus, nous rassemblions nos biens, et attelions les bœufs, pour glisser sans bruit sur la piste de la veille, sans que Pierre, dans un heureux coma ou un sommeil profond, s'en rende compte. Le cheval ne tremblait plus; moi non plus. L'âne annelé et son illustre cavalier traçaient encore une fois notre parcours, et l'étoile du matin nous suivait en silence. Les Bushmen attisaient les feux, pour nous dire adieu. Épuisés, aussi bien par les railleries de Pierre que par ce long parcours, nous devions regagner le poste tard dans la nuit. Les gendarmes nous attendaient avec les couvertures de Sa Majesté et une boisson tiède et sucrée. Je dormis d'un sommeil si profond que ce ne fut que le ronronnement de l'avion qui me tira de mes rêves de lions. Pierre, les yeux exorbités, brillants de fièvre, se dressa sur le traîneau, son lit, et s'exclama : « Je me sens parfaitement bien ce matin, et refuse de monter dans cet engin. » Pour le prouver il se leva et partit d'un pas chancelant vers l'avion qui venait de se poser dans le sable accueillant; il trébucha, tomba et ne put se relever. C'est là que le trouva Peter accouru avec sa transfusion de sang, et moi, haletante, à sa poursuite. « Je ne partirai pas! » Alors Peter se fâcha : « Je refuse d'avoir risqué ma vie, délaissé mes malades, perdu mon temps pour un idiot comme toi! Tu partiras, cher confrère, même si je dois te piquer pour te faire taire! » Et pour une fois Pierre se tut. Pourtant, une fois à bord, cela recommença à mon égard : « Si nous nous écrasons en décollant, cela sera entièrement de ta faute! Vois, ce troupeau de zèbres sur la piste ne partira pas... », et voilà... mon dernier coup d'œil au désert fut pour notre Seigneur sauveur chevauchant un âne annelé et un minuscule petit 'Xung assis sur le cheval chancelant de Don Quichotte lui-même. Puis nous fûmes secoués pendant huit cents kilomètres, pour arriver à la tombée de la nuit à Bulawayo en flammes. Les émeutes avaient repris de plus belle mais Pierre ne le sut pas, se croyant peut-être parti vers d'autres pâturages sur le dos d'un zèbre zébré.

Nous apprîmes par la presse que, n'ayant rien trouvé, l'expédition canadienne à la recherche de la Cité perdue du désert Kalahari avait décrété qu'elle n'existait pas. Serait-elle vraiment le mirage d'un Italien fou et de deux Français victimes d'un pou ?

Beaucoup d'eau a glissé le long du fleuve Okovango pour aller se perdre dans les marécages et les Makarikari Salt Pans argentées. Beaucoup d'eau a coulé sous le pont du fleuve Mara, où ont grandi, chez les Maasai, nos trois enfants.

Je repartirai bientôt vers ce désert doré sans Pierre, accompagnée de deux Makaranga, Isabelle et Caroline, dans un petit avion piloté par mon fils Georges. Il y transportera un guide royal, un minuscule interprète 'xung, un chasseur de girafe, un devin et nous, pour vous ramener la preuve que la Cité perdue du Kalahari est bien une réalité : un rêve qui nous rêve.

4.

LES KARANGA SONT-ILS DES KALANGA?

En février 1955, le Dr Pierre Roumeguère, personnage légendaire de la Résistance où il était connu sous le nom de Dr Satan, ami d'artistes tels que Salvador Dali, Georges Mathieu, Étienne Martin, Fernand Léger – et de bien d'autres encore –, décida qu'il m'épouserait immédiatement. Les démarches et les deux personnages étant compliqués, cette décision prit deux ans pour se réaliser. En juin 1957, nous nous sommes mariés à Oxford, à Mansfield College Chapel, avec réception à la résidence de mes amis, le Pr et Mme Kenneth Kirkwood. J'avais connu Kenneth à Johannesburg, d'abord comme étudiant à son retour de la guerre, puis comme professeur et membre du jury pour mon MA. En 1954, lorsqu'il quitta sa chaire de professeur de sociologie à Pietermaritzburg, il avait proposé que je prenne sa succession. Un carrefour important se présentait à moi : soit, très jeune, j'acceptais de devenir professeur titulaire d'une chaire, avec tous les honneurs que cela comportait; soit j'entrais au CNRS comme stagiaire de recherche, le plus bas échelon, à un poste contractuel. J'ai opté pour le CNRS, solution certes la plus âpre, mais décision que je n'ai pas regrettée puisqu'elle m'a permis de poursuivre une voie de recherches passionnantes, et un destin inhabituel. Peut-être, après tout, n'avais-je pas le choix. Comme aussi pour mon mariage.

C'est ainsi que le 7 juin 1957 je me suis retrouvée l'épouse d'un homme extraordinaire, beaucoup plus âgé que moi, amusant, grincheux, maniaque, mais séduisant aussi bien par ses propos que par son style. Notre première lune de miel se passa dans la région des Grands Lacs d'Écosse, par un mois de juin exceptionnellement ensoleillé. La seconde se déroula pendant trois ans en Afrique : Zimbabwe, Botswana, désert du Kalahari. Nous y étions au début en mission officielle de l'International African Institute et du CNRS pour chercher à résoudre l'énigme suivante : les Karanga de l'est de la Rhodésie sont-ils apparentés aux Kalanga de l'ouest ? Pour répondre à cette question, nous avons dû entreprendre une étude à l'échelle de la microhistoire des différents peuples non seulement de la Rhodésie, mais encore des pays voisins : Transvaal, Mozambique et Botswana. Cette étude me mena encore plus loin, chez les Lozi de la Zambie, mais seulement plusieurs années plus tard, en 1966.

Nos prétentions « impérialistes » ne plaisaient pas à nos collègues, chez lesquels il était de bon ton de respecter la « chasse gardée » d'un spécialiste d'une population. Ils trouvaient que nous devions nous cantonner aux Karanga et Kalanga. Et lorsque après un an nous soumettions notre premier rapport, esquissant une étude complète du complexe culturel du Zimbabwe, demandant quatre ans pour le réaliser, notre rapport disparut mystérieusement, et un projet tout à fait semblable fut accordé à un collègue britannique avec quatre ans de subventions pour le réaliser.

Je vendis, alors, mon bétail, puis mes terres en Afrique du Sud, et nous avons continué nos recherches, qui s'étendaient toujours plus loin. Cela nous attira le courroux de nos compères britanniques, qui s'acharnèrent à nous faire perdre nos postes au CNRS. Ils réussirent pour Pierre. Dans mon cas Georges Gurvitch me défendit si bien que je suis encore au CNRS, et toujours en train de poursuivre des recherches sur le complexe culturel du Zimbabwe, avec une Géographie Totémique de l'Afrique, inspirée des informations de cette époque.

Ma force a toujours été de ne pas me battre contre mes ennemis, mais de les esquiver. Mon collègue avait sorti dans la revue *Nada* un article sur la généalogie de Mutota. Elle ne correspondait pas à ce que Mutota m'avait donné. Je suis repartie interroger de nouveau Mutota qui m'a dit : « Oh, ce jeune homme qui était si pressé qu'il faisait les questions et les réponses! Nous n'intervenons pas lorsque quelqu'un pense déjà tout savoir. »

Moi aussi je me suis tue pendant vingt-cinq ans. Il eut l'honneur de se poser en « spécialiste » de l'histoire de Zimbabwe. Puis on commença à se rendre compte des lacunes. On me demande de publier le résultat de mes recherches. Je vais le faire car le moment est venu. Comme disent nos maîtres africains : « La connaissance n'est transmise qu'à ceux qui sont prêts à la recevoir. »

Le moment est venu pour que certaines choses soient dites. C'est pourquoi le CICIBA (Centre international de civilisation bantu) est voué à jouer un rôle très important dans les années à venir. Déjà, en 1985, le prince Dika Akwa Nya Bonambela, grand initié dwala, soutenait sa thèse de doctorat ès lettres d'État en livrant une partie de la connaissance initiatique. Signe des temps; dès 1960, Gongwadza, « Orion », Grand Esprit cosmique de Zimbabwe, avait prédit que lorsque tous les Grands Esprits seraient réunis en un seul lieu on connaîtrait beaucoup de choses, alors dispersées; puis avec Dzivaguru, Neptune, incarnation du grand Python créateur, il avait autorisé l'enregistrement sur bandes magnétiques de leurs discours en transe, afin que leurs corps puissent connaître ces propos, et qu'ils soient publiés.

Je transmettrai donc ces connaissances qui m'ont été confiées, afin d'être précieusement gardées, et que je dois livrer, le temps venu, au lieu où elles seront sauvegardées. Il semble que j'aie été choisie comme l'instrument d'un destin bien au-delà de mon entendement et de nos prévisions.

C'est ainsi qu'un contrepoint s'établit entre ma vie en Afrique, près des fleuves Zambèze et Limpopo, où les Magombgwe, dits « Grands Esprits cosmiques », me prirent en main pour poursuivre mon initiation, et cette autre vie, à Paris, sur la rive gauche de la Seine où, en 1969, j'ai enseigné à la Sorbonne l'histoire des religions à des étudiants fous de rage et de passion.

Mais en 1966, au retour d'un séjour dans la royauté lozi, chez laquelle le roi vit sur l'île Léalui, au centre du fleuve Zambèze, j'avais déjà pris contact avec les Maasai, grands pasteurs nomades, fiers et nonchalants, ennemis de l'eau, hommes du feu, société au grand cycle rituel de quatorze et dix-huit ans que je devais découvrir en vivant chez eux, comme eux, pendant maintenant vingt-deux ans. J'emmenai avec moi, en 1966, mes deux fillettes de quatre ans et de dix-huit mois, puis revins en 1968 avec mon fils de neuf mois. Mes trois enfants ont donc été élevés Maasai et ne revinrent habiter Paris qu'en octobre 1980. Le résultat était étonnant et imprévisible.

Adoptée maasai, j'assumais donc une cinquième identité. Je suis une et multiple. J'actualise une ou plusieurs de ces identités selon les circonstances et aiguise mes talents de chef d'orchestre afin d'harmoniser tout ce potentiel. Et surtout, je ne me suis jamais prise au sérieux...

5.

LES DANSEUSES DE LA PLUIE

C'était en 1960. Nous revenions de notre deuxième expédition au Kalahari à la recherche de la Cité perdue. Je me trouvais dans la région de l'Oracle du dieu Mwali – fils du créateur emprisonné dans les grottes de la folle création par son père en colère, pour avoir continué à créer le jour du repos. Mais comme un père ne reste pas éternellement fâché avec son fils, il fut pardonné et devint le médiateur entre les hommes et Dieu. Sa voix se fait entendre dans un nombre d'oracles situés à l'ouest du Zimbabwe et au nord du Botswana. Tous ceux du complexe culturel du Zimbabwe viennent le consulter, et en particulier lui demander la pluie. Autour de l'Oracle on trouve une hiérarchie de prêtres et les « hosana » : danseuses, qui administrent son culte. J'ai demandé de connaître l'oracle.

Mudokwa, le lombwe, porte-parole de l'Oracle, transmit ma requête. De souche venda très ancienne, il a les yeux bleus et le nez aquilin. Il a pour totem Shoko – le plus ancien totem des hommes, dit petit singe très rare que je pense être l'australopithèque. La louange rituelle ajoute que c'est Shoko qui donna naissance aux hommes : « Shoko Mbeleka. » Ce n'est donc pas par hasard que la prêtrise de Mwali, enfermé dans des grottes, est Shoko : habitants anciens des mêmes grottes.

Il revint plusieurs jours plus tard me dire que l'Oracle avait entendu ma requête, et que Mwali m'appellerait lorsqu'il serait temps que je vienne. En attendant, il me demandait d'offrir un taureau noir pour la prochaine cérémonie de la pluie, et de danser avec les « hosana » : les prêtresses de l'Oracle. Je serais convoquée le temps venu. Une longue attente s'ensuivit. J'ai reçu alors une lettre de mon directeur au CNRS Georges Gurvitch, me disant de revenir très rapidement à Paris, sinon j'étais en danger de ne pas voir mon contrat renouvelé. J'allai trouver le chef de la région pour lui expliquer mon dilemme. Je lui remis une somme suffisante pour acheter le taureau noir de la cérémonie, et expliquai qu'il était absolument nécessaire que je regagne mon pays. Nous partîmes, la Land-Rover chargée de tout notre équipement de l'expédition Kalahari. Il était tard. La frontière entre le Zimbabwe et le Botswana fermait à vingt heures. Pierre, qui conduisait, accéléra dans l'espoir d'arriver avant sa clôture. La route était toute bosselée; un pneu creva. Je me suis très malheureusement accrochée au rebord de la fenêtre ouverte. La voiture se renversa sur ma main. L'essence, qui se trouvait sous le siège de Pierre, se renversa sur moi. Dans l'obscurité, j'ai cru que c'était tout mon sang qui se répandait ainsi. Je réussis à retirer ma main. Pierre se demandait s'il fallait éteindre le moteur ou non, car cela risquait de déclencher un incendie et je flamberais comme une torche. Il me dégagea, éteint, courut. Moi, j'avais la main déchirée, deux doigts écartelés. La douleur imperceptible au début devint à peine supportable au fur et à mesure que les heures passaient et qu'aucun secours n'arrivait, car la frontière était fermée et plus personne ne passait par là.

Vers les petites heures du matin, un homme à bicyclette passa et s'arrêta. Pierre lui donna de l'argent et lui demanda d'aller jusqu'à la frontière prévenir les douaniers de notre sort. Il ne revint jamais et ne délivra pas le message. Plus tard, un autre homme à bicyclette passa et s'arrêta pour nous dire qu'il allait jusqu'à la frontière. Pierre lui dit que notre message était parti et que du secours devait arriver incessamment. J'insistai : « Mais deux messages valent mieux qu'un. » Pierre ne lui donna rien. Pourtant c'est lui qui alerta les douaniers. Ceux-ci arrivèrent ivres; ils avaient fêté un anniversaire toute la nuit. On me dit de partir avec l'un d'eux pendant que les autres obligeaient Pierre à décharger toute la Land-Rover pour une inspection douanière. Ils trouvèrent une caisse de bière et la fête continua, pendant que moi je faisais le parcours en zigzaguant sur les routes, le douanier ivre voyant à peine son chemin. Chaque secousse transperçait ma main. J'étais sûre de ne pas arriver – puis plus tard m'en moquai pourvu que la douleur s'apaise.

Le docteur de Plumtree fut formel : il ne pouvait rien pour moi. Il alerterait Bulawayo de préparer la salle d'opération et préviendrait Peter Pretorius, notre médecin du Kalahari, de m'y attendre pour une intervention urgente. Encore cent soixante kilomètres de cauchemar, mais cette fois un ami prit la relève du douanier qui allait regagner son poste. Je ne me souvenais plus de quoi que ce fût et me réveillai dans un lit d'hôpital, mon bras suspendu au plafond. Pierre était arrivé juste à temps pour empêcher que l'on me scie les trois doigts déchiquetés. Tous les médecins étaient d'accord pour croire que la gangrène était inévitable puisque j'étais restée douze heures sans secours, ma main remplie de gravier et de brindilles, difficiles à retirer. Pierre, enfin relâché par les douaniers ivres, avait pu obtenir une voiture et conduisant comme un fou venait de me rejoindre. Lui-même médecin, il a pu obtenir l'accès à la salle d'opération juste pour voir que l'on préparait les scies pour m'amputer les trois doigts. Il supplia de m'épargner cela. Il suggéra de me mettre un plâtre assez lâche pour surveiller l'évolution éventuelle d'une gangrène, et dit qu'avec une dose énorme de pénicilline on arriverait peut-être à sauver la main. Je pourrais toujours par la suite avoir les os recassés et alignés. L'enjeu en valait la peine. Il fut écouté. Ma main fut sauvée. Avec un an de rééducation, j'ai pu retrouver l'usage de tous mes doigts. Mon alliance de vingt-deux carats d'or s'était enroulée autour de mon doigt et en avait protégé le tendon, m'a-t-on dit. L'alliance aux petits poissons qui gît maintenant au fond du Zambèze, ou orne une des cornes du dingololo de ce fleuve, avait accompli son destin.

Six semaines plus tard, ayant subi une deuxième intervention pour réaligner mes doigts, j'allais assez bien pour me lever. Je suggérai de retourner au Botswana pour savoir comment s'était déroulée la cérémonie de la pluie. L'accueil fut extraordinaire. Des ululations de joie; des exclamations incrédules. L'Oracle avait une fois de plus raison : il avait décrété qu'il fallait m'attendre pour la cérémonie, que je serais là. D'autres disaient que c'était impossible : j'étais repartie très loin par avion. La nouvelle se répandit dans tout le pays. Le lombwe émissaire annonça que sur demande de l'Oracle la cérémonie aurait lieu dans cinq jours. Je parcourus le pays pour choisir moi-même un taureau suffisamment gras et beau pour le sacrifice. J'ai dansé avec les prêtresses de l'Oracle. Tout était rentré dans l'ordre. Pierre a pu filmer le rite, mais en ethnologue de la vieille école refusa de m'inclure dans le film.

Puis, au moment du départ, le prêtre Mudokwa me prit à part et me dit : « L'accident n'était pas un hasard. L'Oracle (la Voix) t'avait ordonné non seulement de donner le taureau du sacrifice, mais de danser avec les " hosana ". Tu t'es enfuie. Il est intervenu et tu as maintenant accompli ton destin. Lorsque cela sera son dessein de te convoquer au pied de l'Oracle, il en trouvera le moyen. Ne désobéis plus jamais. » Il est en effet difficile de servir deux maîtres : le CNRS et l'Oracle de Mwali! Depuis, j'ai toujours gardé un équilibre précaire entre les exigences des uns et des autres : mon épopée maasai fut un véritable tour de force digne d'un « funambule ».

6.

COMMENT ON DEVIENT MAASAI

Pendant que j'étais chez les Lozi en Zambie, Pierre enseignait la littérature française – en particulier Camus et Sartre – à l'université de Nairobi. Je vins le rejoindre. Il nous accueillit à l'aéroport en voiture, une Pontiac achetée d'occasion, et qu'il avait remplie de fleurs. En cours de vol, Caroline avait vomi sur moi, mes bagages étaient égarés, et je n'avais pas une seule robe de rechange. Alors, drapée dans un drap blanc du lit de Pierre, et dans cette voiture fleurie, je partis en ville à la recherche d'une nouvelle garde-robe. On se retournait sur notre passage, se demandant quelle étrange mariée, habillée en toge à la romaine, parcourait ce jour-là les rues de Nairobi.

Puis, au milieu de notre lune de miel, la porte de notre chambre s'ouvrit et apparut une jeune femme kikuyu qui, apparemment, avait les clés de la porte d'entrée. Pierre prétendit ne pas la connaître – ce qui me fit bondir sur le téléphone pour appeler la police; il protesta trop tard, mais entendant « police » elle se précipita vers la porte d'entrée, où l'attendait un homme, couteau à la main – apparemment le chauffeur de taxi. C'est seulement plus tard que j'appris qu'elle était une habituée des lieux en mon absence et qu'elle s'était servie de toutes mes robes, chaussures, sacs du soir et de cocktail, les jetant par la fenêtre à son complice en bas, le chauffeur de taxi. Je voulus divorcer. L'avocat me dit : « Je n'ai jamais vu une femme si amoureuse de son mari demander le divorce. Ne dramatisez pas, ce n'est qu'un incident de parcours. » Ce fut la deuxième faille dans un mariage que je recommencerais.

Mais peu importent les failles – il y en a presque toujours. Grâce à son poste, Pierre avait fait la connaissance d'un jeune homme qui se disait maasai; il l'invitait à une grande cérémonie maasai, l'eunoto. Retenu à Nairobi, Pierre suggéra que j'y aille accompagnée des enfants. Le tour fut joué. Il est habituel pour les Maasai d'exterminer les hommes et d'adopter les femmes et les enfants étrangers, voire ennemis. Dans mon cas, le mari s'était éliminé lui-même; je fus adoptée par l'Olaigwanani leader des deux mille guerriers. Ils s'apprêtaient à réunir leurs trois imanyat (villages rituels) en un seul grand village pour célébrer l'eunoto : la fin de leur cycle de guerriers.

Je ne savais pas ce qui m'attendait. Je n'avais jamais entendu parler des Maasai; je n'avais jamais vécu avec des pasteurs nomades. Tout m'était étrange; j'ai donc appelé la société maasai « une société à l'envers ». Dès mon arrivée, il y eut une bataille qui fit un mort et plusieurs blessés. Deux des trois imanyat se battaient pour savoir lequel était le plus fort et aurait le privilège de construire ses maisons à l'est, le côté faste du soleil levant. On m'offrit de la viande. Nous en avons tous mangé. Ma constitution de fer ne réagit pas, mais les deux petites, âgées de quatre ans et de dix-huit mois, furent très malades. Nous avons été obligées d'aller à Narok consulter un médecin qui nous dit : « Ne savez-vous pas que les Maasai mangent la viande des animaux morts de maladies ? Vous feriez mieux de toujours demander si l'animal a été abattu ou est mort, car ils ont une résistance étonnante, que d'autres n'arrivent pas à acquérir si facilement. » J'en eus la preuve lorsque je fus invitée à des festins de viande d'un animal mort d'anthrax. J'ai survécu au festin parce que je n'en ai point mangé.

Vingt-neuf éléphants sont venus me dire bonsoir.

A l'arrivée au manyata, deux guerriers, visages peints d'ocre en trois couleurs : jaune, ocre clair, ocre foncé, portant des coiffes de plumes d'autruche, sautèrent de chaque côté de la voiture, s'accrochant aux portières, et d'une façon belliqueuse demandèrent à connaître notre propos. Il se révéla que notre guide, un soi-disant maasai, n'en était pas un, mais ayant vécu chez eux il connaissait la langue. Les guerriers ne voulaient pas l'admettre au manyata; je soupçonne qu'il nous utilisait pour se frayer un chemin dans ces lieux interdits. De même, il avait dit à Pierre avoir un permis de conduire, mais qu'il l'avait laissé chez lui; il conduisit la voiture à toute allure, cassant le châssis, et c'est seulement alors que nous avons appris qu'il n'avait jamais possédé de permis et était heureux de cette occasion de s'exercer sans frais avec la voiture d'un autre.

Peu importe. Il fut l'instrument de notre introduction chez les Maasai. Je lui en sais gré.

Que vous dire de ce premier soir dans une case en bouse de vache, enfumée, où à la lueur du feu se dessinaient les jeunes filles parées de colliers multicolores, bras et jambes cernés de fils de fer luisant à la lumière des flammes dansantes, leurs corps huilés et ocrés ondulants, seins ballants, au rythme des chants gutturaux? J'avais dansé le deu : la danse du python qui se déroule, mais je n'avais encore rien vu de pareil.

Les guerriers, assis en face, tantôt chantaient en solo le *hoko,* une chanson improvisée louant leurs exploits héroïques, en rivalisant de virtuosité, jugée à la rapidité de l'énoncé et à la longueur du souffle; tantôt ils chantaient en chœur, ou répondaient aux chants des fillettes. Le tout dégageait une ambiance d'harmonie et de force, de brutalité et de tendresse, d'intransigeance et de bienséance, de camaraderie et de rivalité. On me para de colliers ocrés, on me poussa le dos pour que je prenne le rythme; des enfants me caressaient les cheveux, les bras, tâtaient mes seins, grattaient mes ongles, intrigués par le vernis; et moi je me laissais faire, ébahie, absorbant d'étranges sons, rythmes, couleurs, odeurs, ne sachant pas encore que j'étais au seuil d'un parcours qui allait durer plus de dix-neuf ans.

L'adaptation physique fut dure; beaucoup plus qu'ailleurs. On dort tous ensemble dans des maisons enfumées, alignés comme des sardines sur les lits des invités. La fumée fait couler les yeux qui piquent : elle pénètre les poumons et provoque une toux chronique, accélérant la production de mucosités. Les Maasai maîtrisent parfaitement le crachat à distance et toutes les techniques pour s'en débarrasser; mais moi, avec les inhibitions inculquées par mon éducation, je n'ose pas encore cracher en projetant un jet gluant sur les parois des maisons, ou essuyer mon nez avec une main que l'on frotte ensuite sur le poteau central.

Au début, je risquais ma vie le soir pour partir dans la forêt remplie de buffles, d'éléphants et de fauves, pour faire mes besoins, jusqu'à ce qu'on me gronde et m'interdise de franchir les portails d'épineux fermés à la tombée de la nuit, après la rentrée du bétail. J'appris alors à faire comme tout le monde, en me cachant parmi le bétail dans l'enclos. Il fallut aussi apprendre à rester du matin au soir sans manger : absorber une quantité suffisante de lait le matin pour ne plus avoir faim jusqu'au soir, lorsque le bétail serait de nouveau trait, et que nous prendrions de nouveau une grande quantité de lait. Il fallut s'habituer à ce régime de liquide, puis à changer brusquement pour celui de viande; à ne manger ni légumes, ni fruits ou céréales. Il fallut s'adapter à ces périodes de disette alternant avec des périodes de plénitude : se serrer la ceinture ou se gaver.

Trois éléphants traversent la plaine en sens inverse. Ils me donnent leur force.

Je me suis habituée à tout – sauf à considérer l'eau comme « l'ennemi », car mon nom d'initiée venda est « Nyamkamati » (« celle qui puise l'eau à la source »). Et cela même lorsque le Migor, affluent du fleuve Mara, voulut m'emporter tandis que quatre guerriers restèrent sur la berge sans bouger car, m'ont-ils dit par la suite : « On t'avait prévenue que l'eau c'est l'ennemi, mais tu n'as pas voulu nous écouter; nous aurions été tristes de te perdre, mais c'était ton choix. » Même alors je n'ai pas pu en vouloir au fleuve que j'ai toujours vénéré – qui m'a toujours, dès mon existence au bord du Nil, émerveillée. Une prêtresse de la pluie peut-elle considérer l'eau comme l'ennemi ? Et pourtant un sort bizarre a voulu que je sois adoptée par « les gens du feu » : ces grands pasteurs nomades pour lesquels le feu est purificateur, qui régissent leur société en la stratifiant par groupes d'âges, les deux groupes d'âges alternés qui gouvernent : guerriers, « propriétaires du pays », et anciens, dits « propriétaires des rites », s'appelant réciproquement « Olpiron », « bâton à friction ». Sur notre modèle opératoire, les Maasai occupent donc, avec Chingoo, la position « Air/Feu » – Mars – « Désordre/Vécu », tandis que comme « hosana » j'occupe la position « Air/Terre » – Vénus – « Désordre/Idéal »; et j'occupe aussi la position « Terre/Eau » – Jupiter et Saturne – « Ordre/Idéal ». Je suis donc vis-à-vis des Maasai à la fois complémentaire et antagoniste. C'est peut-être pourquoi ils m'ont adoptée. En effet, puisque Mutota/Ganyiri (Biri) se retrouve aussi au centre, comme il sied à l'Ordre/Idéal, cela veut peut-être dire qu'ils peuvent être toutes choses, du moins qu'ils régissent les autres dans leur rôle de souverain terrestre. C'est bien ainsi que Mutota est conçu, son nom signifiant « l'Homme » et son titre Baswi désignant « Celui du peuple des Iswi – ceux de la voix ». Or « la Voix », Iswi, désigne l'Oracle du dieu Mwali. On entend sa voix qui sort des grottes et qui instruit les peuples du complexe culturel du Zimbabwe en toute chose.

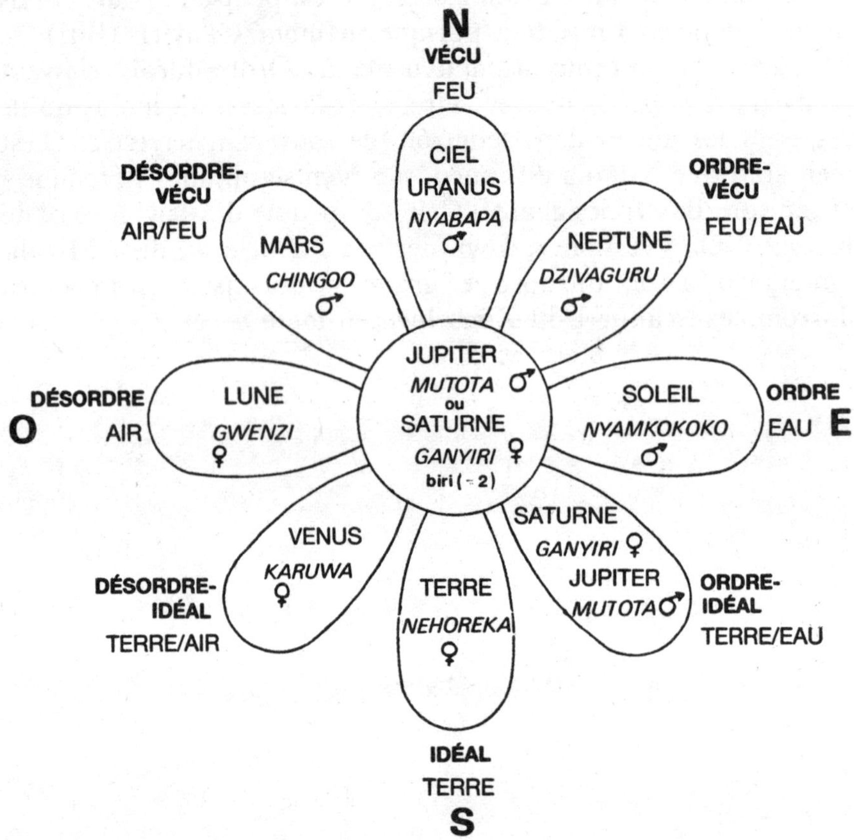

MUTOTA — *noms des divinités Magombgwe*

URANUS — *7+2 Planètes Soleil et Lune*

♀ — *Femmes*

♂ — *Hommes*

Modèle opératoire Rozwi :
Le signe du début

7.

PRINCE DIKA AKWA NYA BONAMBELA : FLAMME, EAUX ISSUES DE L'AIGLE PÊCHEUR

Ce fut seulement en 1969 que je connus le prince. Lors d'une réception chez un collègue à Paris, il ouvrit la porte, m'aperçut en conversation au fond de la salle, pressentit que je vivais sur les mêmes ondes que lui, traversa la salle et se présenta. Mon frère jumeau m'avait rejointe, et, dès lors, une amitié qui transcende le temps et l'espace fut soudée, et nos travaux ensemble révèlent l'envergure de ces grands empires africains. Chez les Douala, où il est prince, comme chez ceux du Sud auxquels j'appartiens, les antagonismes sont doublés de complémentarités et c'est dans cette perspective dialectique qu'il s'agit de les envisager. C'est lui qui m'apprit à comprendre et à déchiffrer la structure de la société lozi, qui m'avait frappée par sa clarté et sa brillance, mais dont il détenait plus de clés que moi. Par contre, j'ai pu lui transmettre l'enseignement reçu des « Grands Esprits cosmiques de Zimbabwe », les Magombgwe, qui lui ouvrirent d'autres horizons...

En février 1985, il soutint sa thèse de doctorat d'État ès lettres à l'université de Paris VII, avec un magistral ouvrage en cinq volumes (2 700 pages) sur le « nyambéisme en Afrique ». Je sus deux semaines avant que je serais du jury, et passai ces deux semaines à lire attentivement cet immense travail, ne dormant que deux heures par nuit. Mais ce n'était pas par devoir que je le faisais : tout m'intéressait et me passionnait. C'est donc en Makhadzi que je siégeais à sa soutenance. Il fut reçu avec « mention très honorable, félicitations du jury » et recommandation pour que cet important ouvrage puisse être publié. En attendant, moi je suis invitée en consultante au CICIBA de Libreville. Nos travaux vont se poursuivre et ils sont complémentaires.

Nous nous étions quittés en décembre 1969. Nous ne nous sommes revus qu'en 1982 à Paris. Entre-temps, j'ai vécu mon épopée chez les Maasai du Kenya, ces grands pasteurs nomades qui sont les gens du rite. Là on m'appelle « Noomanyat » (« Celle des villages rituels »), car je suivais tout le cycle rituel de dix-neuf ans; mon nom maasai est « Enkarsis » (« la Riche »); il ne s'agit certes pas de richesse matérielle, mais de toute la richesse de mes initiations successives, et d'une vie extraordinaire, dont je ne leur ai jamais parlé. Car, chez les Maasai, on ne parle pas du passé; on se contente de vivre le présent – sans passé, sans avenir –, car qui sait d'où l'on vient et où l'on va? Mais on porte en soi la conquête de son être; savoir se maîtriser en toute chose et en toute circonstance est le but même de l'âpre éducation maasai.

Au Zimbabwe on dit que c'est très important que je sois allée vivre chez les Maasai. Pourquoi? Je ne le sais pas encore, mais je devine que c'est lié à mon initiation chez Chingoo, qui accepta mon don de six mètres de tissu noir, mais que je ne vis jamais puisque à chaque phase de la lune à laquelle je me rendais chez lui on me répondait : « C'est la mauvaise phase de la lune. » Puis il m'apparut qu'il est normal que je ne puisse le voir, puisqu'il est AIR l'invisible, qu'incarnent les grands pasteurs nomades, dont le cycle rituel est intimement lié à celui de la lune.

Prince Dika (flamme), Akwa (eau) nya Bonambela (issu de l'Aigle pêcheur), ses maternels étant Bonambela, détient la clé de mon investiture, et de mon prochain pas.

Cinq éléphants viennent de traverser la plaine en face de moi.

Mon totem venda est « Musingo ya ndou, mutshila ya mbudzi » : « la trompe d'éléphant et la queue de la chèvre ».

Mon totem de « hosana » est Shoko Mbeleka : « Petit Singe qui nous engendra » (australopithèque?).

Mon totem maasai est hyène et serpent.

Mes planètes Vénus, Jupiter, Saturne et Mars.

PRINCE DIKA AKWA NYA BONAMBELA

Mes totems lozi sont huit.
Je pense qu'ils résument tous les autres.
Au Brésil mes constellations sont Jupiter et Vénus; ils ne connaissent pas encore Mars et Saturne.

8.

L'ÉQUIVALENCE DES DIPLÔMES, DEVENIR OU NE PAS DEVENIR SORCIÈRE

Les initiés du monde entier se reconnaissent : « Que l'on soit africain, européen ou asiate, nous sommes pareils », devait me dire un jeune Nanga gabonais, qui par hasard me rencontra dans le train transgabonais et déjoua tous mes essais à dissimuler mes identités africaines. « Car, dit-il, depuis quatre jours je te vois dans mes rêves et j'ai un message à te transmettre : ne sois pas négligente envers l'homme que tu aimes. Il est en danger et a besoin de ton secours. » En effet, je connaissais ce danger, mais considérais que cela ne me concernait pas directement, ou plutôt que toute intervention de ma part serait mal à propos, puisqu'il s'agissait d'une autre femme, dont il cherchait en vain à se débarrasser, sans toutefois agir d'une façon suffisamment forte pour y parvenir. Alors que faire? Avaler ma fierté et lui transmettre le message du Nanga? Cela serait presque sûrement mal interprété. Le faire par personne interposée? C'est son orgueil qui serait atteint. Me taire comme je l'ai fait jusqu'à présent? Cela est la politique de l'autruche et pourrait avoir des répercussions très néfastes qui commençaient déjà à se manifester. Alors, Nanga gabonais, tu m'accuses d'être négligente. Sais-tu seulement ce que cela représente, dans une société qui a réussi à refouler toute manifestation de jalousie, d'agir à contre-courant, quitte à se faire passer pour une jalouse immonde, un être non civilisé, qui n'a su parvenir à ce détachement suprême, qui accorde à autrui le droit d'agir selon son bon plaisir? Tu appelles cela négligence; les Maasai l'appellent *nkaniet* (respect d'autrui). Moi je ne sais comment l'appeler : car à peine ai-je atteint le stade du détachement que tu ravives en moi tous mes instincts barbares, nés d'une éducation romantique et du Code napoléonien. Depuis plus de dix ans, je vis en harmonie parfaite avec Ole le guerrier de mes rêves, devenu réalité. « Vous êtes du même sang », devait me dire l'expert rituel maasai. Tout ce que nous entreprenons ensemble est voué à porter fruit, bien au-delà de notre imagination. C'est ainsi que d'un troupeau de vingt-trois vaches il en a fait un de trois cents; c'est ainsi que je construis ma maison en pierres – mon dzimba-a-mabgwe – sur le site le plus beau qui soit, au bord du fleuve Mara où depuis dix ans je rêvais d'habiter; c'est ainsi qu'ensemble nous avons déchiffré le cycle et le code des cérémonies maasai; qu'ensemble nous devions épouser trois femmes, et élever des enfants dans la tradition maasai; qu'ensemble nous tournons des films, pour enregistrer la richesse de ce peuple étonnant, qui m'adopta avec mes enfants, comme eux ils avaient adopté la mère de son père et son père enfant, capturé lors d'une guerre. Rien ne pouvait nous séparer, ni le temps ni l'espace, nous nous retrouvions toujours, avec la même étincelle d'espoir, de mémoire, de tendresse, de ferveur, de joie; mais voici que soudain les ondes sont brouillées – nous n'arrivons plus à nous rencontrer, malgré les efforts de part et d'autre, nous nous ratons toujours, dans un jeu infernal de cache-cache.

Le Nanga avait voulu me donner un charme, pour jeter un sort à ce trouble-fête qui brouille les ondes. J'ai refusé. Qu'il me suffise d'être blindée. Car les grands pasteurs nomades sont dédaigneux de ceux assez faibles pour avoir recours à des sortilèges, œuvre maléfique qui ne peut à la longue qu'engendrer le mal irréversible. Mais lorsqu'on a conquis son être et reçu les bénédictions des rites bien accomplis, on est blindé, et le mal retourne d'où il vient. Il faut être très sûre de soi et d'Engai (Dieu) pour accepter ce risque sans autre recours. J'ai pris ce risque. Il s'agit, envers et contre tout, de gagner. Alors gare à celle qui osa, elle, jeter un sort, qui ne peut que ricocher sur elle.

En attendant, je languis depuis dix jours; j'erre çà et là pour trouver trace de mon Gémeaux, tandis que lui est parti sur l'orbite de la comète de Halley, à la recherche des temps perdus et du temps à venir.

QUAND LE PYTHON SE DÉROULE

Beaucoup d'eau a coulé sous le pont du fleuve Mara; l'hippopotame a brouté l'herbe haute et sèche qui entoure mes murailles. Les deux buffles me regardent me lever et me saluent en secouant la tête, alourdie par des cornes redoutables, et s'en vont d'un pas lent vers la forêt des X, rencontrer leur destin, face à cet être invincible. Les babouins s'agitent et battent leurs petits; les canards sauvages s'en vont d'un cri rauque; un flamant égaré plane sur l'eau où se reflètent mes soucis.

Pourtant les Nanga du Gabon m'ont donné leur bénédiction. Ils m'ont appelée « Nanga »; j'ai protesté que je ne consulte pas ni ne sais guérir ou deviner, mais que l'on me consultait sur les traditions et l'histoire de certains peuples de l'Afrique. « C'est la même chose, m'a-t-on dit, tu es nanga. » Ils venaient confirmer ce que je soupçonnais à partir de mes initiations au Zimbabwe. Suis-je Ganyiri ? avais-je écrit, dans *Rêves/Réalités*, en 1978, seul l'avenir nous le révélera.

Cette rencontre dans le Transgabonais n'était donc pas seulement hasard. Je savais que j'allais à la rencontre de mon destin; je voulais voyager en deuxième classe; mon compagnon de route préférait être en première car les wagons sont climatisés. J'acquiesçai; mais au retour il n'y avait pas de première; c'est ainsi que je me retrouvai en face du Nanga de mon destin qui m'invita à sa cérémonie bwiti [1], où je recevais en même temps que mon équivalence de diplôme la bénédiction dont j'attends tant de choses. Il m'apparut alors qu'en Europe aussi on nomme docteur non seulement les Nanga soignants, mais aussi ceux qui ont fait preuve d'érudition ou de connaissance poussée dans d'autres domaines. Et là aussi l'équivalence de diplôme existe.

Je me souvins alors qu'au Brésil également, à la stupéfaction d'une collègue qui m'accompagnait et m'avait présentée au prêtre d'un Candomblé [2] sans qu'il sache qui j'étais ou d'où je venais, je reçus cette équivalence de diplôme.

Je n'avais pas cherché à assister à une cérémonie de Candomblé

1. Société secrète.
2. Culte syncrétique.

au grand étonnement des collègues, qui considéraient cela comme le spectacle à montrer à une étrangère comme moi; mais quand une collègue m'apprit qu'elle allait consulter un prêtre pour un problème personnel, et m'offrit de l'accompagner, tout en disant : « Mais vous ne verrez rien; il n'y aura pas de cérémonie », j'acquiesçai, sachant qu'en venant au Brésil je venais y chercher quelque chose d'important pour moi. Je m'inquiétai de savoir si certaines couleurs sont interdites, fastes ou néfastes. On ne sut me répondre. J'ai choisi un boubou vert décoré de feuilles en batik. « Vous portez toujours ce genre de vêtement ? » s'exclama le prêtre, et il m'emmena droit au sanctuaire. J'appris par la suite que seuls les initiés y ont droit et que ma collègue avait été très étonnée de ce geste, n'ayant, elle, pas le droit d'y pénétrer. J'appris aussi que je portais les couleurs et les feuilles propres à l'Orisha du prêtre : celui qui guérit avec les plantes et feuilles de la forêt. Je n'ai pas assisté à la consultation, mais mon amie me demanda plus tard si je voulais qu'il jette les cauris de la divination pour moi. Je me tus. Il me regarda et dit :

« Non, je ne les jetterai pas pour elle; elle a été initiée avant moi et elle a de la force.

– Vous aussi vous êtes fort; je ne sais lequel des deux est le plus fort; mais dans mon système, si je ne vous veux pas de mal et si vous ne me voulez pas de mal, cela n'a aucune conséquence; vous pouvez deviner pour moi.

– Venez », dit-il.

Je fis une offrande à l'Orisha du mois d'août : celui qui chasse les maladies, celui de la petite vérole, puis devant son effigie le prêtre consulta ses cauris. « Ah, cela je n'ai encore jamais vu. » Il jeta de nouveau : « C'est confirmé, mais tout à fait étonnant; je n'ai jamais vu cela. Une symétrie parfaite entre Shango et Oshum, entre le masculin et le féminin. Je n'ai jamais vu cela. Tout le monde a deux ou plusieurs Orisha, mais toujours il y en a un qui domine les autres. En outre votre Shango est extrêmement vieux : celui du début. » Ce n'est peut-être pas un hasard que mon premier ouvrage, publié dans la collection de Claude Lévi-Strauss : *L'Homme,* soit intitulé : *Pensée et société africaines : essais sur une complémentarité antagoniste* (sous-entendu : *entre le masculin et le féminin*). Ce n'est aussi peut-être pas fortuitement que je fus admise à participer à toutes les activités des guerriers maasai. Et dans le système bantu, je suis Makhadzi, dite « Rakhadi » en sotho – Père-Femme; de plus, si parmi les Magombgwe qui m'ont prise en main au Zimbabwe pour m'initier je suis réellement l'équivalent de Ganyiri-Biri : Ganyiri-Deux, alors je suis jumelée à Mutota : Jupiter; mais ceci je ne le saurai que lorsque les Magombgwe, les Grands Esprits cosmiques, « seront réunis », selon la phrase consacrée.

Le prêtre du Candomblé me dit qu'il voit que j'irai au pied d'un volcan pour un événement important. En effet, j'ai dû quitter le Brésil précipitamment pour aller filmer une cérémonie maasai qui n'a lieu que tous les quatorze ans et qui s'est trouvée avancée. Elle avait lieu au pied d'Oldonyio Nanyoki, la Montagne rouge, volcan qui fume encore. Il m'a demandé de lui procurer de la chaux et de l'argile, l'ocre utilisée par les guerriers maasai et des perles bleues, qui correspondent au Brésil aux perles d'Ogum, l'Orisha de la guerre. Je lui ai donc envoyé par notre directrice de photo brésilienne qui était venue tourner le film avec moi ces trois éléments du rite, correspondant aux mêmes fonctions en Afrique et au Brésil. Je reçus mon équivalence de diplôme sous forme d'un bracelet et d'un collier de perles de verre multicolores, comme celles utilisées lors de mon initiation chez les Venda. Je sus par ailleurs qu'il s'agit de « laver » le collier tous les ans, mais je ne savais comment effectuer ce rite. Le hasard y pourvut.

Un an et cinq jours après, j'arrivais à New York le 5 septembre 1985 pour présenter mon film *Le Python se déroule* (l'initiation des jeunes filles venda à laquelle j'avais participé). A l'aéroport John-Kennedy une amie m'attendait, arrivée de Chine où elle venait de passer un an. Elle me dit que tout à fait par hasard elle avait rencontré la veille un camarade d'enfance, directeur d'un lycée et prêtre du culte lukumi, qui nous invitait le lendemain soir à une cérémonie dans le Bronx. Alors, au lieu de me retrouver, comme je me l'étais imaginé, à Broadway, ma première soirée à New York fut passée à me perdre dans Harlem à la recherche de cette adresse dans le Bronx, puis à participer au lukumi avec tambours et rythmes africains, sacrifice de deux chèvres et d'un poulet. Par hasard, c'était le jour de la purification des colliers; je ne le savais pas en quittant mon hôtel, pourtant je portais mon collier brésilien, qui fut ainsi fortuitement « lavé ». Le destin nous réserve de bizarres coïncidences!

« Toi, tu es entièrement africaine; seulement tes cheveux et ta peau ne le sont pas », devait me dire le chef des Nanga gabonais, cette autre manifestation d'un destin implacable. En effet, on m'a dit que dès mon berceau on m'avait donné des nourritures spéciales pour me préparer à mon rôle de gardienne des traditions. Car, m'a-t-on dit récemment, il fallait la personne la plus invraisemblable pour sauvegarder nos secrets initiatiques, dans une époque où tout bouge, tout change, où nos propres enfants scolarisés mettent en doute leur héritage culturel et où nous avons à nous battre pour notre indépendance. Mais quelque part, quelqu'un, au loin, est dépositaire de cet héritage, consacre sa vie entière à le garder intact, désigne, comme la reine Mujaji, sa fille à prendre la suite, et saura remettre ces trésors à notre peuple, le temps révolu. Est-ce au CICIBA qu'il s'agira de déposer la récolte d'une vie qui échappe à ma compréhension totale, mais au cours de laquelle je me suis laissé guider, disponible aux appels de ceux décidés ou destinés à m'initier ? Certes ma vie est faite d'une série de hasards s'enchaînant dans un schéma qui émerge, dans un équilibre précaire, dans des exigences me portant toujours au-delà de ce que j'aurais pu imaginer, pour accomplir ce à quoi j'ai été destinée. Or le destin de cette vie est lié à celui de ma première existence sur les rives du Nil blanc, deux mille neuf cent soixante ans avant notre ère, il y a plus de quatre mille ans.

Dans le système de Zimbabwe, Jupiter est Mutota le gardien de la connaissance historique, jumelé à Ganyiri-Biri, Saturne. Or l'autre, le détenteur des mythes nous donnant les clés de cette histoire, est Musikavanhu dont le nom signifie « le Créateur des hommes ». Selon les généalogies, il est le père de Mujaji, la reine faiseuse de pluie des Lobedu, qui occupe le secteur de Ganyiri sur le signe du début de Zimbabwe (voir le modèle opératoire page 84). Tout s'enchaîne, tout se déchiffre comme dans le jeu du tarot, car nous avons affaire à un macrocosme avec lequel nous sommes en relation dialectique de microcosme. Tout se passe comme si nous occupions chacun une place préétablie dans un ordre qui nous précède, mais que nous sommes libres de bouleverser à l'échelle microcosmique, sans pour cela pouvoir l'atteindre dans sa position macrocosmique, qui existe avant nous et après nous. Les grands initiés sont ceux qui ont une connaissance de cet ordre aux deux niveaux; ils connaissent même leur interaction. Les sorciers cherchent à en manipuler les données, mais tôt ou tard cela doit se retourner contre eux en boomerang, car la roue qu'ils ont tournée reprend sa position initiale en un violent tour de manivelle. Les médiums des Grands Esprits cosmiques veillent à cet ordre et cherchent à guider les mortels – du moins ceux désireux de l'être – et l'Oracle détient le contrôle de Tout.

Non, je ne serais pas sorcière, mais peut-être suis-je Ganyiri-Biri. Je le saurais un jour, le temps venu. On me l'a promis. En attendant je poursuis mon chemin, parfois lumineux, parfois obscur, toujours passionnant, et je cherche à comprendre pourquoi mes initiateurs du Zimbabwe disent qu'il est important pour eux que je vive chez les Maasai; et peut-être un jour la révélation que m'apportera le Gabon s'éclaircira. Quel lien peut-il y avoir pour moi entre ceux-ci, le Brésil et New York des cérémonies lukumi ?

9.

LE ROYAUME DE LA LUNE

C'est au Gabon que je l'ai trouvée, Gwenzi. Dans le système de Zimbabwe n'occupe-t-elle pas la position à l'ouest, le soleil couchant, la nuit? Les Nanga qui m'ont prise en main ne consultent que la nuit, tandis qu'au Zimbabwe, Dzivaguru, le Python créateur au nord-est, ne peut se manifester que pendant la journée et part au soleil couchant. De même Nyamkokoko, le plus ancien incarné par Sa Majesté le roi Swazi, s'identifie avec le soleil qu'exprime sa danse lors du festival des prémices Incwala. Au lever du soleil, le roi apparaît nu devant toute son armée en tenue de bataille et commence une danse lente, tenant dans la main une courgette Mbo, dit le premier fruit que Dieu donna aux hommes. Il la lance dans la direction du soleil levant. Au fur et à mesure que le soleil atteint le zénith, la danse du roi s'accélère pour atteindre une frénésie spectaculaire au moment où le soleil se trouve droit au-dessus de lui, puis graduellement elle perd son élan pour venir mourir au moment du couchant. Or le titre de l'empereur de Zimbabwe est Mambo, et l'ancêtre du roi Lozi-Mboo. Tous ces royaumes appartiennent au même grand complexe culturel du Zimbabwe, mais on dit que le plus ancien des royaumes est celui des Swazi, sous les égides du Gombgwe Nyamkokoko : « Engendreur des ancêtres ». C'est peut-être pourquoi les Swazi restent si fidèles à leur héritage culturel et à ses manifestations extérieures. En effet, l'ambassadeur swazi auprès du Kenya est venu présenter ses lettres de créance au président Kenyatta pieds nus, ne portant qu'un pagne, ses colliers rituels et les amulettes bénies. J'irai donc prochainement, le moment venu, poursuivre mon initiation chez les Swazi. En attendant j'aborde le royaume de Gwenzi : la Lune.

Or, chose étrange, je comprenais des mots et des phrases des chants rituels du bwiti gabonais, à partir du sotho : langue bantu du sud considérée comme la plus ancienne, la moins mitigée. Et ceux du Léopard, qui m'ont accueillie chez eux dans le rite comme un des leurs, m'ont dit à la fin de la cérémonie qu'ils sont les plus anciens détenteurs du culte bwiti, et que selon leur tradition ils viennent du Zimbabwe. Cette révélation étonnante rejoint des informations recueillies auprès des détenteurs des migrations au Zimbabwe. En effet, ils évoquent une première migration vers le sud, puis d'autres reparties vers le nord-ouest : Congo et plus au nord encore, disent-ils. Ce que vient corroborer le livre paru, en 1985, du prince Dika Akwa nya Bonambela : *Les Descendants des pharaons à travers l'Afrique* [1]. Tant de convergences, de faits connus depuis toujours, mais qui sortent en plein jour à la même époque, indiquent donc que bientôt nous verrons la réunion des Magombgwe, ces Grands Esprits cosmiques, en un seul lieu. Car cette convergence aura lieu dans le temps et dans l'espace, bien que pour les Nanga « le passé et le futur convergent dans le présent ».

On dit que Gwenzi est un homme, mais son médium est une femme. Qu'est-ce que cela veut dire ? Oh ! Lune, notre Grand-Mère, prototype du cycle féminin de vingt-huit jours ? Car c'est bien ta maison qui abrite les femmes, porteuses de désordre, mais ordre dans le désordre.

C'est au Gabon que j'irai trouver la réponse à cette question. Car Gwenzi, Lune et Léopard, est à l'ouest comme Nyamkokoko, Soleil, Lion est à l'est.

---

1. Éditions Osiris-Africa.

10.

L'HISTOIRE DE SIKIRRAR

Déjà en 1966 les autorités kenyannes avaient décidé de répartir les terres en donnant des titres de propriété. Pour les Maasai, grands pasteurs nomades, cela voulait dire les sédentariser. Habitués aux grands espaces qu'ils parcourent avec leurs troupeaux de bétail sans restrictions, farouchement attachés à leur vie traditionnelle, les Maasai refusèrent de demander des titres, revendiquant le droit de continuer comme avant. Mais ils s'aperçurent qu'ils seraient perdants, puisque d'autres recevaient le titre de propriété de terres. Ils demandèrent donc des titres pour des vastes territoires appelés « Group Ranches ». Mais certains, plus entreprenants, décidèrent de tenter leur chance en devenant propriétaires de ranch individuel : l'un des premiers fut Ole.

Je l'ai connu guerrier. Bras droit de l'Orateur, le frère qui m'avait adoptée. Il était reconnu comme l'un des guerriers les plus téméraires, entreprenants, curieux de tout. Aussi est-ce lui que mon frère choisit pour m'aider dans mes recherches, et pour m'instruire du protocole maasai. C'était en 1969. En 1972, il demanda une terre individuelle. Pour le défier, on lui attribua une terre sur la frontière entre les Maasai et leurs voisins Kipsigis, où personne n'avait osé s'installer à cause des razzias de bétail pratiquées entre les deux peuples. C'était en plus une terre où s'abritaient une centaine d'éléphants et de très nombreux troupeaux de buffles. Il accepta.

Parmi les administrateurs, certains voyaient avec consternation les Maasai prêts à accepter le défi de la sédentarisation et à demander des terres individuelles. Ils espéraient peut-être se les réserver ou du moins les voir attribuer à d'autres de leur ethnie. Ils essayèrent de le décourager : « Si d'ici à un mois tu n'as pas clôturé la terre, en installant une barrière tout autour, on te la retirera », lui dirent-ils. Or, il s'agissait d'une circonférence de cinq miles (environ neuf kilomètres); de plus, avec tous les buffles et les éléphants, cela ne servirait strictement à rien d'installer l'habituelle barrière de fils de fer barbelés. Nous avions vu en pays samburu qu'on avait protégé les routes des éléphants en creusant des fossés d'environ six mètres sur six. Il s'agissait de pouvoir en faire autant. J'eus l'idée de demander aux représentants d'une compagnie danoise de venir faire cela en démonstration sur ses terres, promettant que de beaux contrats en découleraient nécessairement. Ils acceptèrent à condition que le gas-oil soit payé par le propriétaire (il y en eut pour dix mille francs) et estimèrent qu'il faudrait trois semaines. Trois mois plus tard, ils étaient encore là car le terrain était ardu, mais le résultat en valut la peine. Ce fut un grand événement que l'on venait inspecter par avion et qui leur procura un beau contrat avec les parcs nationaux. Pour la terre d'Ole ce fut aussi efficace.

Le troupeau d'éléphants partit ailleurs, les buffles aussi. Un seul vieil éléphant resta, suivant partout la machine Broyt dans laquelle il voyait sans doute un compère : il regardait, fasciné, la trompe métallique pousser de gros arbres, puis les ramasser pour les poser ailleurs. Son insistance à suivre ce nouveau compagnon de ses vieux jours effraya l'opérateur, si bien qu'il fallut lui donner un gardien armé du Game Departement pour l'accompagner partout. Arrivé près d'un marécage, à la fin de son parcours fastidieux, il apprit qu'un python habitait les parages et s'enfuit pour toujours; ainsi se termina le fossé de neuf kilomètres de long. Et la compagnie, avec beaucoup d'élégance, considérant nos accords rompus, remboursa une somme déposée au départ. Le marécage tint lieu de fossé et le ranch fut si bien protégé par ce fossé que, pendant les années de sécheresse, tandis que partout ailleurs l'herbe avait disparu sous la poussée des gnous, zèbres, buffles et autres herbivores, Sikirrar fit l'envie de tous, car il s'y trouvait encore de l'herbe.

Cela attira d'autres ennuis. Un des chefs administrateurs, du même clan qu'Ole, vint le trouver un jour en disant : « Mon frère, j'ai sept vaches trop maigres pour effectuer la migration avec mon bétail qui doit regagner les hauts plateaux. Puis-je les laisser chez toi à Sikirrar ? » Pour gagner du temps, sachant sans doute ce que cette requête bien modeste cachait, celui-ci répondit : « Viens dimanche chez moi; on en reparlera. » En effet, nous partions assister à une cérémonie en pays samburu. A notre retour le dimanche, nous devions trouver son ranch envahi par quatre cent cinquante têtes de bétail qui, depuis plusieurs jours, avalaient toute l'herbe précieuse. Et il ne lui fut jamais pardonné d'agir en propriétaire individuel en les renvoyant toutes, sauf sept très maigres.

Comme les maisons maasai sont construites avec de la bouse de vache, et comme il n'était pas question d'élever du bétail dans ce pays de razzias, il fallut amener une maison préfabriquée en bois et métal. Tenant compte de la proximité de l'ennemi, il fallut prévoir une sortie de secours. On ne tarda pas à en avoir besoin.

Un soir, à la tombée de la nuit, on vit une quinzaine de jeunes gens armés d'arcs et de flèches se diriger vers la maison. Ole venait d'acquérir un fusil, rifle 375, parce qu'un rhinocéros avait tué un berger errant sur ses terres; il sortit à leur rencontre et, pointant son fusil dans leur direction, leur intima l'ordre de jeter les armes; tous, sauf deux qui s'enfuirent, obéirent, et il se retrouva avec treize prisonniers. J'avais dit à mes trois enfants de sortir par notre fenêtre de secours et de prendre notre poste de « radio-émettrice », puis dans ma Land-Rover nous partîmes à toute allure chercher de l'aide. Je dis aux enfants de rester accroupis à l'arrière de peur de rencontrer d'autres ennemis et recevoir les flèches redoutables. Il faisait déjà nuit lorsque j'arrivai au poste de police; hélas, tous étaient partis. Confiant mes enfants à la femme d'un policier, je repartis chercher deux gardes armés des parcs nationaux. De retour à Sikirrar nous trouvâmes les treize jeunes prisonniers assis autour d'un feu, Ole et deux autres Maasai se relayant pour monter la garde avec l'unique fusil. Nous avons donc installé la « radio-émettrice » afin de contacter la police soixante-dix kilomètres plus loin. Puisque ceux-ci avaient promis d'arriver tôt le matin, je partis chercher mes enfants. Mais à onze heures les policiers n'étaient pas encore arrivés. Soudain, mon fils âgé de sept ans accourut pour nous dire qu'il avait vu des ennemis approcher de la maison, dissimulés dans le fossé; ils étaient tous armés. Ainsi les gardes, armés de fusils, ont pu les arrêter avant que ceux-ci n'arrivent à secourir leurs camarades prisonniers. En effet, devant la passivité apparente de ces jeunes prisonniers (ils avaient entre douze et seize ans), le garde était moins vigilant, assoupi après une nuit sans sommeil. Les deux évadés étaient allés chercher des renforts et comptaient bien, en jouant de la surprise, arriver à délivrer les prisonniers. Georges fut donc sacré héros du jour, et lorsque la police arriva ils embarquèrent pères et fils qui se souvinrent longtemps qu'on ne prenait pas si facilement Sikirrar à l'assaut.

En effet, le grand fossé qui encerclait la propriété sur neuf kilomètres fit beaucoup pour décourager les razzias entre Maasai et Kipsigis.

C'est à peu près à la même époque qu'Ole nous accompagna en France. Il y tomba amoureux – non d'une Française, mais du bétail charolais! De retour en pays maasai, il devait dire : « J'ai vu beaucoup de choses intéressantes, en particulier le bétail. Mais je dois dire que nous vivons mieux. » Il comprenait mal que l'on puisse s'embarrasser de tant d'objets quasi inutiles dont on devient les esclaves. Habitué à ne posséder que ce que l'on peut mettre sur le dos d'un âne et de vastes cheptels qui se déplacent sur leurs quatre pattes, il est toujours resté, comme la plupart des Maasai, très détaché face à l'abondance des biens que l'on propose à l'envie de nos compères, si facilement attirés par le piège de la possession. Car chez nous l'important est la conquête des biens, tandis que chez les Maasai on aspire avant tout à la conquête de soi.

11.

COMMENT ON DEVIENT DANSEUSE A SAO PAULO, NEW YORK, LIBREVILLE

I had a farm in Africa...
I have a house in Africa
But the farm had no house, and the house has no farm, no land, just a house made of stones on the banks of the Mara river... my dzimba-a-mabgwe : house of stones.

Grâce à ma ferme au Botswana, je suis devenue danseuse de la pluie hosana. Grâce à ma maison au bord du fleuve Mara, j'accomplis mon destin de Makhadzi : sœur royale, préposée aux rites et à la sauvegarde des traditions.

Comment se fait-il que partout dans le monde : à São Paulo, New York, Libreville, Léalui, Harare, Paris, ce rôle de Makhadzi, que je détiens de mes premières initiations à la cour venda, me suive et me trahisse ?...

– Léalui, 1966 : je suis désignée pour participer à la grande transhumance royale du Kuomboka. J'occupe la barque de la sœur royale, à gauche de la barque striée blanc et vert du Litunga, propriétaire du pays, souverain.

J'ai été envoyée par les Venda chez les Lozi, perpétuelle royauté de l'Aigle pêcheur : Shiri ya Denga (Oiseau du ciel) – qui occupe un palais de roseaux sur une île au centre du fleuve Zambèze, eau céleste. Or les Vendas sont la royauté magique, préposée à la Terre, qui habitent des palais en pierres – branche cadette des empereurs du Zimbabwe dont le Litunga Lozi représente la branche aînée et vénérée.

1970 : je reviens au Zimbabwe, espérant y revoir mon initiateur Gongwadza, Orion, mais le Zimbabwe est en guerre et je ne peux obtenir les permis nécessaires pour me rendre chez lui en brousse, « pour votre sécurité », me dit-on. Je proteste que j'assume l'entière responsabilité de ce qui pourrait m'arriver, ajoutant que j'ai partout des amis et que l'on me connaît. Rien à faire. Cependant je suis contactée par des inconnus me disant que quelqu'un est venu spécialement à Harare pour me voir : il s'agissait justement du médium de Chaminuka, le grand esprit des puissances guerrières, venu pour poursuivre mon initiation, interrompue en 1962 au Zimbabwe. C'est donc pour cela que j'étais venue ? Je ne puis plus en douter, ni des paroles de l'Oracle qui m'avait répondu par son intermédiaire que, lorsqu'il le désirerait, il m'appellerait et trouverait le moyen pour que je réponde à cet appel.

1er octobre 1986 : j'écris ces choses étranges toutes vraies cependant, et s'éclairant les unes les autres; un destin pas comme les autres, une vocation extraordinaire dont les morceaux du puzzle commencent tout juste à se mettre en place de telle façon qu'il devient presque lisible, pas tout à fait signifiant encore, mais bientôt, au fur et à mesure que le python se déroule; témoignage d'une histoire appartenant à l'histoire de peuples d'un très lointain passé et qui, grâce au pouvoir des médiums et de ceux qui transmettent les traditions, permet à cette histoire de faire partie du vingtième siècle et d'en dicter le déroulement. Un gros lion mâle habite maintenant ma bergerie désaffectée et me rappelle que, selon les Bushmen, les premiers hommes furent des lions, et que je suis un esprit lion, ou comme disent certains, en d'autres lieux, « une vieille âme ».

São Paulo, août 1984 : je suis à São Paulo, invitée par l'université pour y faire une série de conférences. Tout le monde me parle des cérémonie candomblé et du désir de m'y emmener en tant que spectatrice, comme au théâtre... Mais je n'ai aucune envie de me rendre à ce genre de spectacle, bien que les Candomblé m'intéressent vivement – peut-être précisement pour cela. Alors j'attends. Ce n'est pas en vain. Je reçus le message que j'étais venue chercher, bien malgré moi, au Brésil; un Père des Saints me donna un collier et un bracelet, et j'ai maintenant un lien avec les esprits du Brésil que rien ni la distance dans l'espace ou le temps ne peuvent atténuer.

Septembre 1985, New York : mon film, *Le Python se déroule*, eut l'honneur d'être sélectionné (selon la phrase consacrée) pour le Margaret Mead Film Festival, qui a lieu tous les ans à l'American Museum of Natural History à New York. C'était ma première visite dans cette cité, et j'imaginais ma première soirée passée à Broadway, comme il se doit, car j'adore les grands spectacles et le music-hall. Une amie de Los Angeles, rentrant d'une année d'études en Chine, devait être à New York en même temps que moi et proposa de venir me chercher à l'aéroport John-Kennedy. Mon avion avait douze heures de retard dû à la grève des aiguilleurs du ciel à Paris, et j'arrivais de surcroît en pleine crise de paludisme, dans un état « autre », proche du délire. Je n'osais plus espérer qu'elle serait là pour m'accueillir; rayonnante et pleine d'enthousiasme à minuit, elle était là pour me prendre en main, si bien que ma première soirée à New York s'écoula non à Broadway, mais dans le Bronx aux sons des tambours africains d'une cérémonie lukumi accompagnée de sacrifices de cabris et de poulets. En même temps, j'assistai précisément à une cérémonie de purification des colliers et je pus ainsi, un an après l'avoir reçu, purifier mon collier brésilien, comme il se doit.

Mon amie Saundra avait rencontré par hasard, en débarquant à New York, un camarade d'enfance devenu directeur de lycée mais aussi prêtre de culte lukumi, qui l'avait invitée à une de ces cérémonies. Pour arriver à l'endroit du rite, nous devions traverser de nuit un véritable labyrinthe contournant le lieu sans pouvoir l'atteindre, nous perdant dans Harlem, jusqu'au moment où Saundra se décida à aller à pied examiner les numéros, m'abandonnant avec la voiture ronronnante à côté d'un terrain vague. Surgit alors, comme dans un feuilleton américain, les mains dans les poches, le chapeau baissé sur l'œil, un homme qui s'approcha lentement de la voiture. Je me voyais déjà kidnappée avec la voiture puisque les clés y étaient, et qu'elle était en marche! Mais les esprits gardiens en décidèrent autrement, et il se contenta de se pencher un peu par la fenêtre, puis continua son chemin sans mot dire.

Saundra arrivait en courant : « Nous y sommes! » Le python avait achevé de se dérouler, du moins pour ce soir-là. Chose étrange, je devais passer ma première soirée à New York dans un culte surgi de la vieille Afrique, arrivé en Amérique via Cuba. Je devais y retrouver des personnes de tous horizons : irlandais, brésiliens, italiens, cubains, portoricains, et même français. Et grâce à cela mon collier brésilien fut lavé! Le deuxième soir, j'étais à Broadway pour une représentation de *Forty Second Street*, et constatais combien l'optimisme de la jeune Amérique rejoignait celui de la vieille Afrique pour créer un peuple croyant encore, à l'encontre de ceux de l'Europe, que l'impossible est toujours possible.

Décembre 1985, Libreville : je suis invitée par le Centre international de civilisations bantu (CICIBA) pour la préparation d'un volume de prestige : *L'Histoire des Bantu du dix-neuvième siècle par l'iconographie.* Très courtoisement, je suis logée pendant un mois à l'Intercontinental Okoume Palace [1]. Je n'ai jamais eu si froid de ma vie : les chambres étaient climatisées et je n'avais pas le droit d'ouvrir les fenêtres sur la belle vue de la mer! Les relations entre les clients de l'hôtel étaient, elles aussi, climatisées – froides et impersonnelles. J'avais la nostalgie de la chaleur humaine des maisons en bouse de vache maasai où, tous entassés autour du feu, on raconte ses exploits héroïques, ou tout simplement on boit du lait chaud tout juste trait, en parlant du dernier veau né à la tombée de la nuit, ou encore de la prochaine migration vers d'autres pâturages.

C'est ainsi que me vint à l'esprit d'effectuer, moi aussi, une migration – en empruntant cette merveille, le Transgabonais. Ce chemin de fer longe les rives du fleuve Ougumi, traverse pendant quelques centaines de kilomètres les denses forêts tropicales où se

1. Quelle coïncidence après avoir participé au rituel lukumi à New York!

cachent les petits buffles à cornes pointues, les éléphants nains des forêts et cette créature exotique de mon enfance à la cour venda : le pangolin, propriété du roi, salué par chacun avec l'offrande d'un bracelet avant que cet animal ne soit préparé en mets royal, cuit dans l'estomac d'un mouton rôti entier sur des pierres surchauffées. Je voulais voyager en deuxième classe pour enfin me mêler au peuple gabonais, mais mon compagnon de route, un jeune Français, craignait de ne pas pouvoir supporter la chaleur de ses compartiments non climatisés.

J'avais espéré voir des gorilles à La Lopez, notre point d'arrivée, mais, hélas, je dus me contenter de rencontrer deux chercheurs, l'un portugais, l'autre écossaise, créatures non moins extraordinaires que celles étudiées : voués à partir à pied chaque matin, seuls dans la forêt à la recherche des familles de gorilles qu'il était souvent difficile de localiser; dangereux aussi, puisqu'un mâle belliqueux attaqua le vaillant Portugais en le mordant à la cuisse, parce que ces chercheurs ne comprenaient pas encore son langage et son désir de ne pas être épié.

Nous avions souscrit à un « tour » organisé, offert par une agence située dans l'enceinte du Okoume Palace. Mais il semble que leur correspondant à La Lopez était encore peu rodé aux exigences des touristes. Tandis que nous avions fait le trajet en train, lui était arrivé en pilotant son petit avion privé, et il décida que devant rentrer avant la nuit il supprimait notre visite aux chutes, paraît-il très belles, et nous abandonna à notre sort sur le quai de la gare une heure et demie avant l'arrivée du train. J'ai l'habitude des longues attentes mais, cette fois-ci, j'étais furieuse et ne pouvais m'empêcher de me sentir lésée. C'est alors que le sort, sinon le hasard, décida d'intervenir.

Un jeune homme au regard intense était assis en face de moi sur un banc de la gare. « D'où venez-vous ? » me dit-il. Ne désirant nullement entamer une conversation alors que j'étais fâchée d'avoir été abandonnée si tôt à mon sort sur ce quai, je répondis succinctement : « De Paris. » Il ne dit plus rien mais continua à me dévisager de ce même regard qui semblait venir d'ailleurs. Le train arriva et galant il dit : « Je vais vous aider avec votre valise. – Merci, je suis en première classe. » Mais le destin en avait décidé autrement; il n'y avait pas de première classe dans ce train! Mon compagnon français, vexé, s'assit avec ceux des ambassades et des télévisions, tous très contrariés de ne pas être dans un compartiment climatisé de première classe.

Je me retrouvai assise en face de mon interlocuteur qui me regardait toujours de son regard lointain et pourtant perçant : « Vous, vous êtes une personne de toutes les initiations africaines, me dit-il soudain. – Pourquoi dites-vous cela ? » J'étais sur la défensive. Il se contenta d'un geste, désignant les yeux et le front. Je me tus. Beaucoup plus loin, il dit : « Pourquoi vous a-t-on ouvert le ventre avec un couteau ? » D'accord, j'ai eu trois césariennes, mais cela n'est pas visible à tous! Je me tus. « Pourquoi a-t-on mis une épingle au travers de votre doigt ? » Cette fois sur la défensive : « Il n'y a pas d'épingle dans mon doigt. – D'accord, plus maintenant, mais avant ? » Oui, en effet, lorsque je partais au Botswana pour Paris, appelée par le CNRS sans avoir dansé avec les hosana, danseuses de la pluie, et après l'accident de voiture sur la route, on m'avait plâtré le bras et la main fracturés, et l'un de mes doigts avait été épinglé au plâtre avec une grande épingle de nourrice. Ma main et mon doigt en portent à peine les traces – pourquoi insistait-il ainsi ? Comme je me taisais, il me dit : « Les initiés, qu'ils soient africains, asiates ou européens, se reconnaissaient toujours. Cela fait quatre jours que je te vois et j'ai un message pour toi. Car, depuis quatre jours, je danse et sur le quai de la gare j'ai su que c'est toi que j'ai vue. » Je me taisais toujours. « Connais-tu le bwiti ? – Non, mais j'aimerais. » Pour la première fois, je réagis. En effet, à mon arrivée à Libreville, j'avais assisté à un colloque et les participants avaient été invités à aller au-delà de Lambaréné assister en spectateurs à un bwiti. J'ai prétexté trop de travail pour me joindre à eux, car, en tant qu'initiée, je me voyais mal aller au spectacle. Mais j'étais désireuse de connaître autrement le bwiti. « Si tu veux, je t'invite à y assister. Je dois être le parrain d'un homme de quarante-cinq ans que l'on va initier près de Libreville. Je suis venu à La Lopez appeler mon père, qui est Nanga en chef, et qui viendra avec les autres Nanga, à la fin de la semaine, pour cette cérémonie; moi je n'ai que vingt-deux ans, mais j'ai été initié dès l'âge de treize ans et je puis donc parrainer même des personnes beaucoup plus âgées que moi. » J'avais très envie de dire oui, mais je paniquais. On ne suit pas comme cela dans des cérémonies mystérieuses dont on ne sait rien un étranger rencontré dans le train. Et pourtant ces propos témoignaient d'une certaine connaissance de moi et de mon passé, et il disait avoir un message pour moi. Les jours suivants se passèrent à chercher des personnes pouvant m'accompagner, mais le sort en avait décidé autrement, et je me retrouvai seule parmi les Nanga pour le début de la cérémonie. Ma crainte me quitta dès que j'arrivai sur les lieux, sachant que j'étais chez moi, accueillie par ceux qui le savaient aussi et ayant un message à me transmettre.

C'est ainsi, que ce soit à São Paulo, à New York ou à Libreville, mon planning est pris en main par un simple hasard qui n'en est peut-être pas un, qui guide mes pas vers d'autres horizons, où j'apprends toujours que les hommes sont pareils; certains seulement sont conscients de leur destin, et d'autres se contentent de ne point y croire. Alors ils partent à la dérive, sans recevoir les messages du hasard, qu'ils croisent tous les jours sans vouloir y croire, sans vouloir les prendre au sérieux.

6 octobre 1986, Mara : hier soir notre lion solitaire, qui habite maintenant en voisin l'enclos à moutons désaffecté, a tué un zèbre juste à côté de la maison en construction derrière mon dzimba-a-mabgwe. Il a mangé une cuisse seulement puis est reparti en nous laissant le reste. Veut-il devenir notre chasseur attitré? Ou veut-il ainsi marquer son territoire et notre intrusion? Le fleuve emporte les gnous noyés et gonflés tandis que les crocodiles repus ne font plus face à leur devoir de nettoyer le fleuve. Les hippopotames se promènent en famille dès la tombée de la nuit, car il n'y a plus d'herbe aux alentours du fleuve, les milliers de gnous ayant tout rasé sur leur passage, ce qui oblige les autres à gravir la montagne pour y trouver des pâturages. La pluie n'est tombée qu'une seule fois à la nouvelle lune, puis est repartie vers des lieux plus propices à ses caresses, où les cornes des gnous fous ne chercheront pas à l'égratigner. Les éléphants aussi sont repartis ailleurs; seul le lion, à l'énorme crinière décoiffée, se repose dans la forêt en guettant des Ilmurran ocrés désireux de le transformer en trophée. Mais il se sait le roi de la savane et il déjoue leurs ruses pour l'appâter; il somnole, les yeux dorés mi-clos, sur le qui-vive sans en avoir l'air, prêt à bondir au moindre signe d'agression.

Les guerriers belliqueux sont allés se battre contre les étrangers (*ilmingati :* ennemis) voisins qui se sont installés sur leur terre et ne veulent plus la quitter. Il y eut sept morts. L'armée et la police sont à leurs trousses. Ils se cachent dans des trous de hyène, dans la forêt, où ils peuvent; ils cherchent des alibis pour ne point être pris en représailles. Cela risque de tourner mal et d'accélérer la célébration de leurs cérémonies pour mettre fin à l'état de guerrier.

Hier soir, un très jeune Olmurrani (guerrier maasai), aux oreilles non percées, mais tout ocré et paré, est venu me demander de dormir chez moi. « Où est ton compagnon ? » Il était seul, ce qui est contre la loi des guerriers. Il m'apprit alors que, dès le lendemain, il se laverait de tout l'ocre, et quitterait sa condition de guerrier pour aller chercher du travail dans un camp touristique. Mais il n'est pas si simple d'être démobilisé de l'état de guerrier olmurrani. Il y faut une cérémonie où il reçoit du lait de ses vaches, chez lui; après quoi il est autorisé à manger et à boire seul, tandis que les Ilmurran font tout avec un autre Olmurrani. Il m'assura qu'il retournerait chez lui plus tard accomplir cette cérémonie; en attendant, il est déserteur. J'appris alors qu'il avait été scolarisé jusqu'à la quatrième classe; il avait donc raté l'entraînement usuel de l'enfant maasai qui, petit berger, doit déjà affronter les dangers de la brousse : lions belliqueux, buffles féroces, éléphants trompettants et parfois trompeurs. Ce jeune homme n'était donc qualifié ni pour la vie urbaine ni pour celle d'un guerrier, avec ses qualités, prêt à affronter les dangers de la brousse. Il venait donc se réfugier chez moi avec une obstination incroyable et dès le matin se débarrassa de ses atours de guerrier qu'il m'échangea contre un pantalon et une chemise; et il partit ainsi vers une autre destinée où le hasard, j'espère, lui sera venu en aide.

Caroline et Georges, mes deux enfants élevés chez les Maasai dès l'âge de dix-huit et neuf mois, ont poussé, nourris au bon lait maasai, pour atteindre une taille digne des prototypes maasai. Caroline est aujourd'hui mannequin. Mais Isabelle, l'aînée, arrivée chez les Maasai à l'âge de quatre ans, est restée relativement plus petite. Or je constatais hier, en regardant les nouveaux Ilmurran, qu'ils sont nettement plus courts de taille que leurs aînés Olpiron, les guerriers Siria de 1968. Ils correspondent à une génération qui commença dans l'enfance à manger du guruma, bouillie de maïs achetée dans les magasins ou chez les voisins agriculteurs, tandis que les guerriers de la promotion Seuri 1960-1970 appartiennent à une génération ne se nourrissant que de lait, de viande et de sang; en conséquence ils sont beaucoup plus grands, selon les normes traditionnelles maasai. Il est tout à fait exact de dire que « l'homme est ce qu'il mange ». Nous avons déjà constaté que ceux des Maasai qui mélangent leur régime alimentaire traditionnel avec une alimentation autre prennent tous systématiquement du poids; les citadins maasai, ou ceux des écoles, perdent leur silhouette longiligne pour des formes arrondies, très souvent à l'excès, et c'est vrai aussi bien pour les femmes que pour les hommes.

Tandis qu'il y a quelques années une famille maasai se serait sentie déshonorée d'offrir à un invité de la bouillie de maïs, seuls le lait et la viande étant des mets valorisés, cela devient de plus en plus admis d'offrir du maïs; ou encore le riz ou des pommes de terre sont achetés et offerts, ce qui est contraire à la tradition du grand pasteur nomade, fier de pouvoir survivre uniquement des produits de son cheptel, de son élevage : lait, viande, graisse et sang.

Nungu-nungu, le porc-épic, est venu nous rendre visite cette nuit : un mètre de haut, ses épines hérissées prêtes à partir en flèches redoutables à la moindre contrariété. Sa visite n'est pas la bienvenue. Il a déterré et mangé les racines de tous mes beaux cannas, que les éléphants broutaient de temps à autre sans jamais endommager les racines.

Mais nungu-nungu est destructeur jusqu'au bout : il ne laisse rien survivre à son passage et comme, couleur de nuit, il ne sort que la nuit, c'est un ennemi invisible et invincible. Aussi est-ce bien par hasard que nous l'avons surpris vers minuit marchant de ses pattes allongées aux doigts de poule, sur le sol humide d'une récente averse bienfaisante. Il fut si surpris qu'il fit basculer une brouette près de lui et, à petits pas furtifs, il disparut dans la nuit. Je sais que tout ce que j'ai planté à la suite de cette première pluie n'a aucune chance de survivre tant que nungu-nungu, un des cinq « neveux utérins de la terre », décide de nous rendre ses visites nocturnes. Les quatre autres neveux utérins : le pangolin, la tortue, la grenouille, le scarabée, sont aussi destructeurs, mais moins que le porc-épic; n'est-ce pas le rôle rituel du neveu utérin de prélever ce qu'il désire sans le demander ou prévenir? C'est son droit absolu contre lequel il est inutile de s'élever, sauf en lui proposant une épouse pour le rendre beau-fils, ce qui calme son élan de prédateur puisqu'il a obtenu le bien suprême : une épouse; désormais il est redevable à son oncle maternel devenu beau-père.

Quelle épouse puis-je donc proposer à notre nungu-nungu? Il est difficile de concevoir une autre créature allant au-devant de son étreinte épineuse. Au Gabon, on préfère le transformer en plat succulent. Mais je suis en pays maasai où les règles du jeu sont de laisser vivre les animaux, sans chercher à faire croître quoi que ce soit.

L'éléphant solitaire fait craquer les branches dans la forêt en face, ayant renoncé à traverser le fleuve Mara en crue, après avoir longuement tâté de sa trompe les profondeurs de l'eau pour en estimer les dangers. Les singes aux longues queues cuivrées viennent de passer en famille devant la maison, s'arrêtant pour boire de l'eau, puis sautant de rocher en rocher pour atteindre notre forêt où des baies ont mûri en leur absence. Les zèbres hennissants sont venus se réfugier autour de la maison cette nuit, s'y sentant un peu à l'abri des lions rôdeurs; mais notre lion résident a prélevé un poulain, par principe sans doute, car il ne l'a pas mangé.

Douze éléphants en colère rivalisent pour déchiqueter la forêt, faisant tomber les arbres avec fracas, contre toutes les lois élémentaires de leur éducation, qui les veut silencieux et ne prélevant que des feuilles des arbres, ne cassant au plus que quelques branches. L'hippopotame, effrayé par ce manque de bienséance, est parti en hâte, se frayant un chemin le long des palmiers de la rive, se jetant dans le bassin où s'abrite le crocodile centenaire. Quelle peut donc être la cause de cette rage irraisonnée des douze éléphants? Est-ce que leur compère, blessé par une flèche il y a quelques jours, serait mort? Nous le saurons bientôt.

Les gnous fous montent l'escarpement à la queue leu leu sous le soleil de midi, seulement pour redescendre et recommencer leur ascension épuisante. Je me demande si ma vie a plus de sens que celle de ces gnous sans défense.

27 octobre1986 : je pense qu'il est tombé amoureux de moi comme moi de lui. Il est magnifique : il a les jambes bien droites et avance d'un pas implacable, les oreilles battantes, les défenses symétriques. C'est un éléphant merveilleux sans défaut. Chaque nuit je me réveille pour le trouver à ma fenêtre, argenté sous les rayons de la lune ou ombre noire plus sombre que la nuit qui nous enveloppe. Je me lève, et regarde émerveillée ce visiteur silencieux de mes nuits scintillantes. Hier soir je l'ai vu arrivant d'un pas décidé, droit vers la fenêtre où, assise, j'étais installée pour le voir; effrayée, j'allumai une torche, la dirigeant vers lui; infaillible il continua d'avancer vers moi et je m'enfuis, bien qu'une vitre fût entre nous; il passa, majestueux, frôlant la fenêtre et partit casser quelques branches plus loin. Ce soir, il est apparu avant la tombée de la nuit, accompagné des deux autres que je connais bien : celui avec des défenses asymétriques, l'une pointant vers la terre, l'autre droit devant elle, retroussées juste au bout, et le deuxième aux grandes oreilles déchiquetées, aux jambes ployées, souffrant peut-être de quelque arthrite de pachyderme. Me voyant, il se dirigea à nouveau directement vers nous, le pas lent et sûr, les défenses symétriques reluisant comme jamais je ne les ai vues, les oreilles d'une proportion parfaite, les petits yeux clignotant de malice. Soudain, me voyant prête à m'enfuir, il changea de direction, s'en alla vers le fleuve, entra dans l'eau puis escalada d'un pas sûr un petit rocher où il se tint en parfait équilibre, tout en faisant un repas de roseaux succulents. Il semblait savoir que j'admirais ses prouesses d'équilibre. Sera-t-il ce soir au rendez-vous sous ma fenêtre?

QUAND LE PYTHON SE DÉROULE

Les Maasai disent, qu'au début, l'éléphant était l'ami des femmes; il aidait à construire les enclos à bétail, à couper le bois, à plâtrer les demeures. En toutes choses, il était leur fidèle ami; mais les femmes, ingrates, l'éloignèrent par leurs exigences démesurées. Et maintenant, comme elles, il est à la recherche des temps perdus.

12.

ENKARSIS - LA RICHE

Toujours, partout où je passe, on me prend pour très riche – peut-être précisément parce que je n'attache aucune importance à l'argent et en dispense avec allégresse. Aussi, dès que j'en ai, je le dépense ou le distribue avec la bienveillance du souverain. Et je me retrouve de nouveau sans un sou dans ma poche, faisant confiance à la Providence pour me procurer un moyen de la remplir à nouveau.

C'est ainsi que les Maasai m'ont appelée « Enkarsis », la Riche. Lorsque je protestai, ils ajoutèrent : « Si tu ne l'es pas déjà, cela t'aidera à le devenir. » Puis plus tard on précisera : « La richesse n'est pas seulement celle des biens mais aussi celle du cœur. » C'est ainsi que je suis Enkarsis-la Riche : celle qui reçoit beaucoup de choses de tous ordres – bénédictions, accès aux rituels de peuples divers, bien miraculeux telle ma maison au Maasai Mara ou encore des expériences inattendues; cependant il s'agit toujours de savoir que les biens matériels ne sont qu'une voie vers l'acquisition de ces autres biens de l'esprit, du cœur, de l'entendement, ou est-ce la connaissance ?

J'ai dû suivre un long parcours pour arriver à ce détachement, cette certitude que la vraie richesse n'est pas de ce monde, celle des biens visibles, mais celle que l'on porte en soi et que, pour le reste, comme les Maasai, on peut se contenter de ce que l'on peut mettre sur le dos d'un âne.

J'ai passé une enfance insouciante. Tout, autour de moi, était beauté et abondance : je me souciais surtout de mes amis les arbres, les fleurs, les animaux et de ces adultes plus mystérieux : le soleil, la lune, les étoiles. Les couchers du soleil, « lorsque tout est beau » selon la phrase zulu, m'enchantaient, les levers remplis du mystère de la journée à venir aussi; j'acceptais chaque jour avec la joie de la découverte, puisque tous les jours me permettaient de cerner de plus près un des mystères de ce monde magique qui m'entourait.

Je suis myope, ce qui présente un avantage certain. Normalement on a une vision du monde floue, impressionniste, poétique, aux contours atténués et fondus, et lorsque l'on désire plus de précision on met des lunettes et tout devient bien défini, clair, précis, je dirais presque brutal, et on acquiert soi-même, lunettes perchées sur le nez, un air plus sévère, sérieux et scientifique, ce qui fait que les autres, tout en plaignant votre sort de porteuse de lunettes, se sentent rassurés et vous prennent au sérieux. J'ai toujours su jouer de ce double avantage et en tirer parti. Mais avant tout c'est cette double vision du monde qui me ravit et me permet de varier mes impressions, voire ma connaissance de ce monde merveilleux. Car, lorsqu'il devient par trop laid, j'ôte mes lunettes et je me contente de rêver de ce qu'il pourrait être.

Cependant mes rêves se transforment souvent en réalités, mes réalités en cauchemars réalités, et ceux-ci en d'autres rêves qui ont peut-être une chance de devenir réalités extraordinaires. Du moins mon côté optimiste le croit toujours, et toujours je tente l'impossible pour le transformer en possible. Le miracle se produit parfois; l'essentiel est d'y croire, et de savoir tirer de chaque situation négative un avantage positif, car il y en a toujours. La récolte est alors abondante, même inattendue parfois.

On m'appelle. Un buffle vient de transpercer la cuisse d'un homme qui gardait ses troupeaux près de chez nous. Heureusement le buffle ne s'est pas acharné et l'a laissé, la cuisse sanglante et déchiquetée, pour aller attaquer nos hôtes qui ont réussi, grâce à la vigilance de notre gardien, à s'échapper. Il est parti en courant vers un camp touristique, où il cherchera sans doute d'autres victimes, car c'est un vieux mâle solitaire en colère.

Je n'ai pas de pneu de rechange, mais je pars quand même et trouve l'homme entouré de personnes qui, avec des vieux chiffons sales, ont réussi à replacer la chair en la serrant pour essayer de limiter le flot abondant de sang. Mon intention est de l'emmener vers le camp touristique voisin où on répare mon pneu, car ils ont de nombreuses voitures et un appel radio. Mais les membres de sa famille, accourus, insistent pour que je l'emmène dans une petite clinique ouverte près d'ici par une mission, m'assurant que j'y trouverai un « docteur » bien que ce soit dimanche. Comme cette clinique est dans la direction opposée du camp, j'ai quelques appréhensions à me promener si loin sans pneu de rechange; j'arrête donc une voiture de touristes, leur demandant s'ils pourraient m'accompagner pour s'assurer que nous arrivons à destination sans ennui. « Nous sommes pressés, nous devons rejoindre notre groupe pour déjeuner, me répond une femme en français. – Mais l'homme que je transporte vient d'être blessé très grièvement par un buffle. C'est une question de vie ou de mort... » Son mari est d'accord pour me suivre; ils le font pendant un kilomètre, puis rebroussent chemin; sans doute avaient-ils décidé qu'il était plus important de ne pas rater leur déjeuner!

Arrivés à la clinique sans encombre, nous y trouvons un jeune assistant médical maasai qui, ouvrant le chiffon et trouvant un flot de sang, une plaie béante de quarante centimètres, la chair déchiquetée pendante, est prêt à tout refermer en disant : « C'est un cas pour un hôpital, pas pour moi. Emmenez-le à Narok » (cent quarante kilomètres plus loin). Un étudiant allemand, qui se trouvait avec moi, intervient : « Nous pourrions quand même laver la plaie remplie de cailloux, d'herbe et de sable, et lui faire une piqûre d'antibiotique pour prévenir l'infection ainsi que la piqûre antitétanique. » Mais la clinique, sans Frigidaire, n'a pas d'antitétanique; nous trouvons du désinfectant, de la pénicilline, et la plaie nettoyée est refermée avec des bandes propres. Je suggère alors que le « docteur » vienne avec nous pour appeler les *flying doctors*, les médecins volants, car ils exigent un rapport préliminaire des soins donnés et ceux estimés nécessaires. Rien à faire, c'est dimanche, il doit assurer le culte pour les fidèles; puisque c'est moi qui l'ai amené dans ma voiture, à moi la responsabilité de son sort. J'ai beau dire que les fidèles l'attendront, que je le ramènerai en voiture mais que son témoignage est nécessaire pour que l'avion vienne chercher le blessé, rien à faire. Je pars en lui rappelant la parabole du bon samaritain, ce qui sans doute sera retenu contre moi. La voiture, malgré les cailloux pointus qui déchiquettent les pneus, arrive au camp. Chacun y met du sien et on me dit qu'un avion commercial est prêt à partir pour Nairobi, que le pilote est d'accord pour faire un saut jusqu'à leur piste d'atterrissage pour venir chercher le blessé; à l'arrivée, une ambulance l'emmènerait à l'hôpital. Le miracle se produit : un berger maasai, attaqué par un buffle en pleine brousse, s'est retrouvé à l'hôpital de Nairobi, où il aura les meilleurs soins possible, quatre heures et demie après son accident, malgré les touristes affamés et le « docteur » réticent. Et pour nous c'est une nouvelle leçon sur les dangers de la brousse que n'avait guère saisis à fond notre hôte allemand qui, malgré nos conseils, était parti se promener seul et fut récupéré juste à temps par un de nos gardiens au moment où le buffle, enragé, cherchait une autre victime et se dirigeait vers lui.

3 novembre 1986 : hier soir j'ai garé ma voiture comme d'habitude sous la fenêtre de ma chambre; vers minuit j'entendis un lion grognant, arrivé en courant, se mettre à rugir sous ma fenêtre. J'eus très peur car elle ne résisterait pas à son assaut; son insistance à rugir sous ma fenêtre, d'une façon furibonde, me fit croire qu'en effet il s'en prenait à moi. Comme au Zimbabwe le lion est un agent punitif, je me demandais quelle faute j'avais commise pour mériter cette attention vengeresse. Puis je l'entendis grondant et rugissant, circuler autour de ma voiture; il m'apparut alors que c'était sans doute l'odeur du sang humain qui l'attirait et l'excitait – je ne fus pas plus rassurée, car il y a dans la région des lions mangeurs d'hommes, que l'on n'avait jamais pu identifier, qui avaient presque entièrement dévoré un pêcheur luo l'an dernier, arraché la fesse d'un jeune berger maasai qui put échapper au repas auquel il était destiné grâce à l'intervention d'autres bergers.

Le lion rugit sous mes fenêtres pendant une infinité de moments d'angoisse où, raide dans mon lit, je n'ose bouger de peur qu'il ne se lance sur ma fenêtre fragile. Je pense à mon habituel cauchemar d'enfant, toujours le même : je suis poursuivie par un lion et arrive au bord d'un précipice. Le choix est de sauter ou de se faire dévorer. Je saute dans le vide et me réveille en sursaut avant de connaître la profondeur de ce gouffre. Je me réveillais toujours en sueur, criant et tremblant. Le jour, pour conjurer le sort, je jouais au lion : c'était moi le lion qui poursuivait les autres en criant : « Je suis le gros lion. » Et ma toison de cheveux blonds frisés ressemblait en effet à une crinière! Puis, toute ma vie, j'eus une relation bizarre avec les lions, que ce soit dans la brousse ou au zoo. La réaction des lions est toujours la même : ils sont bien tranquillement allongés à l'ombre d'un arbre ou dans l'enceinte de leur demeure au zoo; des personnes en voiture ou à pied passent, les regardent, commentent; ils ne s'en soucient pas du tout, les examinant de leur regard le plus doux de chats bienveillants. J'arrive. Ils se redressent, me fixent d'un regard devenu étincelant, vigilant, et surveillent le moindre de mes gestes. Parfois ils rugissent. Je sais bien qu'il n'est pas de mon ressort de rester là à les regarder comme une touriste; je sais qu'un lien très profond et ancien me rattache à eux, sur lequel je reçois parfois quelques éclaircissements comme quand on me présenta aux Bushmen 'xung du Kalahari en disant : « Elle est un esprit lion, dites-lui tout ce qu'elle désire savoir, puis laissez-la partir en paix. »

Or, les Bushmen disent que les premiers hommes étaient des lions : cela rejoint les dires des autres affirmant que je suis une vieille âme. Les lions du Maasai Mara ou du zoo de Vincennes savent-ils ce que cela implique? Si oui, ils en savent plus long que moi sur mon sort et mon destin.

Alors, lion nocturne qui rugis sous ma fenêtre fragile, que veux-tu de moi cette nuit sans étoiles? Es-tu venu me maudire, me punir ou simplement me dire que mon lion protecteur est là pour sévir envers tout événement à venir?

13.

PROPOS DE FEMMES

Les serpents

Les serpents ont toujours joué un rôle très important dans ma vie. Depuis ma première enfance, je sais qu'il ne faut pas grimper dans certains arbres car ils sont ceux qu'aiment les serpents. Mais un très grand arbre indigène déployant des branches généreuses formant plate-forme était réputé être sans danger, car il provoque une allergie chez les serpents. C'est donc là que nous avions installé notre maison de poupée, avec ses dînettes en porcelaine de Limoges, ses couvre-lits en dentelle crochetée à la main et la garde-robe de mes poupées calquée sur celle de Shirley Temple. Étrange mélange, dès mon enfance, des traditions européennes et de l'influence américaine dans le contexte non seulement du paysage africain, mais encore du mode de pensée de nos mères africaines et de nos compagnons de jeu venda et tsonga.

« Nyoka, nyoka » – serpent –, le cri avait un contenu magique. Nyoka nous fascinait et nous nous cachions pour l'observer, espérant qu'il ne serait pas repéré par le jardinier qui le tuerait d'un coup de bêche, ou par le cuisinier, qui irait chercher un fusil pour le décapiter.

Nyoka, compagnon de nos rêves d'enfance, tu es devenu chez les Maasai mon totem Taarosero : cobra dressé sur la couronne des pharaons prêt à aveugler d'un jet de poison tes ennemis et à bénir de ta salive ceux qui te rendent hommage. Un jour, mon père fut aveuglé par un cobra lorsqu'il chassait dans les bas pays. Il fut complètement aveugle pendant une heure. Les hommes qui l'accompagnaient l'amenèrent chez un médecin traditionnel, une femme tsonga, qui le guérit en lavant ses yeux avec une potion de feuilles macérées et bouillies. Par la suite, il revint chez elle avec un ami médecin, intrigué, pour essayer d'obtenir sa recette. Impossible. Elle était imperméable à toutes propositions. Seule sa fille hériterait de son secret millénaire, provenant peut-être des rives du Nil, pour soigner les autochtones de ces terres arides.

Les Maasai appellent le bas pays Olpurkel. Autre mot magique, que l'on oppose à Osupuku – les hauts plateaux. Olpurkel évoque les grandes savanes d'herbe sèche qui engraisse le bétail et le gibier bien mieux que la succulante herbe verte des hauts plateaux, car elle recèle des recettes mystérieuses, des mélanges savants d'herbes et de flores parfumées, macérées au soleil ardent, insoupçonnés chez ceux qui ne connaissent que la fraîcheur d'Osupuku, bénéfique aux rites.

Tandis que l'Olpurkel fait appel au quotidien des grandes randonnées, aux razzias de bétail, aux journées allongées sur l'herbe sèche entouré de mille fourmis folles, on rejoint les hauts plateaux pour les cérémonies qui se déroulent auprès des sources des fleuves bénis.

La transhumance entre le bas pays Olpurkel et les hauts plateaux Osupuku est une nécessité non seulement pour les pasteurs nomades et pour leurs troupeaux que l'on fait paître dans les bas pays en saison de pluie, pour remonter vers les hauts plateaux en saison sèche lorsque le soleil a évaporé toute l'eau des mares saisonnières, mais encore pour l'équilibre de l'homme. Les Parisiens du bas pays se précipitent en hiver vers les cimes des hautes montagnes faire du ski ou rêver; les Jurassiens des hauts plateaux descendent en été vers la côte, cette autre Olpurkel, retrouver l'exubérance de flores exotiques bénéfiques et parfumées.

C'est ainsi que mon grand-père Aristide, dans sa sagesse, avait acheté des terres Olpurkel et Osupuku. Nous habitions les hauts plateaux : les lieux des rites où les missionnaires avaient construit leurs églises et où les Venda célébraient le domba en dansant le deu – la danse du python qui se déroule.

Nos troupeaux de bétail, par contre, descendaient à Mashamba en bas pays pour être engraissés. Pour nous, les enfants, la descente vers Mashamba était une grande aventure, remplie d'imprévus. Là-bas aucune mission, aucune maison en dur. Seuls les villages à cases rondes en pisé avec des toitures de paille, fondus dans le paysage. Le son des tambours résonnait dans le creux des énormes baobabs, s'étendant à perte de vue – et au-delà vers le Mozambique : Delagoa Bay et la mer, lieu mystérieux, qui depuis mon voyage avec ma mère vers l'Europe ne recelait plus de secrets pour moi tandis que pour mes sœurs, qui n'avaient jamais vu de bateau, cela cachait des trésors encore inexplorés. J'attisais leur curiosité avec des contes dignes de marins ivres des ports tropicaux. Et je leur parlais de cet immense ange ailé : la *Victoire de Samothrace* qui planait sur la ville de Paris pour la bénir et la protéger : puis à minuit elle partait rejoindre le cœur des anges autour du trône de Dieu, annoncé par la statue de la Liberté.

Plus tard, étudiante à la Sorbonne, je devais me déguiser en statue de la Liberté, drapée dans les draps amidonnés de la première classe prêtés par une amie. J'annonçais alors la descente sur terre de l'ange ailé, la *Victoire de Samothrace* installée dans son échelle terrestre. Mais tout est relatif. Quelle est la vraie dimension de ce chef-d'œuvre ?

– Celle de l'immense ange ailé de mon enfance franchissant l'espace pour atteindre le trône de Dieu ?

– Celle de mes jours d'étudiante où tout devenait relatif ?

– Ou celle de mes rêves où je vois cet ange venir m'annoncer de grands événements, tel l'Ange de l'Annonciation faite à Marie ?

Le propre d'un chef-d'œuvre est de transcender la matière pour permettre à nos rêves de devenir réalités.

Nyoka, le Serpent, est le chef-d'œuvre de la création. Plus vulnérable et pourtant plus redoutable que tous les autres, il sut vaincre Adam et Ève en proposant la pomme à Ève : éternelle féminin qui ne saurait résister :

– à l'appel des sens,

– à l'instinct de création.

Tharu ya Mabidighami = le python se déroule.

Au début de la création le python vomit toute la création. Aujourd'hui encore, lové à l'intérieur de la matrice de la femme, rattaché à son nombril, il vomit l'enfant : cet autre chef-d'œuvre de l'univers.

Naine, éléphant et sauterelles

Aujourd'hui les éléphants sont venus nous rendre visite dès l'heure du petit déjeuner, pris devant la maison aux premières lueurs du soleil levant. Nous avons d'abord entendu quelques craquements dans la forêt en face au-delà du fleuve Mara bouillonnant, puis nous avons aperçu le reflet éclatant d'un ivoire du côté des feuilles luisantes agitées par le repas matinal de nos voisins pachydermes. Alors, venant en sens inverse à travers la plaine, un énorme éléphant s'est dirigé vers la forêt, s'arrêtant de temps à autre pour se poudrer de terre ocrée.

Toute la journée ils sont restés dissimulés dans la forêt, trahis seulement par l'éclat d'un ivoire et par des feuilles folles. Puis vers le soir ils ont émergé sur la plaine, menés, chose extraordinaire, par un éléphanteau. Bizarre... les jeunes restent normalement au centre du troupeau ou sous le ventre gigantesque d'une femelle. Étrange encore : cet éléphanteau porte d'énormes ivoires et marche avec l'assurance d'un vétéran, menant ses deux énormes compagnons sans hésitation à travers la plaine éclairée par les derniers rayons du soleil couchant.

« Ce n'est pas un éléphanteau, s'exclame mon compagnon maasai, regarde, c'est l'éléphant nain, la petite vieille aux énormes défenses. Elle vient nous annoncer un événement heureux. »

Alors je me souviens de Ta Zwi Pedza – dont le nom signifie « le début et la fin » – la naine rituelle des empereurs de Zimbabwe, épouse principale du Mambo qui parcourt avec lui tout son territoire, gardienne de la mare qui abrite le python primordial et les poissons rituels, gardienne aussi du champ de désordre. Épouse stérile, elle est gardienne des symboles de fertilité – Désordre par rapport à l'Ordre, Ordre dans le Désordre –, incarnation de la condition féminine, elle est indispensable au bon ordre de l'empire.

Ta Zwi Pedza du royaume des pachydermes, qu'êtes-vous venue m'annoncer ce soir à la quatrième lune maasai – la lune faste – qui salue l'ouverture de la période rituelle assurant notre passage vers d'autres horizons ?

Est-ce le signe que je dois livrer les secrets de cette autre naine, gardienne encore de nos jours de la mare rituelle, celle du python créateur qu'incarnent les jeunes filles pubères lors de la danse des initiations domba à la cour venda ? Naine, gardienne aussi du poisson silure et du champ où est semé pêle-mêle un échantillon de toutes les graines comestibles, dit « champ de Va nya Chava » : mère du dieu créateur Mwali ; celle qui répand de son grand sein unique la pluie et donne aux hommes les graines, leur enseignant à les cultiver ?

Oui, je sèmerai pêle-mêle mes expériences sur le papier – puis je chercherai à reconstruire le gigantesque puzzle pour en trouver le motif afin d'arriver aux apparences d'une signification, sinon profonde, du moins suffisamment cohérente pour nous donner l'illusion d'en avoir compris quelque chose.

Mais ce sera seulement en l'appréhendant dans une perspective historique en remontant quatre mille neuf cent soixante années, que la vraie signification de tout ce qui m'est arrivé au XXe siècle pourra trouver son éclaircissement, sa raison d'être, auprès du fleuve Mara-Enkipai – la rivière rouge – où s'abreuvent mes voisins pachydermes préhistoriques saupoudrés d'une fine poussière rouge ocré, comme les sarcophages des pyramides. Merci, « petite vieille », éléphant nain, pour le message que je déchiffrerai demain.

Le 26 novembre 1986 : demain c'est mon anniversaire. Tant de lunes écoulées depuis la naissance à six heures du matin un dimanche d'un enfant Sagittaire, ascendant Sagittaire. Les cieux annonçaient déjà un destin à grandes envolées. Nul ne pouvait deviner leurs envergures et leur portée.

De mon enfance je me souviens surtout de l'arrivée des nuages de sauterelles obscurcissant le soleil et s'abattant comme un voile sur les paysages verdoyants. Elles se soulevaient une heure plus tard pour laisser un paysage de désolation lunaire. Alors, on accourait avec des sacs de jute en saluant cette manifestation du dieu Ouranien Raluvhimba – le Père des nuages – avec ululations de joie en chantant : « Merci de nous avoir envoyé de la viande. » Puis on abattait les sauterelles réticentes par milliers et on remplissait les sacs de cette « manne des cieux », le lendemain elles seraient séchées au soleil et, bien que les récoltes aient été détruites, une nourriture abondante et riche en protéines les remplaçait : désormais, on se nourrirait de sauterelles séchées et pilées. Ce plat est délicieux, je dois en convenir. Ainsi, au lieu de se lamenter sur le sort des récoltes disparues, on se réjouissait de l'aubaine inattendue de ce mets de fortune. C'est peut-être là que j'appris à faire feu de tout bois et à détourner tout malheur en son contraire bienfaisant, car la vie m'a toujours par la suite prouvé que chaque événement a un côté positif, un autre négatif, et qu'il s'agit toujours de savoir choisir celui qui peut le mieux nous servir.

C'est peut-être pour cela que la reine Mujaji, Grande Faiseuse de pluie, reine des Lobedu et sœur de l'empereur de Zimbabwe, fit cadeau à son frère des pierres de la pluie, un mâle, une femelle, mais en même temps de deux sauterelles : un mâle, une femelle : car les nuages de pluie et les nuages de sauterelles appartiennent tous deux au Maître des cieux, et se présentent comme deux faces d'une même réalité. C'est cela que j'appris plus tard, lorsque mère d'Isabelle, on m'emmena recevoir la grande épopée que seuls les procréateurs ont le droit de connaître. Car tant que je séjournais chez eux, jeune épouse sans enfants, on « oubliait de m'en parler ».

Je suis arrivée à la maison. Elle est ensevelie sous les hautes herbes sur les rives du fleuve Mara, où brame l'hippopotame pour clamer mon arrivée. On m'a dévalisée en écartant les nattes de papyrus qui servent de plafond, et deux des quatre gardiens ont pris la fuite emmenant mes jumelles, ma pompe à eau, les matelas, le linge de maison, jusqu'aux médicaments antipaludiques qui sont une condition essentielle à la survie au Maasai Mara. Mes papiers ont été semés en vrac par terre parmi la cire des bougies de Noël que je collectionne pour écrire au milieu de la nuit lorsque les éléphants passent sans bruit et que mon buffle favori broute sous mes fenêtres.

Tant pis! J'en suis presque soulagée. Pourquoi accumuler tant d'effets? J'irai me baigner avec les poissons-chats dans le fleuve, en évitant les crocodiles, repus d'avoir dévoré un surplus de carcasse de gnous noyés, et je dormirai sans couverture en empilant sur moi la nuit mes robes heureusement volumineuses, car un froid mordant pénètre par la fenêtre à quatre heures du matin, avec les premiers rayons de l'aube rosâtre, lorsque l'étoile du matin, le plus grand chasseur au genou ensanglanté rentre chez lui : Heitsi Eibib, disent les Hottentots, parents lointains peut-être des Maasai mes voisins.

J'avais quatorze lits – de quoi loger mes enfants et leurs amis ou même un colloque de sociologues –, il ne m'en reste que quatre. Nous ne dormirons donc qu'à tour de rôle. Le lion rugit derrière la maison sur l'escarpement. Et moi, frigorifiée, j'écris à la lueur d'une demi-bougie rescapée, vers laquelle se précipitent les papillons de nuit de mon enfance.

Bonsoir. Les femmes de la Décade des femmes à Nairobi piquent des crises de leur côté car elles n'ont pas de lits. Il faudrait apprendre à se déplacer avec un hamac. J'en ai ramené deux du Brésil l'année dernière. Ils n'ont pas été volés car personne ici n'en voyait l'utilité.

Nairobi : la Décade des femmes

Yvette Roudy était là
Maureen Reagan aussi –
elle lui disputait la vedette
jusque dans les salons du directeur.

Tel un fleuve en colère et en crue,
dix mille femmes déferlaient sur Nairobi
la cité fleurie sous le soleil,
sans défense;
elles tenaient des propos inouïs
menaçant, hurlant, gesticulant
dans le hall du Club de safari
où on leur demandait cent dollars par nuit
tandis qu'elles en offraient cinq :
« Vous nous avez invitées, convoquées,
vous nous avez fait venir de loin
d'un coin paisible du milieu de l'Europe
subissez-en les conséquences! »

Dix mille femmes embrigadées
par des notions périmées
d'égalité, sororité :
« Nous pourrons mieux que vous les hommes
diriger l'humanité
la précipiter
vers le chaos primordial
auquel nous appartenons.
Voici ce que nous proclamons.
Faites donc place pour nous les femmes
redoutables;
notre parole est irrévocable
nous maudissons
sans rétraction
car nous sommes
la Brigade des Pongolo
Amazones issues de l'eau. »

Au début, disent les Maasai, les femmes étaient guerrières au même titre que les Ilmurran : elles portaient les cheveux longs, étaient armées, recevaient leur part du butin des razzias de bétail, et participaient aux débats. On les appelait les pongolo. Hélas, un jour, un guerrier vit le sexe d'une pongolo reflété dans l'eau des chutes Nyahurure, sut qu'elle était « autre », et lui piqua la cuisse de la pointe de sa lance. Alors, perdant la tête, elle l'initia à l'amour.

Elle perdit, avec sa virginité,
sa longue chevelure de guerrier,
le droit aux armes
et surtout au débat;
on l'excisa :
elle perdit ainsi, avec son clitoris, la parole, et le droit
d'être autonome.
Elle devint épouse
et virtualisa son rôle de pongolo.
Désormais, tous les dix-huit ans,
elle a droit au défoulement
de la Décade des femmes.
Les femmes célèbrent leur « Olamal »,
parcourant le pays en grande délégation déchaînée
afin de rétablir l'équilibre, et d'affirmer leurs droits perdus.
La réunion de Nairobi
n'avait donc rien de nouveau pour les femmes maasai.
Un « Olamal » à l'échelle mondiale
revendiquait le *statu quo*
de pongolo.
« Mme Thatcher avait déjà arraché
ce droit latent des femmes
d'actualiser le prototype
de la guerrière déchaînée...
et elle avait gagné
la guerre des Malouines », murmuraient les vieillards maasai.
Dansons, chantons, hurlons, gesticulons :
la femme exprime le droit primordial
de transformer l'ordre établi
en désordre chaotique
afin d'inscrire dans l'ordre des choses
la spirale du mouvement ADN
sans laquelle rien ne saurait naître,
ne serait réel, ne pourrait être.

Féministes du XXe siècle,
vous n'avez rien inventé
lorsque vous colloquez
ou lorsque vous vous battez
pour les droits de la femme,
vous êtes victimes de vos propres efforts
pour convaincre un ennemi fictif
fantôme de vos fantasmes.
Vous avez creusé votre propre tombe
en revendiquant
l'égalité de l'homme et de la femme
plutôt que leur complémentarité,
assaisonnée d'antagonismes.
Car « égalité » fut interprétée
pour signifier « être pareil »... ;
et pourtant il s'agit de plaire
dans la diversité
pour reproduire la race humaine.
La femme prouva qu'elle peut travailler,
qu'elle peut gagner sa vie,
élever seule ses enfants
et en plus enfanter,
ce que ne peut nullement l'homme
homo sapiens sapiens.
Alors, lui, perd son rôle de protecteur.
Les rôles sont renversés.
Ce n'est plus la femme qui se sent en manque de pénis
mais l'homme qui se trouve en manque de matrice
ou du moins du rôle essentiel auprès de la femme
et des enfants.
Alors il démissionne,
jette au vent la galanterie
ne s'occupe plus de sécuriser sa femme et ses enfants,
ne vit plus que pour lui-même
et perd sa virilité.
Les femmes se lamentent : il n'y a plus d'homme galant

plus d'homme romantique ou poétique,
plus de vrais hommes.
Elles les ont enterrés en les dépassant,
oubliant toute dialectique,
elles ont creusé ainsi leur propre tombe.

J'ai accroché mes rêves à la chevelure ocrée d'un guerrier et il m'a comblée
Car mes rêves sont devenus des réalités.

Et maintenant j'attends que l'on décide de mon sort. Les dés changent constamment ; le temps du Mara n'est pas celui de Paris, et cela brouille les cartes. Que deviendrai-je ? Seul l'avenir nous l'indiquera.

« **L'enfant est le père de l'adulte** » (proverbe tsonga)

26 novembre 1987 : je suis revenue au Maasai Mara pensant tout trouver verdoyant. Hélas, la sécheresse sévit : les crocodiles sont revenus, les singes à peine réinstallés sont partis de nouveau, évitant le danger, tandis que les hippopotames se regroupent autour de leurs jeunes au milieu du fleuve, laissant la berge au gros crocodile qui se vautre au soleil, l'œil à l'affût de tout ce qui bouge sur les rives. Ayant repéré quelque proie possible – une gazelle timide venue s'abreuver ou un babouin inconscient du danger –, il se glisse silencieusement dans l'eau et flotte telle une branche morte jusqu'aux abords de sa proie qu'il projette dans l'eau d'un coup de queue vigoureux, avant de l'attraper dans ses crocs et la tenir sous l'eau pour la noyer. C'est une mort silencieuse après le coup de grâce implacable. La victime est accrochée à des rochers ou amarrée sous l'eau et il attend quelques jours pour en faire un repas bien faisandé. Son garde-manger s'étend donc tout le long du fleuve qu'il domine en maître sournois et lugubre. Mon fils plongeant dans un des étangs tourbillonnants avec ses lunettes, les a perdues, et nous nous attendons chaque jour à voir le crocodile surgir, portant les lunettes sur son museau studieux.

Les jours s'écoulent insouciants au Mara, rythmés par les levers de soleil flamboyants et des crépuscules bleutés, la descente et la montée des eaux du fleuve, qui nous informent sur les pluies qui ont pu tomber dans les hauts plateaux de Mau Narok, tandis qu'ici le soleil est notre seul compagnon, salué parfois par des nuages de passage et le tonnerre grondant au loin.

Et je me souviens des jours anciens : ceux de mon enfance identiques à ceux-ci, que je vais peut-être pouvoir conter.

Dans la forêt qui entoure la clairière d'où décollent les ballons multicolores du Maasai Mara, bourrés de touristes, nous nous sommes soudain trouvés bien malgré nous entourés d'éléphants. Une dizaine avaient déjà traversé le petit chemin, et une énorme femelle se retourna vers la voiture d'une manière menaçante tandis que traversait son minuscule éléphanteau. Puis elle ne voulut plus avancer; je décidai de reculer la voiture, seulement pour me retrouver dans le passage d'une autre mère qui protégeait son petit sous son ventre, d'où émanait un ronflement permanent – signe du repas copieux qu'elle venait de trouver dans cette forêt verdoyante qui offre aux éléphants un menu de choix. J'ai eu peur. Les éléphants ressentent-ils aussi parfois la peur, ou sont-ils parfaitement conscients d'être toujours les plus forts? Plus question de pouvoir s'enfuir. J'attendais, eux aussi. Mon moteur ronflait en écho avec le rythme de leurs ventres gonflés. J'avais peur, mais je n'avais plus le choix ni d'avancer ni de reculer, devant ces deux mères méfiantes qui me guettaient, de chaque côté de la route, l'une devant, l'autre derrière. Le soleil se couchait. Cela aurait pu durer toute la nuit, cette pause de méfiance entre trois femelles farouches. Ce furent les éléphanteaux qui sauvèrent la situation et rompirent l'attente devenue insupportable. Celui de devant partit au trot dans la forêt obligeant sa mère vigilante à le suivre, tandis que celui caché derrière la voiture, enhardi par la gambade de l'autre petit, quitta le havre maternel et se mit à traverser la route. Je vis deux éclats d'ivoire se retourner vers la voiture et réussis à accélérer, puisque la mère devant moi s'était retournée pour suivre son petit.

Je songe alors que ce sont souvent nos enfants qui nous obligent à grandir, à dépasser nos peurs et franchir nos limites. Je me souviens du jour où, descendue malade d'un avion, je dus pour la première fois loger dans la maison hantée d'une amie. Je n'aime pas les fantômes mais c'était la Décade des femmes, et je ne trouvais de logement nulle part. Mon amie étant en voyage, sa maison n'était habitée que par mon fils de dix-huit ans et un camarade du même âge. Je les emmenai dîner dans un restaurant, pensant que, rentrés vers onze heures, ils resteraient à la maison. Mais ils ressortirent, malgré mes supplications. Ce soir-là, je dus me réconcilier avec le fantôme, et je ne crains plus maintenant de dialoguer avec lui. Le lendemain, mes jeunes gens débonnaires n'osaient pas trop affronter ma colère, et furent surpris et soulagés de m'entendre dire : « Ce sont nos enfants qui nous obligent à grandir. »

Je me souviens aussi de la naissance de ma fille aînée Isabelle, mon premier enfant. J'étais enceinte de sept mois lorsque je dus rejoindre mon époux à Bangui où il venait d'être nommé consul de France. Il était assigné à Bouar où l'armée française, sous la direction du colonel Bigeard, entraînait l'armée centrafricaine. Il avait été décidé d'attendre l'heureux événement à Bangui. Mais Isabelle était moins pressée que son père de rejoindre Bouar et se faisait attendre. Un jour donc, Pierre, toujours impatient, décida de l'obliger à paraître. Délaissant notre Chrysler confortable, il emprunta une petite 4 CV Renault et m'emmena à travers des champs labourés, pour bien secouer cette enfant somnolente. Puis nous regagnâmes les rives du fleuve Oubangui, où, sous de grands figuiers ombragés, nous nous baignâmes nus dans le fleuve, malgré les crocodiles et les poissons-tigres. Soudain l'horizon est couvert de fumée transpercée de longues langues rouge feu : la savane au-delà des terres labourées brûlait, et pour regagner Bangui elle était notre seule voie de sortie. Pierre m'entraîne à peine habillée dans l'auto et fonce malgré mes cris d'horreur vers les flammes, nous projetant à travers elles, là où il trouvait un semblant d'ouverture. Je m'attendais à tout moment à une explosion, qui, Dieu merci, ne se produisit pas.

Puis l'orage et la tornade se déclenchèrent. Dans les rues de Bangui garnies de grands manguiers, les lourds fruits verts sont projetés violemment à terre et tambourinent la toiture de l'auto. Notre voisin, en voiture, s'arrête brusquement devant nous et interpelle Pierre : « Sais-tu que le yacht de ton frère Jacques s'est retourné ? Nous ne l'avons pas revu depuis. » M'abandonnant, Pierre saute dans la voiture de son ami, et part avec les clés de la 4 CV. Il est sept heures du soir – une nuit noire éclairée seulement par les flashes d'éclairs et j'écoute l'orchestre du tonnerre et des mangues accompagné du sifflement de la tornade. C'est alors qu'Isabelle décide de naître. Seule dans cette nuit violente, tous les éléments déchaînés : eau, feu, air et terre bombardée, je sais que pour mon premier accouchement ces éléments dont j'étais la prêtresse, en héritage de mes vies précédentes, acclament en ma fille l'arrivée de cette Mukaranga, jeune officiante comme moi du culte de la pluie. Il m'avait été prédit par Dzivaguru, python arc-en-ciel, grand esprit cosmique MuGombgwe, que je donnerais naissance à deux Makaranga ya Mwedzi – officiantes de la Lune. C'est ainsi que naquirent Isabelle, conçue à Paris, née le 5 mars 1962 à Bangui, et Caroline, conçue à Bouar, née le 29 octobre 1964 à Neuilly. L'une dans la furie d'une tornade; l'autre dans le luxe d'une nouvelle clinique d'avant-garde : toutes deux par césarienne, comme mon fils plus tard aussi. Ironie du sort, moi qui aurais été prête à accoucher au milieu du désert du Kalahari, sans aide du tout, j'ai dû me soumettre trois fois aux techniques du XXe siècle, bien que la première fois ce fut improvisé. Après vingt-quatre heures de contractions, il fallut faire appel au seul médecin dans les parages : un jeune médecin militaire qui, sans doute, n'avait jamais pratiqué de césarienne : il accomplit sa tâche sans laisser de rapport opératoire; il disparut aussitôt, ne vint jamais me voir, et ce fut la sage-femme qui dut m'enlever seule les points de suture.

En attendant, Pierre, ayant retrouvé son frère sain et sauf au bar de l'hôtel Roc, dès l'arrivée d'Isabelle prit la route (ou est-ce la fuite ?) avec Jacques, faisant une tournée des territoires centrafricains, et ils revinrent onze jours plus tard, le lendemain de ma sortie d'hôpital, pour me dire que nous partions le lendemain dans un avion militaire pour Bouar. A moi d'assurer le déménagement : eux repartaient encore pour la journée. La maison était à pilotis et les points de suture tiraillant encore; je dus monter et descendre les escaliers une centaine de fois, et je désespérais de savoir m'occuper de cette magnifique poupée vivante, entièrement dépendante de moi. Déjà à l'hôpital j'avais vécu le cauchemar de voir d'énormes rats se promener le long des murs construits à mi-hauteur, tandis que le berceau du bébé n'était pas à portée de main, pour m'empêcher de l'allaiter à volonté. Une sage-femme française, assurée de la supériorité de son éducation périmée, imposait des heures bien rythmées de tétées. Heureusement que, pour la survie de ma fille, les infirmières africaines désobéissaient et me tendaient l'enfant dès qu'elle pleurait.

Installée sur des caisses dans l'avion militaire, mon bébé de douze jours dans les bras, je me mis à pleurer. Un orage menaçait, et je craignais ce départ en tornade. Le pilote, pour me rassurer, décida d'attendre que déferle l'orage, et nous décollons avec une heure de retard. A la fin de ce vol secoué, j'atterris dans une grande maison vide, perchée sur une colline, sans eau, sans réfrigérateur, sans meubles, sans rideaux. L'armée viendrait remplir tous les jours un fût d'eau – et Pierre repartit pour Bangui chercher, disait-il, les meubles. Me voici seule dans cette grande maison vide sans confort, responsable de cette petite créature si faible. Où se trouvaient les réserves d'instinct maternel? Est-ce que la césarienne les avait annulées car je n'en trouvais aucune à ma portée, et je me mis à désespérer. Alors Samuel, le cuisinier qui m'avait été désigné, offrit d'aller chercher sa femme, mère de quatre bambins. Elle vint me tenir compagnie, m'enseigner l'art d'être une mère, et dormit avec ses petits dans ma chambre. Je retrouvais courage et confiance, auprès de cette mère si habile, avec laquelle je communiquais par gestes, puisque je n'avais pas encore appris le gbaya et elle ne parlait pas le français. Je pense qu'être mère est un art à développer, et non pas un simple instinct, et pour cela il est nécessaire de vivre en société. Chaque société a ses normes, chaque époque aussi; il s'agit de les apprendre. Ainsi reproduit-on ses semblables. Mais moi je me référais à des normes pas comme les autres. Il était peut-être prévu qu'elles fussent celles de l'Afrique. Car Isabelle née dans une tornade à Bangui, enregistrée à l'ambassade de France, est destinée avant tout à être une Mukaranga – comment, où ? L'avenir nous le révélera.

L'ambassadeur de France à Bangui me convoqua, outré : « Il paraît, madame, que vous portez votre nouveau-né sur le dos. Savez-vous que cela n'est pas digne de l'épouse du consul de France ? Vous avez à assurer une position officielle. – Monsieur l'ambassadeur, je ne suis qu'à l'avant-garde. »

Vingt-trois ans plus tard, une revue française a pour couverture une photo de la princesse Caroline de Monaco portant son enfant sur le dos. En effet, je n'étais qu'à l'avant-garde, en appliquant les méthodes africaines. Pour l'allaitement aussi. On s'est rendu compte, dit-on, que chaque enfant a son propre rythme, qu'il est préférable de ne pas contrarier. La majorité des populations de la Terre opte pour cette solution. Pour ma part, je pense qu'il n'y a jamais une seule solution à ce genre de problème, mais seulement celle que l'on adopte produit un type de personnalité différent de celle issue d'un autre choix. C'est ainsi que la femme excisée maasai produit des guerriers. Tout se tient dans une société. Cessons d'exciser les femmes, et elles reproduiront un autre type de fils : moins fougueux, moins agressif, moins audacieux. Il faut une mère maasai excisée pour reproduire un « Olmurrani maasai »!...

14.

LES DANGERS DE LA CONNAISSANCE

Pierre était souvent invité pour inaugurer des vernissages d'artistes à Rome et à Turin. A Rome, un jour, à la terrasse d'un café nous parlions, Pierre et moi, d'aller jusqu'au lac Bracciano; à une table voisine trois hommes écoutaient. Pierre portait comme toujours le petit ruban rouge de chevalier de la Légion d'honneur. Très affablement, ils nous disent qu'ils habitent Bracciano et qu'ils nous invitent à les accompagner. Ils posent des questions à Pierre sur la Résistance et affirment avoir aidé pendant la guerre les résistants français. Arrivés au lac Bracciano, on se mit à la terrasse d'un café et ils commandent des boissons. Pierre s'absente un instant, et je remarque qu'un de nos hôtes dépose une pilule dans sa sangria. Pierre revient; je chuchote qu'il ne doit pas toucher à sa boisson. Surpris, il hésite, et puis il repose le verre. Ces hommes ne m'avaient jamais inspiré confiance, mais Pierre insistait, que pour connaître un pays, il faut savoir se mélanger à la population locale. Il décida heureusement de mettre les chances de son côté, et abandonna sa boisson.

Les hommes partent louer une barque, affirment-ils, afin que nous ayons le plaisir de traverser le lac; eux iraient par la route. Arrivés au centre du lac, l'homme qui ramait invite Pierre à se baigner, suggestion adoptée avec plaisir. Mais une fois dans l'eau le rameur essaie d'assommer Pierre avec la rame. Je crie, Pierre plonge et évite le coup, et j'ai la présence d'esprit de prendre la photo du rameur. Pierre, menaçant, remonte dans le bateau et le rameur me supplie de ne pas remettre sa photo à la police; ils nous expliquera le complot contre nous, car lui aussi a décidé de s'enfuir. Incroyable histoire : je la raconte telle qu'il nous l'a décrite.

Nous avions affaire à des hommes qui avaient construit leur planque de l'autre côté du lac, dissimulée par des roseaux, un endroit à l'abri de toute intrusion. Les étrangers n'y avaient accès que par le lac; eux seuls connaissent la route dont l'entrée est gardée par leurs hommes. Ils voulaient se débarrasser de Pierre, une vengeance contre un héros de la Résistance française qui incarnait pour eux « l'ennemi », et me séquestrer dans un château fort où d'autres femmes aussi enlevées servent de bonnes et de maîtresses à ces hommes. Il nous proposa de nous emmener à la ville à condition que nous ne le dénoncions pas en utilisant sa photo, car lui aussi désirait s'échapper de ses maîtres qui le séquestraient.

De retour à Rome, nos amis italiens confirmèrent l'existence de ce groupe clandestin notoire. Ils nous mirent en garde, un peu trop tard, contre les dangers de se laisser embarquer par des inconnus, sans doute intéressés par quelques aspects de notre personne.

Cette aventure extraordinaire est à mettre en relation avec une autre, non moins insolite, mais cette fois-ci sur le continent africain.

A Bouar, en République centrafricaine, après la naissance d'Isabelle, je repris mes recherches, cette fois chez les Gbaya. Je pus assister à toutes les écoles d'initiation aussi bien masculines (Labi) que féminines (Bana); on prit l'habitude de venir m'appeler pour diverses cérémonies. Je ne connaissais pas encore la langue. Un jeune homme se trouvait par hasard à mes côtés, et avec beaucoup de sollicitude se donnait la peine de traduire pour moi et de m'expliquer ces rites. Un jour, il proposa de m'initier et me dit d'amener des offrandes de poulets, d'arachides et d'autres céréales avec moi dans la forêt où, en compagnie d'un vieillard, on les déposa au pied d'un grand arbre.

Par la suite je remarquai que partout on m'accueillait avec beaucoup de méfiance dans les villages gbaya, et on cessa de m'inviter aux cérémonies. Une amie gbaya vint me voir et me dit : « On t'aime bien mais tant que tu viens accompagnée par ce jeune homme on ne pourra plus te recevoir; en effet c'est un sorcier et nous le craignons. »

Le sorcier me rendait visite quotidiennement pour m'inviter à l'accompagner dans des cérémonies. Je lui dis que je n'avais plus le temps d'y assister, car j'étais occupée par la rédaction de mes ouvrages. Il cessa de venir. On vint m'inviter de nouveau. Au moment où je quittais notre concession, je l'ai vu dissimulé dans une forêt de bambous. Il regardait ma voiture s'éloigner avec des yeux qui flambaient de haine. Cependant, il ne revint jamais plus me voir.

Peu de temps après j'étais réveillée toutes les nuits par des bruits de grattement.

– Pierre, va voir ce qui se passe, je t'en prie.

– Laisse-moi dormir, ce ne sont que des rats sur la toiture.

Nuit après nuit, le même scénario se répétait, et moi je n'arrivais plus à dormir. Puis, un jour, notre voisin vint nous rendre visite.

– Je rentrais chez moi à deux heures du matin et j'ai vu sur votre véranda un jeune homme qui s'enfuyait. J'ai reconnu celui qui vous accompagnait aux cérémonies gbaya.

Ensemble nous examinons la véranda et trouvons plein de petits déchets au pied de la porte vitrée.

– Mais c'est du mastic! s'exclame notre voisin, et se baissant il remarque que tout le mastic encadrant la vitre manquait et qu'en fait elle était près d'être enlevée.

– Si je ne l'avais pas interrompu cette nuit il serait sans doute entré chez vous, il faut avertir la police.

Le jeune homme fut arrêté et ne chercha pas à nier l'accusation.

– Oui, je voulais entrer dans la maison.

– Pourquoi?

– Pour les tuer.

– Pourquoi les tuer?

– Elle a triché.

Est-ce parce que, mon initiation de sorcière étant entamée par le rite dans la forêt, je n'avais plus le droit de reculer ? Je ne le saurai jamais.

Par la suite, tous les matins nous trouvions soit un pneu crevé, soit une vitre de notre voiture cassée. On me conseilla de faire blinder notre demeure et notre voiture par la « contre-sorcière ». Car il était évident que les collègues du sorcier emprisonné ne nous laisseraient pas en paix. J'acceptai d'autant plus que le procédé utilisé par la contre-sorcière m'intéressait.

Une très vieille femme édentée, les yeux étincelants, vint me trouver :

– Veux-tu que je te blinde pour « tuer » ou seulement pour éloigner le Mal ?

– Seulement pour éloigner le Mal, devais-je rétorquer.

Elle commença à contourner la voiture en chantant et en l'encerclant de poudre. Puis vint le tour de la maison. Dissimulé dans la forêt de bambous, nous apercevons le meilleur ami et complice du sorcier. Son visage enregistre une peur qui s'accentue au fur et à mesure que la contre-sorcière se met en transe.

Cette nuit-là nous dormions en paix.

Quelques jours plus tard on apprit la mort de Joseph le sorcier.

– Comment est-il mort ?

– Il s'est évadé de prison, et lorsque le gardien l'a sommé de s'arrêter, il a continué à s'enfuir de plus belle et a été abattu.

On jasait, on disait que j'avais blindé notre maison pour « tuer ».

– Non, non ce n'est pas vrai ! J'ai seulement dit d'éloigner le Mal.

Et depuis ce jour-là nous avons vécu en paix.

Pas tout à fait...

Je participais avec Pierre à une cérémonie très dangereuse dans une région dont je connais la langue. Nous dormions dans notre voiture tout terrain équipée d'un double matelas. On se trouvait à quelque distance d'un village cérémoniel en brousse. J'entendis des hommes dissimulés dans les hautes herbes dire :

– Qui sera la chèvre du sacrifice ce soir ?

– *Mtavane.*

C'est mon nom d'initiée...

– Pierre, partons vite nous sommes en danger !

– Laisse-moi dormir. Tu rêves.

– Non, je les ai entendus dire que je serai la chèvre du sacrifice ce soir.

– Tu as une imagination débordante...

Soudain il saute du lit au volant et démarre en vitesse. Oui, lui aussi devait se rendre à l'évidence : il avait vu quatre hommes rampant vers l'auto, dissimulés par les hautes herbes.

Nous sommes partis chez mon oncle maternel. Mais comme il était passé minuit, nous ne les avons pas réveillés, nous contentant de dormir dans la voiture, reprenant notre sommeil interrompu. Le lendemain nous retournons à la cérémonie et trouvons les hommes réunis dans la cour. Je viens droit au but :

– C'était bien moi que vous aviez désignée pour être la chèvre hier soir ?

– Oui, mais tu t'es échappée vers le Sanctuaire, ton oncle maternel. Tu n'as plus rien à craindre. Tu ne peux plus jamais être désignée pour cela.

Plus tard je devais apprendre que j'avais été sauvée grâce au fait que la personne qui devait mettre une drogue dans ma nourriture, pour que je ne sois plus très consciente, ne l'avait pas fait. Elle me donnait ainsi une chance de m'en sortir – ce que j'ai tout juste pu faire. Ce faisant, elle risquait une fois de plus sa propre vie.

La première datait d'il y avait déjà plusieurs années. Il vint me trouver une nuit afin que j'enregistre tous les textes des initiations masculines « car, me dit-il, nos enfants vont maintenant à l'école et perdent la mémoire. Je suis un des derniers à savoir réciter ces textes; enregistre-les. Ta machine peut les conserver pour nous ».

Je reste fidèle à son désir que je transmette ces textes-là où il le faudra. Connaissait-il mieux que moi mon destin ?

Je n'étais pas la seule participante à ces cérémonies à risquer sa vie. Plus on a de connaissance, plus on est vulnérable.

Le grand prêtre me conta ses déboires. Lui avait été capturé et enfermé dans un enclos d'épineux. Il refusait toute nourriture et boisson sachant qu'il serait drogué. Une nuit, il réussit à s'évader, poursuivi par des chiens, et resta plusieurs jours dissimulé dans des grottes. Puis il revint chez lui, convoqua sa jeune femme avec son nouveau-né et me demanda de les conduire au pied d'une montagne à plusieurs kilomètres de chez lui.

Nous escaladons la montagne et arrivons dans un village... absolument vide. Pourtant les feux des âtres sont allumés. Il est évident que les habitants se sont enfuis.

Alors le prêtre monte sur une termitière et se met à réciter une incantation que l'écho de la montagne nous renvoie :

– Ah ! C'est à votre tour de me craindre aujourd'hui. Où vous cachez-vous ? Sortez. Venez m'accueillir chez vous, Moi le grand prêtre de vos cérémonies. Ne voyez-vous pas que je suis venu seul accompagné de ma jeune épouse, de mon nouveau-né et de notre fille adoptive. Que craignez-vous donc du vieillard que je suis ?

Du haut de la montagne nous surplombons des vallées ondulantes et fertiles. Un seul petit sentier étroit et sinueux mène au village dont la situation stratégique est évidente.

Une femme apparaît comme par miracle, grande, impériale; avec un soupçon de défi elle nous invite à boire de la bière de mil. Peu à peu le village se repeuple et chacun vaque à sa tâche quotidienne comme s'il ne l'avait jamais délaissée.

Nous redescendons à la queue leu leu suivant le sentier sinueux. Soudain deux hommes, portant un énorme tronc d'arbre, se mettent à nous suivre, enchaînant le pas derrière le prêtre.

Horreur ! Ils vont certainement laisser tomber le pieu sur le prêtre. Sous prétexte de leur poser une question, je m'interpose entre eux et continue à descendre. Arrivé sans drame à la voiture, le prêtre me dit, un léger sourire illuminant son visage expressif :

– Tu n'avais pas besoin d'avoir peur pour moi. Je me suis

évadé; je suis revenu sur les lieux accompagné seulement d'une femme et d'un nouveau-né. Ils ne me toucheront plus. J'ai gagné, comme toi, mon immunité.

Étrange destin que celui de la connaissance.

De retour chez moi, après une longue absence en France, on m'appela pour me montrer mon bétail :

– Regarde tes veaux qui tètent tes vaches : ils sont tous marqués du sceau de quelqu'un d'autre de ta famille.

Or, mon troupeau ne croissait pas en mon absence et on me disait toujours : « Ce sont les hyènes qui mangent tes veaux ! »

Ma mère plaida pour que je ne porte pas plainte, car disait-elle : « Dans la famille il faut être solidaire; on n'évente pas les scandales. » J'accédai à sa demande. Mais c'est lui, le coupable qui désormais me craignait. Il alla rapporter aux autorités sud-africaines que je ne respectais pas les lois de l'apartheid et que je suivais les initiations africaines. J'étais donc recherchée pour mépris de la loi et en conséquence ne faisais que de brèves incursions dans mon pays natal, restant habituellement sur mon terrain de recherche dans le désert du Kalahari.

Ma jeune sœur Janine allait se marier et me fit parvenir un message disant qu'elle serait triste que je n'assiste pas à son mariage.

Pierre me conseillait de ne pas m'y rendre : cela serait dangereux. « Un mariage ? le week-end ? sûrement pas ! La solidarité de la famille passe avant tout. Nous repartirons tout de suite après ! »

Pierre refusa absolument de m'accompagner; entêtée, sûre de moi, je m'y rends avec des amis, arrivant en retard à l'église.

Mon beau-frère se retourne, me voit, et quitte l'église. A la sortie, averti de ma présence, un avocat m'attendait avec un document officiel : une convocation à la Cour. J'ai refusé de la prendre, mais peu importe, j'étais désormais tenue à m'y rendre. Malgré le choc de cette démarche à mon encontre, je suis allée à la réception du mariage de ma sœur. Je n'étais pas à la table de famille et personne ne vint m'y inviter.

LES DANGERS DE LA CONNAISSANCE

Cette nuit-là, j'ai quitté mon pays natal pour toujours.

Pendant dix ans, je n'ai plus revu ma mère et ma jeune sœur Janine.

Pendant vingt ans, je n'ai plus revu ma sœur aînée.

Jusqu'à la naissance de mon premier enfant, Isabelle, je pleurais toutes les nuits. Car j'avais vraiment cru que la famille passait avant tout.

Mais, ayant créé ma propre famille, je pus enfin regarder vers l'avenir : les descendants prirent la relève des ascendants.

J'ai pu ainsi, vingt ans plus tard, me réconcilier sans aucune rancune avec ma famille.

En effet la connaissance est toujours un couteau à double tranchant.

15.

MON PARADIS

22 juillet 1986 : quarante-neuf hippopotames se vautrent dans la vase au tournant du fleuve.

Quatre cent quarante-neuf gnous arrivent à la queue leu leu et se jettent sans préavis dans les eaux tourbillonnantes du fleuve en colère.

Cent quarante-neuf gnous se noient, et neuf crocodiles en font leur repas. On ne peut qu'être en pays maasai, au bord du fleuve Mara. C'est ici mon paradis.

Vingt-neuf éléphants passent en silence au milieu de la nuit. Et moi je dors, bercée par la musique du fleuve en crue et le cri rauque des canards sauvages qui saluent au passage les ibis sacrés. Tandis qu'eux se taisent.

Et se taisent en moi neuf mois de travail acharné à Paris et les longs sanglots de l'hiver. Ici, c'est toujours l'été. Criquets et moustiques chantent en chœur avec les grenouilles, les abeilles bourdonnent de plaisir en captant le soleil pour en faire du miel, tandis que les serpents argentés se hissent et glissent dans les longues herbes dorées. Et moi je rêve de mon passé lointain lorsque, sur les rives du Nil, je me baignais nue, dissimulée par les papyrus en attendant de rejoindre mon frère-époux-amant d'une soirée pour consacrer notre royaume. Je portais sur la nuque un coquillage en spirale, lui le portait sur le front.

Il détenait le pouvoir terrestre, solaire, moi, celui de la lune, des ténèbres et de la grotte-oracle où vivait le python de la première création.

C'est sur les bords du fleuve Limpopo, où je suis née pour la dernière fois, que les chasseurs de crocodiles m'ont trouvée; étonnés, ils me demandèrent pourquoi je ne craignais pas de me baigner avec ces monstres immondes. Je n'ai su leur expliquer, comme je le puis aujourd'hui au bord du fleuve Mara où est venu me rejoindre le crocodile centenaire, accompagné de son petit – ou est-ce de sa petite compagne –, que notre présence simultanée auprès de ces fleuves d'Afrique s'explique par le fait que je suis née pour un destin secret, au sein d'une famille royale ésotérique. Chez nous, avant de franchir une nouvelle étape et avant d'arracher au hasard une destinée méritée, il s'agit de vaincre la peur du crocodile en traversant à la nage le fleuve qu'il habite en tenant un flambeau pour regagner l'autre rive, sans que ses ébats frénétiques et ses menaces mortelles puissent éteindre la flamme dont le but est d'éclairer notre avenir.

Mon léopard fidèle, qui, depuis sept ans, veille sur moi, ayant mis bas sept petits, dont quatre ont survécu, m'a abandonnée.

La troupe de babouins qui avait envahi ma maison en mon absence vient de partir en migration, traversant le fleuve en sautant de roche en roche avec une volonté farouche de quitter les lieux.

Les rares singes noirs se sont réfugiés ailleurs sans même dire adieu et les timides singes à la queue cuivrée aussi ont décidé d'élire domicile dans une autre forêt. Tous m'ont quittée à cause du crocodile.

Seuls sont restés les hirondelles, les hippopotames et les éléphants :

– l'hirondelle migratoire (comme moi), parce qu'elle est symbole de renouvellement : du temps condensé qui permet à mon existence d'antan sur les rives du Nil de rejoindre celle d'aujourd'hui près du fleuve Mara;

– l'hippopotame, parce qu'il est le premier totem de la royauté de Musikavanhu : le Créateur des hommes dont les descendants rendent tabous les roseaux, le riz et les poissons – toutes choses en rapport avec l'eau;

– et l'éléphant, car Thoho ya ndou (Tête d'éléphant) est le nom caché de Dieu le Père, et que la royauté à laquelle j'appartiens est Singo avec, pour totem principal, la trompe de l'éléphant (Musingo ya ndou).

Pourtant le crocodile a réussi à noyer l'hippopotame hier au soir. Mais il ne peut vaincre ni l'hirondelle à la queue fourchue ni l'éléphant à la trompe redoutable.

C'est ainsi que, ce soir, j'attends mon destin. La pleine lune est sortie pour rendre transparente la nature environnante. Et moi je sais que, si le crocodile a fait fuir mes amis d'hier, il y a une raison qu'il s'agit d'accomplir afin de pouvoir la comprendre.

L'été est la période de plénitude, du plaisir épanoui, du désir assouvi. L'été est le havre de réussite, des rêves devenus enfin réalités. Ici, au bord du fleuve Mara, c'est l'été perpétuel.

Les hirondelles, mes sœurs migratoires, survolent la maison où elles ont construit leur nid devant la porte d'entrée. L'énorme crocodile centenaire, repu, repose sur un rocher depuis ce matin sans broncher, même à l'approche des hommes. Nous avons découvert qu'il s'est gavé des entrailles de l'hippopotame noyé par ses soins. Voici comment.

L'hippopotame se plaît à marcher au fond de l'eau dans le sable doux et frais. Mais il doit refaire surface après quelques minutes pour respirer. Le crocodile, lui, peut rester sous l'eau beaucoup plus longtemps. Alors il plonge, reste immobile dans le sable telle une branche morte, et lorsque l'hippopotame descend se promener dans le sable frais des fonds du fleuve, il attrape sa jambe d'un coup sec de ses mâchoires redoutables, munies de dents de scie, et il le maintient sous l'eau le temps nécessaire pour que le pachyderme se noie. Alors il lui suffit de relâcher l'énorme bête, gonflée de graisse pour qu'elle remonte à la surface en même temps que lui, essoufflé. Ainsi, le crocodile peut-il assurer le plein de son garde-manger pour la semaine à venir. Le courant entraîne sa proie jusqu'à ce qu'elle se trouve coincée entre les rochers, et c'est là qu'il vient la retrouver la nuit, tandis que le jour il se met sur un rocher en aval de la courbe du fleuve pour veiller à ce qu'elle ne puisse lui échapper pendant que repu, il se repose au soleil. De son rocher au centre du fleuve, les yeux mi-clos, il guette le moindre remous du fleuve. Le petit crocodile, resté à l'abri d'une grotte, ne sort que la nuit pour se joindre au festin. Je pense qu'il n'a que vingt-cinq ans. Mais comme, pour remonter le fleuve, il lui faut affronter de nombreux obstacles, débris, branchages, rochers pointus, il préfère attendre la tombée de la nuit pour sortir de l'eau et longer la rive, dissimulé par les longues herbes sèches. C'est ainsi qu'un soir un jeune berger maasai, venu abreuver son troupeau de chèvres, rencontra ce monstre insolite, qui se mit à le poursuivre. Abandonnant ses chèvres en holocauste, l'enfant gravit la montagne à toute allure. Le crocodile, pris au jeu, en fit autant, abandonnant lui aussi l'offrande de chèvres. Ils se trouvèrent alors tous deux au seuil de ma porte : l'un entra, l'autre resta dehors. Déçu par mon manque d'hospitalité, le crocodile repartit lentement vers son hippopotame noyé.

Mais comme le moindre incident de ma vie se situe dans une perspective globale, j'ai su ce jour-là que les crocodiles, invisibles jusqu'alors, étaient venus me faire part d'un message. Car le crocodile représente la dernière grande épreuve avant d'assumer le royaume. Suis-je donc prête maintenant pour recevoir le mien ? Certes, je viens de franchir une grande épreuve, et je sais que d'autres horizons s'ouvrent devant moi. J'aurai à réorganiser ma vie. Mais une chose est certaine, mon dzimba-a-mabgwe au bord du fleuve Mara restera toujours mon havre de paix, mon été perpétuel. Est-ce cela le Paradis ?

16.

MA VIE D'AMAZONE

Les Maasai disent que toute femme est en puissance une pongolo, c'est-à-dire une amazone. Déchaînée, elle devient plus redoutable que l'homme car sa colère est irréversible.

Toute ma vie j'ai eu à mener des batailles redoutables. Mes colères sont immenses, mais disparaissent aussitôt la cause éliminée ou la solution trouvée. Comme je ne garde aucune rancune la plupart du temps, je surprends mes adversaires en les abordant comme si de rien n'était. Cela doit être Jupiter qui se révèle, car ces colères se manifestent rarement pour des causes personnelles, mais davantage pour défendre celles des autres.

Ce matin, après une nuit sans sommeil, bravant les hippopotames qui broutaient tout autour de la maison, je suis partie à cinq heures trente sans phares pour récupérer le moteur ULM de mon fils, qui avait été utilisé pour un film à notre insu. Après trois heures de colère orageuse sans précédent, le parti adverse me l'a racheté, dans des conditions certes plutôt gênantes pour moi puisque je vais être obligée de passer des heures à Paris pour en choisir un nouveau, ce qui ne m'arrange pas du tout, mais cela vaut peut-être mieux que de reprendre un moteur grillé par les acrobaties et les longs parcours auxquels il a été assujetti.

Un seul éléphant mâle me regarde de l'autre côté de la forêt, cadré dans une petite clairière. Mon totem, trompe d'éléphant, hume l'air et voit si j'ai eu raison de me battre comme une mégère pour un simple moteur... ou plutôt pour le principe d'être informée lorsqu'on prélève quelque chose qui m'appartient et pour lequel je travaille dur.

Je me demande si l'attitude de touriste conquérant disparaîtra un jour. Car chaque fois que je présente des Européens à des Maasai pour un travail en commun, les Européens se comportent comme si tout devait leur être offert gratuitement, tandis qu'eux seuls comptent tirer profit de cette entreprise commune. Cela m'ahurit toujours encore. Et peut-être à cause de mes identités africaines : Venda, Maasai, pense-t-on que je suis là pour faciliter leur entreprise, être l'intermédiaire idéale, comme aussi tous les intermédiaires africains qu'ils auront dérangés et utilisés, sans pour cela avoir à partager.

Mon expérience d'hier avec le pilote de l'ULM est un cas typique. Après avoir prélevé à mon insu le moteur du conteneur remis à des transitaires à Paris pour acheminer notre ULM de Paris à Mombasa, il trouve normal de l'utiliser pour un film pour lequel le pilote se fait payer le prix d'un cascadeur; cela sans en informer mon fils à Nairobi, ou moi-même qui habite au Maasai Mara à deux kilomètres du camp qu'ils occupent pendant le tournage du film.

Un autre exemple : deux étudiants en médecine d'une grande université américaine demandent une bourse d'études pour étudier le régime alimentaire des femmes maasai enceintes; ils me demandent de faire les présentations dans une trentaine de villages et de les accompagner, ce que j'accepte. Ils viendront habiter chez moi pendant un ou deux mois. Mais quand j'indique combien il faudrait prévoir pour les frais de rémunération, en cadeaux aux personnes maasai collaborant à leur recherche, le projet tombe à l'eau, car rien n'avait été prévu pour cela par l'université.

Un cas encore plus grotesque concerne la fille d'un administrateur et ses amis cinéastes qui cherchèrent à m'utiliser ainsi que les Maasai.

Ils apprirent que j'assistais à de grandes cérémonies maasai et se présentèrent à moi de la part du directeur du musée de l'Homme qui, disaient-ils, viendrait nous rejoindre incessamment, pour filmer cette cérémonie. En attendant, puisqu'elle allait durer plusieurs jours et que je partais immédiatement, on me demandait d'emmener le cinéaste et ils nous suivraient avec les cadeaux traditionnels, et le contrat qu'Ole avait exigé. Car tout participant à un village cérémoniel maasai apporte nécessairement un *olamal* (don) qui s'élève facilement à un bœuf par personne ou son équivalent. N'ayant aucune raison de me douter d'une ruse, j'emmenai le cinéaste, et Ole fut son intermédiaire pour obtenir la permission de filmer. Les « propriétaires des rites » firent néanmoins quelques restrictions, disant qu'il pourrait filmer beaucoup de choses, mais pas le sacrifice rituel et qu'il n'aurait pas accès à l'enclos rituel. Le matin du sacrifice nos resquilleurs arrivèrent – sans *olamal,* sans contrat, et sans directeur du musée de l'Homme que soi-disant ils attendaient. Je suivais la cérémonie et n'eus pas le temps de discuter de tout cela avec eux, mais ils furent avertis des restrictions concernant l'enregistrement cinématographique du sacrifice. Malgré tout, au moment où je pénétrai dans l'enclos rituel, ayant moi la permission de m'y rendre et de photographier, ils soulevèrent la peau rituelle [1] et se mirent à filmer. Immédiatement, une bagarre générale éclata.

On s'en prit à l'orateur qui avait admis ces étrangers, à Ole qui avait été leur interlocuteur, et j'appris ce jour-là que si je devais mourir d'une main maasai, ce serait celle d'une femme. Car les hommes maasai ne répandent pas le sang d'une femme, quelle qu'elle soit. Mais je fus poursuivie par une mère brandissant une perche en hurlant : « A cause de toi nos fils s'entre-tuent. » Je réussis à sauver ma vie seulement en m'accrochant à l'Homme rituel – le laibon –, car personne, même pas une femme, n'a le droit de répandre son sang. Je tournais autour de lui en m'accrochant à sa personne, avec une mégère *pongolo* (femme guerrière) déchaînée à mes trousses qu'il essayait de calmer. En attendant, les Français s'étaient réfugiés dans leur voiture et essayaient de partir en hâte. Le chef maasai donna alors les ordres que l'on reprenne les films, car personne n'aurait le droit de violer la décision des Maasai et se sauver avec des images volées.

1. Porte dissimulant l'enclos rituel.

Dépossédés de leur butin volé, ces aventuriers essayèrent de faire pression en haut lieu pour me créer des ennuis. Moi, je restais au manyata, mais exclue des rites, et je voyais cinq ans d'études compromises par ces farceurs, jusqu'au moment où mon père maasai, averti, vint remettre de l'ordre dans tout cela. J'eus à payer l'amende d'un bœuf pour avoir introduit de tels personnages au sein d'un rituel où l'ordre est de rigueur et le désordre une transgression grave aux règles du jeu. La vendetta se poursuivit pendant longtemps encore... mais passons. L'essentiel fut que, grâce à mon père et à mon frère maasai, je pus garder ma place privilégiée chez eux et poursuivre mes recherches. Les autres écrivirent des articles délirants sur les « Maasai hippies de l'Afrique » alors qu'ils en sont le contraire par la rigueur de leurs mœurs et la discipline de leur société guerrière.

Je laissai huit ans passer avant de faire de nouveau confiance aux cinéastes.

Or, en 1978 je fus approchée par une équipe d'une des chaînes de télévision qui voulait filmer les Français à l'étranger. On m'avait choisie pour le Kenya, sans se rendre compte des réelles conditions de travail qui étaient mon sort quotidien. Je proposai d'emmener l'équipe pendant deux semaines avec moi suivre une enquête au jour le jour que je menais sur M. X, un hominidé non identifié des forêts équatoriales. Notre conférence de presse du 4 octobre 1978 avait suscité de longs articles dans le *London Times* et le *Guardian,* ainsi que beaucoup d'attention dans la presse internationale. Je pensais que cela serait passionnant pour les téléspectateurs de pouvoir pénétrer avec nous dans ces forêts, rencontrer les personnes qui avaient vu ces créatures insolites, et participer à leur découverte éventuelle. Le projet fut accepté avec enthousiasme par le réalisateur. J'insistais sur le fait que les conditions de vie seraient ardues, mais comme je m'y soumettais depuis des années, je pensais qu'une équipe bien choisie pourrait les accepter. Il s'agissait de renoncer au confort habituel européen, vivre soit dans les cases, soit dormir dans les autos, pour ceux qui ne supporteraient pas la fumée du feu de l'âtre; ne manger que viande ou lait, comme les Maasai eux-mêmes, car je ne transporte pas de nourriture et je ne m'alourdis pas d'un campement sous tente; être prêts à reprendre la route à tout moment sans perdre le temps de poser des questions, car nous fréquenterions des régions où des dangers de tous ordres pouvaient surgir; enfin en contrepartie de ma participation je demandais l'amortissement des frais de transport pour l'enquête et pour le repérage du film, car je devais d'abord parcourir toutes ces régions pour expliquer le projet et obtenir la permission de filmer, ce qui, chez les Maasai, n'est jamais facile.

Or, lorsque après de nombreux retards, déconcertants pour moi, l'équipe arriva, elle fut d'abord logée dans un grand hôtel à Nairobi. Je devais amener mon *olamal* (cadeau rituel) à l'un des manyata qui préparaient des cérémonies auxquelles j'allais assister le mois suivant. Je m'y rendis avec des amis maasai et mes enfants, tous habillés en maasai, car le olamal arrive en délégation de plusieurs personnes, reçue par les habitants du manyata avec un grand festin d'hydromel et de viande rôtie. Nous apportions plusieurs sacs de sucre, couvertures, du tabac et autres objets demandés d'avance lors des préparatifs du olamal, car cela se prépare plusieurs semaines à l'avance. J'avais prévenu l'équipe que nous serions les hôtes des Maasai et qu'il ne faudrait pas se mettre à manger et boire à part. Je pensais que cela serait une bonne introduction à ce qui nous attendait en plus difficile, lors du parcours. Hélas! ce fut une catastrophe! On ne mangea que du bout des lèvres quelques morceaux de la chèvre préparée en notre honneur, les morceaux rôtis délicatement posés sur un lit de feuilles, évidemment recouverts de mouches – mais cela est inévitable chez les pasteurs. Seules deux personnes sur les cinq de l'équipe daignèrent boire de l'hydromel, et l'une d'entre elles se plaignit le lendemain d'avoir souffert de douleurs atroces toute la nuit; d'autres se mirent à boire de la bière sans en offrir à nos hôtes, ce qui me fit rougir de honte. Puis, le lendemain, lorsqu'il s'est agi de prendre la route pour notre expédition, certains refusèrent de partir sans avoir de réfrigérateur ambulant pour l'apéritif; d'autres affirmaient ne pas avoir été prévenus du fait qu'ils ne rentreraient pas tous les soirs à l'hôtel, et refusaient de nous suivre dans ce périple. Bref, il était évident que le projet tombait à l'eau. Mais voici que le réalisateur se mit à nous réclamer la somme minime que nous avions touchée en avance de frais, alors que le seul repérage s'était élevé à plus que cela, puisque les cadeaux sont donnés à l'avance lors de l'accord de tournage. De plus, ils allèrent se plaindre à l'ambassade pour que pression soit faite sur moi pour rendre cette somme. Alors mon assistant maasai, en gentleman, leur a dit : « Je suis là. J'ai été l'intermédiaire pendant tout le repérage. Et vous vous en prenez à Jacqueline qui est une femme. C'est moi qui refuse de vous rendre quoi que ce soit, d'autant plus que c'est vous qui avez brisé nos accords. Chez nous les Maasai on ne se bat qu'entre hommes : je suis là. Je vous attends. » La chevalerie française est chose du passé. C'est peut-être pourquoi une femme se sent tellement mieux protégée chez les Maasai.

Sur le tournage de *Taureau strié*, mon équipe brésilienne prit comme un affront personnel que j'aie dû arrêter brusquement la prise de vues lorsque je voyais venir la bagarre. Mais cela est un malentendu d'un autre ordre. Des techniciens sont encore en colère contre moi et Ole parce que nous avions interdit, comme il se devait sur le dernier tournage au pays maasai, la prise de photos personnelles. D'abord cela pose toujours beaucoup de problèmes chez les Maasai qui n'acceptent pas de se faire photographier pour rien; puis cela mène toujours à des querelles risquant de compromettre mon film; ensuite je ne suis pas là pour payer des safaris-photos aux membres de mon équipe de cinéma. Mais le pire fut que le preneur de son, qui, s'étant fait payer pour son travail, trouva normal ensuite de réclamer les bobines de son pour en faire un disque et les rushes pour un clip, alors qu'il n'avait d'aucune façon participé à la production du film. De plus, il ne fit aucune proposition de participation aux Maasai, m'ayant laissé le soin de tous les cadeaux et rémunérations. Pis encore, il revendiqua en France ce droit, me menaçant de la justice, sans tenir compte de la décision maasai que ces images et ces sons ne sont destinés qu'aux films réalisés par Ole et moi. Et là nous avons affaire à une catégorie de personnes se disant ethnologues et qui pensent ne pas avoir une mentalité colonialiste!

Mes batailles se livraient aussi sur d'autres plans. Tantôt c'était le CNRS qui me rappelait en disant que jamais chercheur n'était resté si longtemps sur son terrain de recherches, et que j'étais devenue entièrement maasai, perdue à tout jamais pour la science. On avait peine à comprendre que j'essayais de déchiffrer des cycles rituels maasai, jamais encore décrits, et que la seule façon de le faire était de vivre sur place avec eux chacun des préparatifs, l'entrée d'un cycle et la sortie d'un autre, que ces cycles sont multiples – au moins neuf grands cycles et d'autres plus petits, de sept, neuf, quatorze, dix-huit, vingt, trente ans et je m'attends à en découvrir encore d'autres, car c'est un peu par hasard que je me trouvais sur place pour assister au cycle de trente ans auquel ne participent pas les groupes d'âge de la main gauche, donc Ole. Je voulais filmer une migration; on m'apprit que dans une région assez éloignée, il y en avait une; je m'y rendis et trouvai un manyata en migration, où nous avons tourné le début du film *Taureau strié*. Filmer posa de nombreux problèmes car Ole et mon frère l'Orateur, tous deux de la « main gauche », ne pouvaient entrer dans l'enceinte du manyata, et certains chefs de maisons refusaient non seulement d'être filmés, mais encore que l'on pose nos caméras de leur côté pour filmer en face. Et ils barbouillaient d'ocre rouge nos objectifs, se mettant en transe lorsqu'on essayait de leur expliquer la nécessité d'être éloigné de ce que l'on tournait. De très belles séquences furent ainsi complètement abîmées par des taches d'ocre rouge; à d'autres il fallut renoncer. Le soleil se levait... on perdait du temps à discuter, justement parce que dans ce cas, contrairement à mon habitude, je n'avais pas vécu tous les préparatifs avec eux, habituant les participants à ma présence.

Lorsque le CNRS insistait trop pour que je réintègre Paris, les anciens, les VIP maasai, écrivaient des lettres pour souligner la nécessité d'attendre la prochaine grande cérémonie, car on ne parle que de celle dont les préparatifs sont en cours, considérant que dès les premières délibérations la cérémonie est commencée;

or ces préparatifs durent presque toujours plusieurs années. Ainsi je restai quatre ans de suite sans rentrer en France; puis j'arrivai à Paris avec un délégué maasai chargé par eux d'expliquer au directeur des Sciences de l'Homme que leurs cycles continuaient et qu'ils désiraient que je les suive, maintenant que j'avais été adoptée comme maasai. Alors, je repartis pour encore quatre ans. Par la suite, on m'imposa un séjour de quelques semaines à Paris tous les ans. Mais un jour ce sont les autorités kenyannes qui découvrirent la présence d'un chercheur français sur le terrain maasai depuis si longtemps, alors qu'il était habituel pour un chercheur de ne rester qu'un ou deux ans, et de repartir présenter une thèse de doctorat et s'installer dans une chaire universitaire comme « spécialiste » mondial de cette population. J'agissais donc à l'encontre de toutes les normes! C'était suspect. N'étais-je pas une espionne? De plus, née en Afrique du Sud, cela pouvait soulever les pires soupçons. Ce fut alors au tour de notre ambassade d'intervenir pour apaiser les esprits et tâcher d'obtenir que l'on prolonge mes permis de recherche, ce qui grâce à l'intervention des Maasai fut encore une fois accordé, mais cette fois-ci par l'autre partie.

Puis vint l'incident de ma conférence de presse... J'avais déjà vendu voiture, meubles de la maison des enfants à Nairobi; j'avais retiré ceux-ci de l'école française, les valises étaient faites, lorsque à la dernière minute, le ministre de l'Intérieur, revenu d'un voyage à l'étranger, sauva la situation en disant : « Quoi? Elle nous traite de singe? *She better not, she's one of us* » (comment le peut-elle, elle est des nôtres).

Je ne reviens pas sur les trucs rocambolesques pour arrêter nos recherches sur l'empire du Mambo au Zimbabwe, et nos expéditions dans le désert du Kalahari. Chaque fois, par miracle, une solution apparaissait pour sauver la situation. Je pense que nos anges gardiens ou nos ordinateurs cosmiques ont beaucoup à faire... mais ils nous prouvent aussi qu'ils en sont capables. L'essentiel pour nous est d'y croire et de partir gagnant. Chaque matin, je dis : « Seigneur, ouvre les portes que tu veux ouvertes, ferme celles que tu désires fermées, et aide-moi à franchir le seuil vers l'inconnu. » Et je ne suis jamais déçue, car l'inconnu est toujours plus passionnant que ce que j'aurais pu choisir, ou même imaginer.

C'est ainsi que chaque entrave se présente aussi comme une nouvelle conquête, qui permet d'affronter la prochaine avec plus d'assurance, et la certitude que l'on va gagner!

Que les ULM volent avec ou sans moteur, que M. X soit un homme ou un singe, ou encore un homo non identifié, que je sois chercheur, espionne, prêtresse de la pluie, Ganyiri-Biri née pour un destin inconnu, peu importe. La bataille de la vie continue et nous donne une raison d'être, anime nos corps et nos esprits, valorise nos buts et nos espoirs, et nous apprend surtout à ne jamais désespérer, mais à admettre que les défaites font aussi partie des conquêtes, à condition que l'on cherche toujours à les dépasser pour atteindre un inconnu incertain mais qui en vaut sûrement la peine.

C'est ainsi que dans le mythe maasai, la femme qui choisit de rester *pongolo* (amazone), ou plutôt d'actualiser ce potentiel que les autres virtualisent, le fait en inventant le jeu : le « nkishoi », par lequel elle attire les hommes qui l'aideront à faire paître ses troupeaux de bétail et aussi parmi lesquels elle pourra choisir ses amants et à volonté avoir des enfants pour elle-même. Elle est l'équivalent de la princesse venda, dite en sotho rakhadi (père-femme) mais en venda makhadzi (mère-femme), soulignant ce double potentiel de la femme capable d'être une guerrière plus redoutable que le guerrier, et d'être avant tout la mère de toute l'humanité; elle qui détient non seulement les règles du jeu mais le jeu lui-même, comme en dernière analyse elle n'est pas seulement selon les mythes maasai première propriétaire du bétail, mais encore son équivalent : « notre souffle de vie ».

17.

BÉTAIL : NOTRE SOUFFLE DE VIE

Le puzzle se reconstitue peut-être ainsi : Mon grand-père, Aristide von Eberhardt, s'enrichit grâce au bétail. Réfugié en Suisse avec son précepteur et sa sœur Isabelle Eberhardt, après le massacre de ses parents en 1870, en Lorraine, il fut élevé par la famille de Coulon à Neuchâtel sous le nom d'Aristide Eberhardt, ayant laissé tomber la particule mais non ses habitudes de grand seigneur. Sa sœur devint « la tante dont il ne fallait pas parler » car à l'âge de dix-huit ans elle partit seule vivre parmi les Touareg, en Touarègue. Scandale! Mais tandis qu'elle se mit au diapason des Touareg, adoptant leurs mœurs et habillement, lui partit chez les Tsonga du Mozambique, pour tâcher de leur inculquer nos croyances et coutumes. Ils réussirent si bien que l'on parle encore d'eux. On me dit parfois être la réincarnation d'Isabelle Eberhardt, mais c'est plutôt ma fille Isabelle qui l'incarne : il y a une ressemblance étrange entre elles.

Ayant abandonné aux Allemands ses terres et son bétail, Aristide, devenu missionnaire, hérita bien malgré lui d'un grand troupeau laissé chez lui par un aventurier qui ne revint jamais. Si bien que, le temps de sa retraite arrivé, il se retrouva avec un troupeau accru qu'il fallut vendre pour aller s'installer ailleurs. Ainsi put-il, grâce à cet inconnu qui lui restitua des biens de seigneur, reprendre la vie de terrien sous d'autres horizons. Bétail, notre souffle de vie, tu le fus pour nous dès notre naissance, et je fus élevée parmi de belles bêtes zébus, rouges, aux grandes cornes en demi-lune. Puis vint le drame : mon père à l'âge de trente-trois ans paya de sa vie son amour du bétail, ayant contracté la fièvre de Malte en soignant une vache. Ainsi la mort devint-elle la réalité la plus sûre de ma vie.

A l'âge de sept ans, on décida qu'il était temps que j'apprenne à lire et à écrire, et fidèle à la tradition de ma famille, on fit venir une gouvernante pour prendre en main mon éducation, négligée jusqu'alors en faveur de randonnées en brousse, à pied, à cheval, en compagnie de mon grand-père qui m'apprenait tous les noms scientifiques des plantes et des fleurs; je parlais aux abeilles, aux scarabées, aux fleurs de mousse, je dansais avec les petites graines rouges éparpillées par le vent, et les hautes herbes folles qui chantaient mes louanges. Je me sentais appartenir, plus qu'au genre humain, à ce cosmos merveilleux qui ne cessait de m'étonner, de me révéler ses secrets, qui faisaient écho en moi d'un lointain passé où se mêlaient papyrus, nénuphars, jasmin sauvage flétri, sable doré à mes cheveux de miel où bourdonne l'abeille, sur les rives d'un grand fleuve qui pourrait être le Nil. Couchée dans le sable chaud je voyais passer en silhouettes lointaines les zébus aux cornes immenses qui se détachaient dans un ciel d'azur.

Et leurs clochettes résonnaient en moi comme aujourd'hui celles du bétail maasai, car il y a continuité parfaite entre cette vie lointaine et celle que je mène au bord du fleuve Mara, chez les grands pasteurs de l'Afrique orientale.

Ici, je ne me nourris que de lait et de viande, et les jours de fête nous buvons l'hydromel. Là-bas, je me baignais dans du lait, et enduisais mon visage de miel. Née des amours d'une abeille et d'une vache, je parcours l'univers à cheval entre les cornes d'un bovin lunaire. C'est alors que je suis femme, Désordre primordial qui donne vie à l'Ordre, et l'anime de ses chants.

Mais parfois les oiseaux cosmiques au ventre blanc m'emmènent visiter le soleil. Alors je me prosterne car je sais qu'ici je rencontre mon ancêtre Nyamkokoko : celui du premier royaume né de l'union du soleil et des pléiades. Puis le soleil m'ordonne de faire tomber la pluie; alors on m'appelle Jaji; pour cela il s'agit de s'unir à mon frère Thovela : le Sol, roi des Venda. Car les pierres de la pluie sont deux sauterelles : masculine-féminine, qui se cachent dans le sable pour donner naissance à mille petites sauterelles, nombreuses comme les gouttes de pluie; elles ravagent la terre tout en donnant de la viande à ceux qui savent tirer parti de ce don du Père des nuages, que les Venda appellent Raluvhimba et les autres Nyabapa. Et c'est par le sacrifice du taureau noir et la danse des prêtresses Hosana que Mwali intercède auprès de sa mère, Va nya Chava, mère des espèces, pour faire tomber la pluie. Alors la Voix, Iswi, résonne dans les grottes de l'Oracle de Mwali, et le peuple de ce culte est régi par Baswi : Mutota-Jupiter; associé à Ganyiri-Biri qui pourrait être Mujaji; Saturne : la Reine éternelle de la pluie. Et les empereurs de ce peuple ont pour totem MOYO : Souffle de Vie, Cœur, avant tout Cœur de bœuf, la partie tenant lieu du tout. Et nous voilà de nouveau dans le règne de Chingoo, Désordre idéal : celui des grands pasteurs nomades, guerriers maasai qui appartiennent à Mars, responsable des dernières étapes des initiés.

Après neuf ans chez eux on subit la dernière grande épreuve : soit on meurt, soit on échappe à la mort et alors on vit pour accomplir des prouesses. « Il est très important pour nous que tu sois chez eux », devaient dire mes initiateurs de Zimbabwe... pourquoi, je ne le sais, mais en effet le médium de Chingoo au Zimbabwe avait accepté mon offrande de six mètres de tissu noir, sans que jamais je puisse le rencontrer... ce qui signifiait qu'il acceptait de m'instruire, de porter mon initiation plus loin. Devais-je alors aller la poursuivre chez les pasteurs nomades du Kenya ? J'y suis maintenant depuis vingt et un ans. Et lorsqu'il y a deux ans, après dix-neuf ans, je voulus retourner au Zimbabwe on me fit dire que le moment n'était pas encore arrivé. J'attends alors d'être convoquée.

JUPITER ET SATURNE : MUTOTA/GANYIRI-BIRI

Il était le plus fier des guerriers
le plus nonchalant
le plus séduisant
le plus audacieux

le moins ambitieux
le plus astucieux
le plus belliqueux.

Il s'approcha de moi
mc rcgarda droit dans les yeux
sans remuer un cil
sans sourire
sans exprimer ce qu'il pouvait penser.
Il me regarda de ses yeux en amande
fier de ses attributs qui luisaient au soleil :
de son torse musclé
de ses fesses rebondies
de son corps brillant
de sa posture insolente.
De son regard arrogant
il me soupesa
et de ce regard envahissant il fit de moi sa conquête :
nous ne nous quittons plus
voici déjà longtemps.

Ainsi que du frottement des bâtons-à-friction
doit naître le Feu, premier acte de culture de l'homme
homo sapiens sapiens,
ainsi ce jour-là une flamme jaillit
qui ne s'éteint point
et nourrit chacun de nos gestes
chacune de nos pensées
chaque moment de notre existence éphémère
malgré les séparations
malgré les distances et les océans qui nous séparent
au-delà des exigences de nos corps assoiffés
éclairant nos chemins divers
éblouissant par son ardeur ceux qui nous rencontrent
éclaboussant ceux qui désirent nous séparer
et voir s'éteindre cette flamme ardente
cette étoile filante

qui, telle une comète, réapparaît toujours
déconcertante, étonnante, niant toute logique
car appartenant à des ondes
qui résonnent au-delà de toute compréhension.

Ensemble nous avons suivi un long parcours d'aventures
à la recherche de connaissances approfondies
des ressorts de la société maasai,
si étonnante, si cohérente.
Nous suivions toutes les cérémonies dans chacune des douze sections
afin de connaître toutes les variantes
et de déchiffrer les cycles mystérieux
dont on ne parlait qu'à mi-voix,
chuchotant le soir dans les cases enfumées
où de belles jeunes femmes parées, aux seins ballottants
dispensaient de l'hydromel aux propriétaires des rites,
les pères, et du lait aux guerriers,
dit « propriétaires du pays ».

Aucun Maasai ne répondrait à une question directe sur ces rituels; il s'agissait d'attendre et d'y participer pour savoir ce qu'il en est. Nous parcourions donc le pays maasai et celui de leurs cousins les Samburu – qui avaient gardé les rites d'origine des Ormaa, les célébrant à l'échelle du clan et non du territoire. Je vivais comme eux, habillée en Maasai, et nous participions à tous les préparatifs de ces cycles à longue durée : quatorze ans, dix-huit ans, vingt ans, trente ans... Je découvrais tout le temps un nouveau cycle de durée encore plus longue.

Puis en période creuse, non rituelle, nous entreprenions d'étudier les voisins des Maasai et Samburu, afin d'établir leurs liens de parenté, ou encore peut-être d'autres liens. Ainsi nous sommes allés vivre chez les Rendile dans le désert Kaisut – peuple aux grands troupeaux de chameaux. Ils possèdent cependant aussi du bétail, qu'ils emmènent paître en période sèche chez les Samburu.

Pendant notre séjour chez eux, on apprit que les voisins Turkana avaient attaqué de nuit ces troupeaux rendile en transhumance, tuant quatorze personnes dont deux jeunes filles, et emmenant au moins huit cents têtes de bétail. Chez les Rendile, comme chez les Maasai et les Samburu il est interdit de répandre le sang des femmes et des enfants, donc cette razzia apparaissait comme plus scandaleuse que d'autres. Les guerriers samburu sont immédiatement venus au secours des Rendile, les secondant dans une contre-razzia destinée à venger cet affront et à ramener encore plus de bétail que celui enlevé. Il est évident qu'un lien étroit unissait les Samburu aux Rendile – ces pasteurs nomades qui avaient reçu le « bâton de bénédiction » d'Engai-Dieu. Nous avons alors appris qu'une des sections rendile est effectivement de souche samburu, parlant encore la langue samburu. On peut les identifier par leurs noms claniques, tandis que l'autre section était venue avant les Samburu sur le sol kenyan. Ils avaient accueilli les nouveaux venus Samburu en amis, et aujourd'hui encore les Samburu leur doivent pâtures et protection.

J'eus maintes fois l'occasion de me rendre compte de l'efficacité de la bénédiction rendile. Un jour, près d'une petite boutique de brousse un homme et une femme émaciés s'approchèrent de notre voiture pour nous dire qu'ils n'avaient plus d'argent pour payer l'autocar du nord les ramenant à leur village. Je venais de passer deux mois en pays samburu avec mes trois enfants, en vacances scolaires, et je repartais vers Nairobi. Il ne me restait plus grand-chose pour la route. Mais l'allure et l'aura de mon interlocuteur me décidèrent de partager avec lui le peu qui nous restait. « Donne-moi tes deux mains, les paumes ouvertes », me dit-il et il cracha abondamment dedans. « Que souhaites-tu ? – Une voiture et un logement raisonnable pour mes enfants », fut ma réponse. Car je louais à prix fort la voiture pour mes recherches et l'hôtel près de l'école française où logeaient mes enfants et leur gouvernante seychelloise m'avait avisée que les prix doublaient.

Je reçus aussi la salive de la bénédiction en plein visage, puis nous reprîmes la route – vers le sud, mes interlocuteurs inconnus vers le nord. « Sais-tu que tu viens de recevoir la bénédiction d'un

Laisi Rendile ? me dit Ole. Ce sont eux qui détiennent le bâton de la bénédiction, don d'Engai », ajouta-t-il.

Je n'y songe plus. Arrivée à Nairobi, je reçois la facture pour le logement de mes enfants. Elle est inchangée, et mes enfants peuvent donc continuer à habiter cet hôtel. Puis Ole vient m'annoncer que des chercheurs suédois quittent le pays et vendent une voiture tout terrain en très bon état. Mais je suis victime du contrôle des changes et ne peux faire venir suffisamment d'argent pour m'acheter une voiture. La plus grande partie de mon salaire passe donc en location. « Faites donc un emprunt bancaire », me conseille mon ami maasai, avec la nonchalance des guerriers. Je ne pense pas pouvoir aboutir, mais me décide à essayer. Et j'obtiens un prêt qui me permet l'achat de cette voiture, fidèle compagne de toutes nos recherches. Deux ans plus tard le directeur de la banque me convoque : « Votre salaire provient de l'étranger ? – Oui, j'appartiens au CNRS à Paris. – Savez-vous que je n'avais pas le droit de vous accorder un prêt bancaire, je pensais que vous étiez payée ici. Peu importe, maintenant, il ne vous reste plus qu'une traite. » Merci, inconnu à la salive bénie, au bâton de berger qui accomplit nos vœux. C'est seulement plus tard que j'ai vécu chez vous et ai pu mieux connaître votre étonnant pouvoir.

Votre totem est lukumae : tortue. Un jour, je voyageais en voiture avec l'un d'entre vous et soudain vous m'avez demandé de quitter la route et de partir à droite dans les herbes hautes et folles... puis à gauche, non, encore à droite... je ne savais pourquoi. Puis, satisfait, vous me dites de m'arrêter. Et dans ce pays inconnu de vous, au hasard de votre flair, vous retirez une tortue des hautes herbes et l'emmenez chez moi. Je vous offre une calebasse de lait caillé, que vous avez partagée avec la tortue car n'est-elle pas une parente ? Puis elle reprit son chemin, et vous, très heureux, me dites qu'il était de bon augure de trouver un frère dans un pays lointain.

18.

UNE MÈRE PAS COMME LES AUTRES

« Tu es une mauvaise mère, m'annonça un jour mon fils de sept ans. Tu ne nous emmènes jamais à Mombasa et en classe nous avions un devoir sur le port de Mombasa. Ne le connaissant pas, j'ai rendu une page blanche. La maîtresse m'a traité de menteur lorsque je lui ai dit que je ne connaissais pas Mombasa, malgré toute mon enfance passée au Kenya. – Très bien, mon fils. Je vais suggérer à ton professeur de vous donner un devoir sur une cérémonie maasai et on verra qui aura les meilleures notes et qui a une mère qui connaît le mieux le Kenya. »

Il est évident qu'il n'est pas toujours facile pour un enfant d'avoir une mère pas comme les autres. Mais un jour mon fils me dit : « Tu sais, maman, tout le monde parle de toi avec admiration, même ceux qui te détestent. » J'ignorais jusqu'alors qu'il y en avait qui me détestaient! Enfin, cela se comprend, car toute atteinte aux normes établies provoque des réactions bizarres, non contrôlables, inattendues. Et vivre chez les Maasai, habillée comme eux, partageant leurs maisons de bouse de vache, ne me nourrissant que de lait non bouilli, de viande et de sang, ne pouvait guère plaire à tout le monde. Ce qui m'a sauvée dans la vie, c'est de ne réellement attacher aucune importance à ce que les autres pouvaient penser ou dire de moi, pourvu que je fasse ce qui semblait s'imposer à moi comme étant ma voie. D'où mon étonnement vite raisonné lorsque mes enfants me tendaient un miroir de cet ordre.

Mon éducation sexuelle avait été faite à la cour venda, lors des initiations du Domba. Les Venda ont des mœurs très strictes, exigeant la virginité de la jeune fille au mariage, et sa fidélité absolue à son mari – sauf pour les princesses qui pouvaient se choisir des maris successifs. Le rôle de la femme procréatrice est primordial, mais on apprend aussi à ne jamais renoncer au nom de son père « car la tête appartient toujours au père », disent les lois venda. C'est pourquoi je porte toujours le nom d'Eberhardt, celui de mon père téméraire. C'est ainsi que pour moi avoir des enfants m'apparaissait comme un de mes rôles essentiels, et ne devait poser aucun problème. Dès notre mariage, nous partîmes, Pierre Roumeguère et moi, en mission ethnologique au Zimbabwe, ce qui nous entraîna dans des expéditions ardues dans le désert du Kalahari. Jamais je ne prenais de précautions pour ne pas avoir d'enfants : j'étais prête à accoucher n'importe où – en plein désert si nécessaire. C'est seulement plus tard que, mère, je me rendis compte de mon insouciance et qu'en fait il avait été heureux pour tous que pendant toute cette période de nos recherches je ne conçoive pas. Comment, pourquoi ? Je ne le saurai jamais. Ceux qui dirigent ma vie le savent peut-être, eux.

Un mois après notre retour à Paris, je me trouvai enceinte. J'étais ravie, comme de chacune de mes grossesses que j'assumais avec joie du début à la fin. On me disait que jamais je n'avais été si belle et j'avais une énergie décuplée, débordante. J'étais pleinement heureuse. Puis mon mari fut nommé consul de France à Bouar, en République centrafricaine. Je partis accoucher à Bangui, dans les conditions shakespeariennes que j'ai décrites.

L'hippopotame est venu se frotter à ma fenêtre cette nuit et je me suis réveillée pour recevoir sur mon oreiller un jet de sable, envoyé par son souffle volubile. Était-ce le petit hippopotame qui naquit il y a quelques années dans un camp de touristes au bord du fleuve Mara, et qui, abandonné par sa mère pendant deux semaines, fut nourri au biberon par l'épouse du régisseur ? Il semble avoir gardé quelques souvenirs lointains de son existence parmi les humains, et recherche encore de temps à autre leur compagnie, ce qui ne manque pas de les déconcerter. Pour ma part, je suis sensible à l'hommage qu'il me rend et j'attends de voir si cette nuit il reviendra. Car n'oublions pas qu'à cause de l'hippopotame je faillis ne pas naître – et Isabelle aussi.

Comme tous les premiers-nés, Isabelle était le plus beau bébé imaginable. Je l'ai portée sur le dos à la façon venda, et l'emmenais ainsi aux cérémonies et initiations des Gbaya. Lorsqu'elle eut deux mois, nous fûmes invités à un colloque au musée de Salisbury au Zimbabwe, et elle fut ainsi présentée à la royauté rozwi. Grâce à elle, qui venait couronner mon rôle de femme, je reçus le grand mythe du complexe culturel de Zimbabwe, qui explique l'appartenance des divers peuples à ce complexe. Par hasard, on avait oublié en 1960 de me le donner. Par hasard aussi, entre-temps, j'étais devenue mère, et en temps que procréatrice j'étais qualifiée pour le recevoir.

Nous parcourions le pays en Land-Rover, chauffant le biberon d'Isabelle sur le radiateur de la voiture. Isabelle, entre son père, sa mère et sa nurse kalanga, était aux anges et jamais ne se plaignait. Que pouvait désirer de plus un petit enfant que de s'endormir sur le dos d'une mère qui dansait aux rythmes des tambours, ou de se réveiller dans un lit improvisé dans la voiture où dormaient aussi son père et sa mère ? Elle était devenue la mascotte du colloque où nous présentions nos découvertes concernant les stèles de Zimbabwe, le mystérieux *Zimbabwe Bird*, qui n'est autre que l'Aigle pêcheur, « emblème de la royauté », vénéré partout en Afrique.

Ce n'est pas un hasard, peut-être, que celui qui devait devenir par la suite le parrain d'Isabelle soit un prince camerounais, Dika Akwa nya Bonambela : Flamme, Eaux issues de l'Aigle pêcheur. Chez les Maasai, on salue toujours cet oiseau à présage : palme ouverte vers le ventre blanc de l'Aigle puis on pose sur le front, palme ouverte vers l'oiseau puis sur le cœur de celui qui a la chance de le rencontrer. Il est intéressant de constater que les extraterrestres qui se manifestent à Uri Geller envoient en présage un aigle blanc. Et on retrouve son équivalent en Égypte ancienne avec le faucon.

Le deuxième nom d'Isabelle est Chipo, en shona : « Don du ciel ». C'est le nom d'une enfant qui s'est fait attendre et désirer :

car moi j'avais attendu quatre ans. Gongwadza (médium d'Orion) m'avait annoncé que je donnerais le jour à deux makaranga : prêtresses des Grands Esprits cosmiques. Mon deuxième enfant, né deux ans et demi plus tard à Neuilly, fut Caroline, devenue mannequin international. Isabelle avait presque quatre ans et Caroline quatorze mois lorsque je partis chez les Lozi de Zambie, habiter l'île Royale au centre du fleuve Zambèze. C'est là, chez le Roi perpétuel de l'empire du Mambo, que furent consacrées mes deux fillettes makaranga : officiantes lors de la grande transhumance du Kuomboka sur le bateau de la sœur royale, habillées en costume traditionnel lozi et faisant partie du cortège d'arrivée du roi à sa résidence en terre sèche. Depuis, elles ont été élevées chez les Maasai, chez Chingoo. Caroline en tant que mannequin a fait le tour du monde, travaillant en Europe, au Japon, à Hong Kong, en Chine, à Taiwan, en Australie; et maintenant à Los Angeles. Isabelle prépare un doctorat en sociologie-ethnologie et réalise des films [1]; leur frère Georges, Maasai depuis l'âge de neuf mois, apprend au Kenya à piloter des petits avions et vient d'acquérir un ULM. Tout est en place pour aller trouver la Cité perdue du Kalahari.

Je pense que mes enfants n'ont pas du tout la notion des limitations du temps ou de l'espace. Ayant été élevés avec une mère presque toujours éloignée sur son terrain de recherche, mais ô combien présente, l'éloignement spatial ne joue pour aucun d'entre nous. Leur père, qui très tôt avait renoncé à ses responsabilités de « père », était lui aussi très présent car on évoquait, toujours dans des termes élogieux, son courage et ses aventures pendant la Résistance pour lesquels il a reçu la croix de guerre et la Légion d'honneur, ses talents de critique d'art, son génie analytique et son amitié avec Salvador Dali. Il était donc plus présent dans son absence que lorsqu'il apparaissait réellement, toujours pressé de repartir vers une destinée inconnue.

C'est donc mon ami maasai qui assumait toutes les véritables

1. Après avoir coréalisé avec moi *Le Taureau strié* et *Je veux être circoncis*, elle est partie à Kano, au Nigeria, réaliser le film d'après le film anglais *Under The Crescent Moon* (7 th Art Production, 1987). Elle prépare un doctorat qui comporte une thèse et des films portant sur l'histoire de l'Afrique.

responsabilités d'un père, et ma famille maasai qui a su nous entourer et nous sécuriser.

Deux hirondelles ont construit leur nid sur ma terrasse juste au-dessus de l'endroit où j'ai ma machine à écrire. Hier une quantité d'hirondelles folles voltigeaient en tous sens autour de la maison, faisant des descentes d'avion de chasse, visant la terrasse. Au coucher du soleil nous avons vu un spectacle étourdissant de milliers d'hirondelles volant en formation qui sont passées au-dessus de la maison pour disparaître dans les nuages rosés au sud-ouest! Où sont-elle parties? Vers l'Europe, ayant calculé que d'ici à deux mois il y ferait beau? Vers le sud? Mais à partir de juin il y fera froid. De toute façon, elles sont parties en grande migration, laissant derrière elles deux petites hirondelles pour garder le nid, car trop jeunes pour entreprendre un si long voyage. Mais leur tour viendra; elles se le disent en aiguisant leur voix, en escaladant toute la gamme de leurs vocales, agrippées à la rampe de ma terrasse, me regardant taper de deux doigts sur ma vieille machine qu'ont dédaignée les voleurs. Leur plumage est celui des grands initiés : noires les ailes, blanc et noir le duvet du ventre, blanche la partie sous la queue, rousses les plumes de la tête. L'homme rituel maasai, comme des Grands Esprits cosmiques aussi, porte une cape noire doublée de blanc, et un bonnet rouge. C'est ainsi qu'apparaissait une fois par an l'empereur : le Mambo de Zimbabwe, perché sur un énorme rocher phallique, et chacun l'acclamait de son titre d'Aigle pêcheur. L'hirondelle est, elle aussi, sur les mêmes ondes qui traversent l'espace plus vite que le son, pour relier les forces terrestres aux autres, afin que nous sachions que ce qui importe le plus n'est jamais ce que nous pouvons concevoir, mais plutôt ce qui nous semble le moins digne d'attention. Tandis qu'autour de nous rien n'est hasard, tout est signe signifiant.

Nous avons réintégré Paris en octobre 1980 après onze ans de vie quasi permanente chez les Maasai. Par la suite, je revenais au Kenya trois ou quatre fois par an me rendre compte de l'évolution du cycle cérémonial maasai, ou pour écrire dans mon dzimba-a-mabgwe (littéralement : « maison de pierres »); alors, telle l'hirondelle, je laissais mon appartement à Paris à mes enfants, mais maintenant eux aussi entreprennent de grandes migrations, car ils sont, comme les Maasai, nomades de corps et d'esprit.

Au début, en 1960, j'avais emmené une étudiante de mon cours à la Sorbonne avec moi sur le terrain, et elle faisait suivre l'enseignement par correspondance à Isabelle, seule à être d'âge scolaire. Puis elle me quitta pour se marier, et je dus m'organiser pour que les enfants puissent s'inscrire à l'école française de Nairobi en habitant tout près avec une gouvernante. D'abord ce fut un hôtel, puis un appartement, enfin une maison avec jardin. En onze ans nous avons déménagé trente-neuf fois. Je ne pouvais jamais signer de contrat de longue durée car le CNRS ne me donnait que des missions de quelques mois, et je devais toujours batailler pour obtenir une prolongation. Nous vivions donc dans la plus grande précarité. Notre seule stabilité était notre appartenance à la société maasai, où les enfants venaient me rejoindre pendant les vacances scolaires. Mais le lien entre nous n'était jamais rompu, puisque j'avais un appareil « radio-appel » et restais en communication avec eux tous les jours, habituellement à la fin de la journée, ou alors tôt le matin. L'appareil était branché à la batterie de l'auto; l'antenne était accrochée entre deux arbres ou alors tenue par deux grands guerriers.

Je savais ainsi tout ce qui s'était passé dans la journée; ils me demandaient la permission pour chacune de leurs sorties; je savais toujours ce qu'ils faisaient, bien plus souvent que les parents qui habitaient avec leurs enfants à Nairobi. Je revenais dès qu'un creux dans les activités rituelles maasai me le permettait... parfois pour une nuit, parfois plusieurs; c'était alors la fête, et je repartais le plus silencieusement possible, pour qu'il n'y ait pas rupture. Comme si je quittais la maison pour faire des courses en ville. Je pense qu'il était très important d'éviter de dramatiser ces départs. Puis, dès le soir ou tôt le lendemain matin, j'étais sur les ondes avec eux, les tenant au courant des cérémonies maasai, comme eux me racontaient leurs exploits. C'est ainsi que maintenant, de Tokyo, Sydney, Bangkok, Hong Kong, São Paulo, New York, Los Angeles, Londres, Nairobi, Paris, les communications se font par téléphone, anéantissant le sentiment des distances, car nous sommes toujours proches les uns des autres, et nous terminons en disant « on va gagner! » car c'est en conquérants que les Maasai affrontent le monde... et nous sommes maasai.

J'ai cru vous présenter une mère pas comme les autres, mais en écrivant ces lignes elle me semble tout à fait banale. Alors en quoi suis-je réellement si différente? On me dit qu'élever sans accroc trois enfants tout en étant d'une façon quasi permanente sur mon terrain maasai n'est pas être entièrement comme les autres; accompagner Isabelle à l'île Maurice pour qu'elle y passe son pré-bac, puis l'année suivante à Madagascar pour le bac n'est pas usuel. Caroline et Georges, qui durent, comme tout le monde, présenter à Paris leurs examens, s'en trouvèrent lésés. Car pour eux la norme aurait été d'aller au loin dans une île ou un autre continent. Alors tout dépend des habitudes d'enfance. Les miennes déjà étaient différentes. Peut-être est-ce en cela après tout que je ne puis être une mère comme les autres.

Ce sont mes enfants qui ont toujours assuré mes liens avec la communauté européenne de Nairobi. Je rencontrais les parents de leurs camarades de classe, et certains sont restés des amis avec lesquels j'ai gardé contact. Mais je me tenais toujours en dehors de tous les potins et demeurais moi-même, selon eux, la plus mystérieuse des Françaises. Je ne me préoccupais jamais de ce que l'on pouvait dire de moi, et communiquais le moins possible mes projets, mes faits et travaux – j'étais tout simplement, avec eux, la mère de mes enfants.

Un couple, rencontré grâce aux parents d'amis de mes enfants et que je revois dès que cela devient possible, a su m'entraîner au-delà des apparences vers une réelle amitié, qui survit aux séparations. Lui était ambassadeur de Suède au Kenya; elle est américaine : une femme d'une beauté physique et morale, d'une intelligence pétillante, toujours à l'affût de nouvelles connaissances, qu'elle approfondit, intéressée comme moi par toutes les belles choses de la vie. Ils ont trois fils magnifiques, que j'adore, qui témoignent d'une galanterie trop rare de nos jours. Anne m'encouragea à donner une conférence de presse sur M. X, en 1978. Comme à l'époque je vivais presque entièrement dans le circuit maasai, je n'avais pas beaucoup de savoir-faire pour m'y prendre. Elle m'indiqua toutes les ficelles, et c'est ainsi que je pus donner une longue interview exclusive au correspondant, à Nairobi, du *Guardian,* quotidien anglais.

Anne m'accompagna une fois pour une cérémonie dans le village du prophète de la Montagne rouge, et dormit avec nous dans la case maasai. Le lendemain, son époux venu la chercher pour qu'ils rentrent à temps pour un cocktail à l'ambassade s'exclama : « *But my darling, what has happened to you?* » Elle était barbouillée de suie et d'ocre rouge, épuisée mais heureuse.

C'est une autre amie réelle que je devais rencontrer grâce aux fêtes d'anniversaires auxquelles étaient invités mes enfants. Elle est la mère de deux petites filles métisses ravissantes qui suivaient les cours de l'école française. J'appris qu'elle avait rencontré à l'université en Australie un brillant étudiant kenyan et qu'elle était revenue avec lui au Kenya pour l'épouser. Ils connurent, au début, des années difficiles, mais il est maintenant un des personnages importants du Kenya. Mes enfants, ayant été élevés maasai, ont toujours eu plusieurs mères et pères. Il n'est donc pas étonnant que pour eux Hannie soit devenue une deuxième mère, à qui ils demandent conseil, chez qui ils viennent et partent, se sentant en relation de frères et sœurs avec Rhoda et Rita devenues des jeunes filles rayonnantes et accomplies : l'une étudiante en Australie, l'autre en Suisse. C'est chez eux qu'habita mon fils pendant qu'il suivait des cours de pilotage à Nairobi.

Hannie a des dons de voyance remarquables et s'entoure de personnes toutes intéressantes, dont elle se plaît à étudier les idiosyncrasies, puisqu'elle est auteur de nouvelles d'une psychologie rare. Avec elle, il n'y a aucune notion de distance dans le temps ou l'espace. Je me réveille un matin et dis à mon entourage : « Tiens, Hannie doit être à Paris, aujourd'hui ! » Dans la journée, je reçois un coup de fil confirmant ce message. Puis, tout à coup, c'est moi qui apparais chez elle à Nairobi, sans prévenir, sans la surprendre. Elle le savait déjà. Avec une amie comme elle, on peut parler de nos vies antérieures sans surprendre, mais en cherchant à clarifier et à mieux comprendre les indications qui nous parviennent et éclairent notre chemin quotidien. J'ai toujours refusé de me lancer dans des pratiques magiques ou de spiritisme : non, ce n'est pas dans ce sens-là qu'il s'agit de m'envisager. Il s'agit plutôt d'une prise de conscience lucide et naturelle des événements que l'on appelle maintenant parapsychologiques et qui, pour beaucoup de peuples et certes pour les initiés, font partie du vécu quotidien et normal.

Mes enfants ont donc été l'instrument de maints contacts heureux. Souvent, ce sont eux qui m'apprennent à m'insérer dans la réalité des autres. C'est Isabelle, devenue coréalisatrice de nos films, qui me dit : « Maman, pour nous il est normal de vivre dans les maisons maasai enfumées et de dormir sur les lits en branchages et en peau; de vivre d'hydromel, de lait et de viande. Mais n'en demande pas autant à ton équipe de techniciens de cinéma venue d'Europe, ou même kenyanne, habituée à d'autres façons de vivre. Pour qu'ils travaillent bien, il est très important qu'ils soient confortablement logés et mangent à leur faim des mets qu'ils connaissent. Il vaut mieux installer un campement sous tente près du lieu de tournage. »

C'est ainsi que pour les films *Taureau strié* et *Eunoto* nous avions un campement de milliardaire, avec repas servi par un maître d'hôtel en blanc et un chef avec toque, de l'eau chaude à volonté et des tentes préparées tous les jours; tant de confort me faisait un effet bizarre. Mais je me rends compte que pour les autres c'était essentiel; et je compris un peu mieux pourquoi notre tentative de « la Française-du-bout-du-monde » ne pouvait aboutir, car personne d'autre ne peut vivre comme je le fais – sauf bien entendu mes enfants pour lesquels une double identité française et maasai est normale. Mais souvent je résiste encore mieux qu'eux, ou plutôt fais preuve d'une plus grande endurance, née sans doute de mon immense motivation. Car eux ont subi leur mode de vie, non sans joie il est vrai, mais moi je l'ai choisi.

On dit en Afrique comme aussi au Moyen Age en Europe que le choix d'un site d'habitation est très important. Pour moi, il se fait presque à mon insu, par miracle, mais aussi par concordance d'ondes. C'est ainsi que depuis 1968 je passais sur la route très mauvaise de l'escarpement du Transmara, pas encore fréquenté par des touristes, et je disais en voyant la boucle du fleuve Mara, juste au-delà du pont : « C'est là que je veux construire ma maison. » Mais à l'époque personne n'habitait les lieux. Les Maasai se trouvaient tous sur les plateaux en haut de l'escarpement, et seuls les animaux sauvages fréquentaient ce lieu splendide. On y voyait toujours en passant des buffles et des éléphants, et c'est encore aujourd'hui leur lieu bien-aimé.

En 1979 l'occasion se présenta pour Ole et d'autres Maasai de choisir une terre en Transmara. Il choisit celle-ci et me proposa d'y construire une maison dans laquelle, de retour en France, je pourrais revenir. C'est le lieu au monde où je me sens le plus naturellement intégrée, le plus parfaitement en symbiose avec la nature, les animaux et les hommes, bref en paix.

Mais il fallut regagner Paris, billets d'avion pour mes enfants à mes frais, car le CNRS n'assurait que le mien et aucuns frais de déménagement : j'avais été pendant onze ans en mission pratiquement sans frais au Kenya, vivant et assumant l'ensemble de mes recherches avec mon salaire. Le problème du logement se posa. Pierre, mon mari, ne nous avait plus revus depuis 1974 et moi j'assumais seule le fait d'élever nos trois enfants depuis 1966. En mon absence, la plupart de mes biens avaient disparu, déposés par Pierre à cent vingt kilomètres de Paris, dans un moulin de son frère qui avait paraît-il été cambriolé. Je n'avais donc plus de meubles, ni toutes les belles choses que j'avais collectionnées avec joie car j'adore toute chose luxueuse : linge fin de maison brodé à la main, vaisselle ancienne de Limoges, cristaux de Baccarat 1900, sacs et mallettes en peau de crocodile... passons. Alors nous campions littéralement dans un petit logement où nous nous sentions comme des lions en cage pendant que je cherchais quelque chose d'adéquat et les moyens de nous l'assurer. Je passais tous les jours devant un immeuble et voyais un beau jardin à l'intérieur. Et je me disais chaque fois sans trop y croire : « C'est là que je veux que nous habitions. »

Un matin, je vois dans *Le Figaro* une annonce pour un logement dans cet immeuble. J'appelle à sept heures trente du matin (j'ai gardé mes habitudes africaines, suis habituellement levée à six heures et téléphone toujours trop tôt partout). On me donne rendez-vous pour le visiter après onze heures, car quelqu'un d'autre venait une demi-heure plus tôt. J'insistai pour m'y rendre tout de suite car j'étais à deux pas. Le charmant propriétaire, pris sans doute à l'improviste devant tant de fougue, céda. Une heure plus tard tout était signé et réglé. Non seulement l'appartement donnait de plain-pied sur le jardin mais avait une hauteur de plafond presque double comme un atelier et une cuisine américaine, ce qui fait qu'avec quelques marches on se retrouve dans la salle à manger et la cuisine, sans en être séparé par un mur. On se trouve en plus grand dans un espace maasai où tout se passe dans la même pièce, et donc en cuisinant on peut bavarder avec ceux du salon. Mes nombreuses cantines de documents recouvertes de couvertures maasai rouges et de peaux du Botswana devinrent nos sièges. Une amie me prêta une table. Mes lits chinois laqués, incrustés de nacre, arrivèrent du Kenya où je les avais achetés dans une salle des ventes, et nous voilà équipés. Mes livres et fiches qui avaient survécu au vol, puis à une inondation dans le château d'amis, auxquels je rends hommage pour m'avoir tant aidée, arrivèrent en partie moisis, mais qu'importe. Ce qui comptait le plus c'était d'avoir retrouvé tous mes documents de travail, bien que pêle-mêle. Et je dis à mes filles : « Moi je suis comme la Reine des termites qui assurent notre survie. Pour cela j'ai besoin de tout mon temps et de mon énergie. Donc je compte sur vous pour être les fourmis qui assurent les tâches quotidiennes. Et toi, Georges, tu es la “ fourmi soldat ”. Et ainsi en symbiose on fonctionna pendant quatre ans sans accroc, chacun à Paris émerveillé de voir une famille si unie. Ayant été séparée d'eux par mes recherches pendant tant d'années, je pense que c'était une joie pour mes enfants de me voir tous les jours et réciproquement, et surtout nous savions que pour survivre dans ce monde étrange et souvent hostile il fallait savoir nous unir et coordonner nos actions.

Au début nous étions comme des extraterrestres venus sur terre. En onze ans d'absence, beaucoup de choses avaient changé dans l'organisation matérielle d'une citée européenne. C'est ainsi que je pris un train sans faire poinçonner mon billet et me retrouvai devant un contrôleur incrédule qui voulait m'imposer une amende, et qui ne comprenait pas que je ne connaisse que l'avion et l'âne comme moyens de transport. Entrer dans un grand magasin était un supplice, ma tête tournait et je ne savais que choisir. Encore maintenant, je n'achète que dans les petites boutiques ou par correspondance. Mes enfants assuraient les emplettes quotidiennes, et moi, enfermée dans mon domaine, je remettais de l'ordre dans toutes mes fiches, me remémorais après tant d'années chez les Maasai les langues bantu de mon enfance. J'étais étonnée de constater combien rapidement, une fois dans l'ambiance, elles me revenaient, comme un écho venu d'un lointain passé.

J'avais retrouvé mes fiches éparpillées par terre dans le grenier, les cambrioleurs pensant sans doute trouver une fortune dissimulée dans mon fichier. Au début, j'étais furieuse d'avoir à tout reclasser, mais en fin de compte ce fut bénéfique, car, ayant tout à relire, je voyais après tant d'années chez les Maasai ces faits dans une optique différente et écrivis des textes enrichis par ces expériences. Si mon fichier avait été classé, je ne me serais référée qu'aux fiches probantes et aurais perdu cette perspective d'ensemble. Je rédigeai cette première année les huit chapitres de l'encyclopédie *Mythes et croyances du monde entier*, parue en 1986. D'un seul trait, dès mon arrivée, j'ai rédigé le texte de mon livre sur les Maasai. Depuis 1982, je réunis chez moi une fois par semaine un groupe de chercheurs intéressés comme moi par l'épistémologie d'une part, d'autre part l'audiovisuel, auquel j'ai toujours attaché la plus grande importance.

Voyons alors en quoi je suis non seulement une mère pas comme les autres mais encore, pour certains, un chercheur « hors catégorie », pour d'autres une « marginale », car effectivement je ne réponds pas à leurs normes; d'autres diront « privilégiée » par le hasard historique de ma naissance.

19.

MON MÉTIER DE CHERCHEUR

Je suis née dans mon métier : de grands-parents et parents missionnaires qui furent parmi les premiers à s'intéresser aux mœurs des personnes qu'ils désiraient convertir, les accueillant chez eux en amis; quoi de plus normal si mes premiers camarades de jeu furent tsonga et venda. Nous ne fréquentions guère les voisins boers qui eux trouvaient scandaleux notre comportement. Pourtant nous étions trois sœurs et je fus la seule à assumer ce métier. Donc le hasard d'une naissance privilégiée, qui fit de moi le chercheur « pas comme les autres » que je suis, ne dépend pas seulement de cette naissance et des antécédents. Comme disent les Venda : « On ne sait pas pourquoi Dieu t'a faite comme nous, mais pas tes sœurs. »

Dix-neuf hippopotames brament en chœur. Les cinéastes sont venus en fanfare et sont repartis.

Ils ne sont pas sur les mêmes longueurs d'onde que moi, et cela fait deux fois que l'on ne peut se mettre d'accord pour qu'ils tournent dans et autour de ma maison. Je préfère. Puisqu'ils se contentent de faux guerriers à perruque alors que je pourrais leur organiser des danses avec d'authentiques guerriers, et qu'ils se contentent d'un deuxième choix de site alors qu'ici ils ont le plus beau site du Mara, ils ne méritent pas mieux. On m'objectera que le cinéma-fiction n'est fait que de tricheries; oui, mais on cherche à obtenir des reconstitutions aussi authentiques que possible, alors qu'en Afrique on se contente de tourner n'importe quelle improvisation : « *It's good enough* », et nos enfants sont ainsi nourris par la télévision de fausses impressions, informations, quitte à ridiculiser les peuples concernés. Je trouve cela scandaleux et dommage pour les uns et les autres; c'est encore plus grave quand il s'agit d'une grande maison de production pouvant se permettre de viser un premier choix. Pourtant, les réalisateurs savent comment y parvenir puisqu'ils m'ont contactée à Paris et que je leur ai fait une proposition, ne demandant rien de plus que ce qu'ils donnaient à celui qui a organisé ces imitations de mauvais goût. De même, l'année dernière à Paris, une réalisatrice d'émissions scolaires préparant *Le Lion*, de Kessel, avait pris contact avec moi. Elle n'avait que de fausses informations sur les Maasai, ne savait même pas que les guerriers portent de longs cheveux, et lorsque je lui proposai non seulement toutes les parures authentiques des guerriers, mais encore d'entraîner celui qui pourrait être guerrier dans ses gestes et son port, nos accords ne purent aboutir, et nos enfants sont donc privés, dans le programme pédagogique scolaire, d'informations visuelles authentiques, car on préfère dépenser l'argent du film à d'autres rubriques.

C'est peut-être là le grand schisme entre la recherche et sa transmission au grand public. Pourtant, celui-ci ne demande pas mieux que de participer à l'aventure de la recherche scientifique, de recevoir des informations précises et authentiques. Mais ce sont les producteurs de programmes qui, se sentant sans doute menacés par la plus grande compétence du chercheur et ayant un certain mépris du public, cherchent uniquement à ce que leur émission marche à tout prix, sans interférence de l'extérieur. Et ce qui est pire, le public a l'illusion de recevoir des informations visuelles et autres, véridiques. Je me souviens toujours de l'émission « Connaissance des hommes » sur le Kenya. On y voyait de faux Maasai, mal déguisés, dont le port à distance trahissait déjà leur appartenance non maasai, venant déterrer des œufs d'autruche pour se faire une omelette, et utiliser la coquille comme réservoir d'eau. Or, si cela est vrai des Bushmen du désert du Kalahari, on ne peut nullement transposer ces mœurs aux pasteurs nomades que sont les Maasai, qui ne mangent jamais d'œufs et ne s'alimentent que de viande de leur cheptel : bœufs, moutons et chèvres. Et voici une émission qui vise à faire connaître à son public les autres hommes!

Tous mes collègues peuvent dire qu'il y a un préjugé des producteurs d'émissions contre les films réalisés par les ethnologues. Il est vrai que ceux réalisés par des maisons de production ont de plus grands moyens et des techniciens plus expérimentés. Mais si c'est au prix de l'authenticité, je pense que la préférence devrait être accordée à ces documents que ramène à grand-peine le chercheur. De toute façon, ils intéressent le public qui, j'en suis certaine, est prêt à faire quelques concessions, à condition de rencontrer sur le plateau l'auteur qui peut dire deux mots sur ses conditions de travail. Ici, je rends hommage à l'émission d'A2, « Itinéraire », et aux effort plus récents de FR3. Mais je pense que la situation se trouve résumée dans l'interview que j'eus avec une jeune femme de la septième chaîne en création (avant la nomination de M. Duby qui va sans doute changer beaucoup de choses) et qui me dit en souriant, ayant perdu le livre maasai que j'avais soumis avec mon dossier pour la production du film *Les Nouveaux Guerriers maasai* : « Oh, beaucoup trop CNRS! » Ce fut à mon tour de répondre : « Et le CNRS dit : beaucoup trop télévision! » Mais je suis persuadée que ce conflit, si bien résumé par cette confrontation, peut trouver une solution équitable, où le chercheur amène ses compétences et connaissances, et les télévisions leurs apports en connaissances techniques et moyens matériels de réalisation, pour la plus grande joie du public, pour lequel nous travaillons les uns comme les autres.

Ainsi le grand *laibon* (homme rituel) maasai Simel résume mon rôle : « Tu seras le pont entre nous, tu nous aimes, et ceux d'outre-mer qui t'aiment », transposant en termes de valeurs humaines des attaches et des obligations qui, hélas, chez nous en Europe, se résument rarement en termes d'amour, d'où ma réaction :

Peuvent-ils aimer, ces êtres en béton
qui s'élèvent si haut qu'ils perdent de vue
– les fourmis

– les éléphants
– les autruches
– les perruches
et moi ?
Tu seras le pont entre le béton et l'herbe sèche
qui les attend;
les guerriers effrénés, qui savent être
et ces autres êtres
qui savent avoir.
Pourquoi donc ?
Pour rien.
Ainsi soit-il, Simel aux nombreux cailloux
mijotés dans la calebasse de tes ancêtres.

Alors me voilà dans la situation ridicule d'être un pont
dont personne ne veut
qu'emporte le fleuve Mara lors des crues,
que dévisage un instant
le touriste français en grinçant les dents.
NON. Je le serai pour l'étudiant.
Peut-être lui saura-t-il
aimer l'autruche et la perruche
et M. X au fond des bois
où l'abeille ruche et je trébuche
Je serai le pont entre la tour Eiffel
et *australopithecus*
ou est-ce *homo erectus*
homo habilis
ou quelque autre *homo honorabilis ?*
Pourquoi ? Par amour.
De quoi ? De rien, de Tout.
O mon père.
Seul l'Amour traverse l'Univers
sur le dos d'un âne annelé
ou parfois d'un zèbre zébré.

Il n'était peut-être pas tout à fait orthodoxe de présenter comme rapport au CNRS, avec mes titres et travaux, mon recueil

Rêves/Réalités. Mon entourage me le déconseillait vivement. Pourtant j'ai toujours pensé qu'un texte poétique transmet, comme les mathématiques et mes modèles opératoires, le maximum de signification avec le minimum de mots. Après une absence de France de neuf ans, j'avais besoin de reprendre contact avec mes collègues de la commission du CNRS. Ce sont des personnes très occupées par de nombreux dossiers de chercheurs dont ils sont les rapporteurs, et je trouvais qu'avec cette solution je pourrais leur dire le maximum de choses sans trop les accabler, car cela se lit facilement et, on me le dit, agréablement. Ce texte m'est venu en trois semaines au moment où, après huit ans continus de terrain, j'étais rappelée à Paris alors que je n'avais pas encore tout à fait terminé l'étude du cycle rituel et j'espérais obtenir une prolongation. D'où :

Même le jasmin sauvage se flétrit
même lui dépérit
sous le soleil ardent
mais son parfum se répand
encore plus fort
séduisant les langueurs de nos aspirations.

Je n'ai nulle envie de rentrer à la ville ni même à Paris
et pourtant on m'appelle, toujours on intervient dans le
monde de mes aspirations.

Alors jasmin flétri
déverse ton parfum sur moi
pour qu'intacte je puisse revenir ici.
Car la ville souille, la ville désintègre
la ville corrode, même les roses.
C'est pourquoi, en l'abordant, je tremble
de frayeur, de fureur, d'une fatigue infinie
qui s'abat sur moi.

J'ai vécu intacte pendant des millénaires
en dehors du contact de l'air

et maintenant il me semble qu'en ouvrant mon sarcophage
l'air de la ville y pénètre pour me désintégrer
en mille poussières.

Jasmin sauvage flétri
embaume mon corps
embaume mon esprit
afin que je puisse revenir
intacte dans ce paradis.

J'obtins encore deux ans de mission sur le terrain en deux fois. Le message avait été transmis mieux que par de longs rapports.

Un jour un homme d'affaires ébahi me posa cette question : « Pourquoi consacrer de si nombreuses années de votre vie, et par-dessus tout les meilleures, à une vie sans confort et si ardue ? » D'abord : par amour. De quoi ? De rien, de tout. Cela me passionne d'apprendre tous les jours quelque chose de nouveau sur les possibilités de l'homme à résoudre les mêmes problèmes de façon différente, et je pense aussi que lorsque je parle de paradis c'est parce que je rejoins mon pays deux fois natal où je fus embaumée pendant des millénaires, et où de nouveau, au bord d'un autre fleuve, je naquis et vins vivre. Ce texte m'est venu spontanément, assise au bord du fleuve Mara, face à un buisson de jasmin flétri, et j'appris seulement plus tard que le jasmin est en fait l'un des ingrédients utilisés par les Égyptiens anciens pour l'embaumement.

Nous avons donc maintenant comme composantes de ma vocation de chercheur mes deux naissances : celle au bord du Nil en 2972 avant J.-C., et celle près du fleuve Limpopo; puis il y a cette insatiable curiositié qui me faisait, d'après mon ancienne gouvernante, assimiler tout ce que l'on me disait immédiatement et l'utiliser par rapport à ce que je savais déjà dès l'âge de sept ans, lorsqu'elle dut me préparer à la scolarisation, me faisant faire quatre classes en un an.

Un tel dit que je ne sais pas écrire en français
tel autre dit que je ne sais pas écrire en anglais.
En effet, trilingue dès mon enfance,
ensuite parlant, jamais simultanément
mais consécutivement, quatorze langues,
je n'ai jamais appris à écrire
ni en venda ni en tsonga,
kalanga, sotho, silozi
encore moins en afrikaans,
l'espagnol, je l'appris en lisant Lorca
et le gbaya en dansant chez eux
le maasai en vivant quatorze ans en Maasai adoptée, au Kenya
et le kiswahili en essayant de ne pas l'apprendre.
Le gukwe-khoi en détaillant les parties du corps
le tswana tant bien que mal
et le 'xung en effectuant des clics
que je n'ai jamais finalement su dominer.
Voilà comment, dans cette tour de Babel,
il n'est pas étonnant que je ne sache écrire.

Mais une des clés de mon travail, c'est de toujours, très vite, grâce à une oreille finement aiguisée par la musique classique et les rythmes des tambours, apprendre la langue des personnes dont j'étudie la société, et de chercher, grâce à cette assimilation, à penser comme eux et à comprendre leur société à partir de leur propre épistémologie. Pour cela il ne faut pas seulement apprendre la langue, mais vivre comme eux, assimiler journellement par tout son corps cette nouvelle réalité sociale :

J'ai dormi chez les Maasai dans des cases enfumées
où tous allongés comme des sardines sur un lit de branchages recouvert de peaux
on se retourne tous ensemble.
J'ai dormi dans des trous de sable chaud du désert du Kalahari

avec pour seule protection un cercle de feu,
ravivé par les Bushmen 'xung.
lorsque les fauves rôdaient tout autour.
J'ai dormi dans la suite royale de l'hôtel de Lusaka
entourée d'orchidées, car je portais les bracelets d'ivoire
de la royauté lozi.
J'ai dormi dans le palais Léalui.
Jeune fille j'ai dormi épuisée le soir après avoir dansé
le domba presque toute la nuit,
écrasée parmi les princesses venda
sur des nattes de papyrus.
J'ai dormi dans les paniers de feuilles des Bushmen gukwe
où il fallait s'accroupir pour entrer
et rester la nuit en chien de fusil.
J'ai dormi, lors des migrations chez les Maasai
sous quelques peaux posées sur des épines,
la pluie battante se déversant sur nous.
J'ai dormi dans des cases temporaires si petites
qu'en étendant mes jambes ma couverture prit feu.
J'ai dormi très souvent dans ma voiture.
J'ai dormi dans des maisons en verre, en terre,
en bouse de vache, en briques, en peaux, en épines,
en sable, en paille, en pierres
et partout j'ai bien dormi, car d'autres hommes en faisaient
autant et je voulais me prouver que moi aussi je pourrais
m'y faire et parce que chaque fois j'apprenais quelque chose de
nouveau sur les possibilités d'adaptation du corps humain.

J'ai mangé de toutes choses chez tout le monde :
des vers, des chenilles, des sauterelles,
des serpents, des œufs de fourmis,
passé de longs mois avec seulement du lait et de la viande
bu le sang chaud à la gorge du mouton;
j'ai dîné chez Maxim's avec Dali et Schiaparelli,
dégusté à Venise les fruits de mer,
des cuisses de grenouilles à Bruxelles,
des oursins à Port Lligat;

j'ai vécu de baies et de gibier
de bouillie de mil et de manioc :
j'ai désiré tout goûter, et partout j'ai trouvé des plats raffinés.
Enfant j'ai dansé avec le vent et l'herbe sèche
tourbillonnant avec des petites graines rouges
lancées d'un arbre par des pluies torrentielles;
j'ai dansé le domba – danse du python :
Tharu ya Mabidighami – le Python se déroule –
devenue princesse venda j'ai suivi les cours,
instruite par Lutanga à la cour de Mphephu,
j'ai dansé trois nuits et quatre jours sans arrêt
chez les Mhondoro Lions, invoquant les Magombgwe
j'ai dansé pour Mwali : oracle de Dieu
implorant la pluie, qu'il nous accordait ensuite
j'ai dansé la valse, le tango, la rumba, le slow,
le twist et encore le hustle,
– les danses samburu et celles des Maasai
– les feuilles tourbillonnantes chez les Gbaya
dans l'église de Zion, avec tambours;
partout j'ai trouvé que l'on invoquait Dieu
et que notre corps est fait pour danser.

J'ai pleuré en Afrique, j'ai pleuré en Europe,
j'ai pleuré dans l'air et encore sur mer,
et partout j'ai su que notre sort sur terre
c'est de souffrir sans jamais désespérer.
J'ai aimé partout des peuples divers
qui m'offraient des expériences extraordinaires :
hospitalité, rivalité, gentillesse, jalousie
le Bien et le Mal est partout pareil.
Alors pourquoi vous conter encore ces choses ?
Peu importe pour vous ce que je fais de mes jours.
Mais peut-être tout de même n'est-ce pas inutile
de savoir que l'on peut se plier à tout.
Par publicité ? NON – je l'ai fuie comme la peste.
Pour communiquer ? OUI, j'ai essayé sans cesse
de transmettre des expériences extraordinaires.

J'ai marché sur terre, j'ai vogué sur mer,
j'ai volé dans les airs
Parcouru l'univers,
Pour une raison quelconque qui se saura bientôt.

Chers lecteurs, voici quelque aperçu de ma vie de chercheur. Elle n'est pas autre que ma vie tout court, et je la vis avec un engagement total et une passion qui ne saurait tarir. C'est ainsi que mes enfants tout naturellement y ont été associés, et que cela leur donne un tremplin pour la vie « autre », leur offrant des possibilités variées. Et maintenant que chacun choisit son chemin et s'émancipe, c'est surtout moi qui regagne ma liberté et qui me sens rajeunie : prête pour le prochain parcours vers d'autres découvertes. J'ai de nombreux projets : de films, d'expéditions au Kalahari à la recherche de la Cité perdue, ailleurs pour rencontrer M. X, d'enseignement, de livres, de colloques – et j'aimerais que mon dzimba-a-mabgwe au bord du fleuve Mara devienne un lieu de rencontres, comme je le disais déjà en 1978 :

Soit. Je vous parlerai d'autre chose.
Du fait qu'ici sur le Mara, les rêves rejoignent les
réalités
qu'il y a intersection avec l'infinité
qu'il y a communion avec les animaux
qu'il y a dialogue avec les hommes
paix sur la terre, chants dans les airs et une infinie
beauté sur l'eau.
Même les roches volcaniques noires
se prennent à ce jeu de beauté
en cachant non loin dans leur sein
une brillante symphonie de cristaux.
C'est ici que je désire inviter des étudiants vrais
à venir à cheval, à dos d'ânes annelés,
colloquer.

Car je pense que des idées vraies surgiront
de rencontres dans ce lieu
entre ceux qui étudient les livres
et ceux qui étudient la vie
se rejoindront peut-être les êtres de l'avoir
et ceux qui ne sont que disciplinés par la rudesse,
la beauté, la méchanceté
la pitié, l'invincibilité de ce lieu.
Tous les éléments rituels s'y trouvent :
– le papyrus brouté par le buffle,
– le palmier luisant capteur du souffle de vie dispensée
  par l'eau,
– l'olivier sauvage aux feuilles pétillantes,
  utilisé pour le olassar :
  rite de purification par le feu, inaugurant
  tout village rituel
– le figuier dispensant le lait, : grand-mère universelle
  aux nombreux enfants,
– et la timide orchidée suspendue dans l'air
  qui respire pour plaire
et invite M. X à se joindre au débat
sur lui et son inexistence.
Mythe, Prototype, Ancêtre fossile
venez nous dire la vérité sur votre réalité
ou les rêves qui vous évoquent avec tant d'insistance
chez divers peuples en différents lieux.

Mon programme est chargé. Les journées sont trop courtes. Demain je reprends le chemin de Paris, où je passerai une nuit, avant de prendre le train de nuit pour Marseille où je vais monter deux films tournés l'an dernier. Georges reste à Nairobi pour piloter des avions; Caroline est à Los Angeles et Isabelle va partir au Brésil. Les ondes des pasteurs nomades se répandent à travers des continents. Et nous sommes une famille toujours proche les uns des autres pour renforcer nos chances de gagner : de communiquer à autrui ce que la vie nous a appris sur d'autres et donc sur nous-mêmes.

20.

MON MÉTIER IMPROVISÉ DE RÉALISATRICE

Il était dans l'ordre des choses que j'aboutisse au septième art. En effet, celui-ci combine tous les autres auxquels je m'étais adonnée dès mon enfance, en me cachant dans les hautes fougères chez mon grand-père pour écouter des sons divins : Cortot jouant Chopin, le trio Cortot-Thibaud-Casals jouant Mozart, Yehudi Menuhin et son violon magique, tandis que voltigeaient au-dessus de moi les hirondelles esquissant une chorégraphie subtile, scandée par le cri rauque de l'Aigle pêcheur, mon protecteur.

L'élément le plus important d'un film, c'est son rythme. Comme c'est le rythme qui importe le plus en toute chose. C'est pourquoi des peuples du « tiers monde » apparemment démunis de biens matériels vivent d'un bonheur et d'une harmonie qui ont toujours étonné ceux qui, en d'autres lieux, vivent écrasés sous le poids de leurs biens, obnubilés par leur « avoir » et la recherche d'un « standing » toujours plus élevé.

La perte du RYTHME entraîne la frustration, tandis que ceux bercés dès leur enfance, au rythme des tambours ou ballottés sur le dos de la mère se déplaçant à grandes enjambées scandées, ou pilant le maïs en chantant, simulant les gestes de la première création, se trouvent être comblés.

Si le réalisateur porte le rythme d'un film en lui, c'est à la fin qu'il prend forme. Son et musique jouent un rôle au moins aussi important que l'image, elle plus apparente. Mais toute la magie du cinéma est actualisée lors du montage, lorsque, ayant découpé le film image par image, celles-ci commencent à exprimer une volonté propre, et s'organise à l'insu des uns et des autres dans une apparence du réel plus réelle que la réalité. Il semble alors qu'un dialogue s'installe entre elles et le réalisateur qui prend parfois l'allure d'une véritable bataille, pour exprimer une réalité qui doit nécessairement en sortir, à laquelle est branché le monteur, sensible aux exigences de l'un comme de l'autre.

Très tôt la dimension cinématographique s'imposa à moi. Pierre, mon mari, ami de Jean-Pierre Melville, animateur des premières cinémathèques, emprunta une vieille caméra Paillard 16 mm et ensemble nous tournions la danse du python du domba venda, à laquelle jeune fille j'avais été initiée. Grâce au fait que je revenais jeune mariée en instructrice du domba, et à mes antécédents, nous avons pu obtenir la permission de tourner et d'enregistrer certains des moments de cette initiation, dans toute son authenticité. Ces images, prises en 1960, durent attendre longtemps pour voir le jour, ce qui se réalisa en 1982 dans des conditions d'une austérité incroyable, avec seulement quatre jours de montage accordés par CNRS-Audiovisuel. Ce film, *Le Python se déroule*, présenté dans des festivals à Paris et à Londres, puis au Brésil, fut sélectionné en 1985 pour le « Margaret Mead Film Festival » au Museum of Natural History à New York, et continue une existence qui se déroulera sur de nombreux horizons. Ayant séjourné vingt ans dans les coffres-forts d'une banque, il eut le temps, tel un bon vin, de mûrir; mais chose bizarre, étant parti à Londres pour un festival, selon les normes officielles établies, ce film disparut pendant quatre mois et, pour le présenter au Collège de France, je dus avoir recours à la copie de travail en noir et blanc. Un jour, mon fils qui regarde assidûment la 6e chaîne me dit que quelques images de mon film apparaissent dans un clip anglais, ce que j'ai pu également par la suite constater! Mais entre le rythme du Honey Thief et celui du domba, j'opterai toujours pour celui du domba.

Un phénomène que nous n'avons pu expliquer s'est produit dans ce film. A un certain moment de la danse, lorsque les jambes des jeunes filles alignées pour simuler les mouvements du python qui se déroule sont prises en contre-jour, apparaît l'image en superposition de Dzivaguru, le Grand Esprit cosmique (Gombgwe) représentant Neptune, qui vit des centaines de kilomètres au nord près du fleuve Zambèze.

Dzivaguru (trou d'eau tourbillonnante) représente le python qui, au début de la création, la vomit tout entière. Or, précisément, on enseigne lors de l'initiation domba que chaque jeune fille procréatrice est porteuse d'un serpent attaché à son nombril qui, lors de la naissance de leur enfant, vomit cet enfant. Dzivaguru, qui représente aussi les remous de l'océan primordial, secoue la tête d'un mouvement de va-et-vient des marées, et tient à la main son sceptre muni de trois phallus qui, dans notre film, se situent juste au niveau du sexe des jeunes danseuses. Or aucun trucage de notre part n'a permis cette interférence de Dzivaguru, sur les jeunes filles du domba, à l'aube de leur vie procréatrice pour laquelle les prépare cette initiation. Aucune explication technique satisfaisante ne peut rendre compte de ce phénomène.

Pendant que le film séjournait dans les coffres-forts, je me disais souvent qu'il s'agissait là d'une illusion, et qu'à la prochaine projection nous ne verrions plus Dzivaguru. Mais à Paris, Londres, São Paulo, Brasilia, New York, chacun a pu constater son apparition. Ce qui ne devrait pas trop nous étonner finalement, car ne suis-je pas en même temps initiée du domba et acolyte de Dzivaguru ? Je porte donc en moi ces deux réalités qui s'actualisent simultanément lors de la réalisation de ce film. Les ondes cosmiques, pour devenir image, ont besoin d'un canalisateur : c'est sans doute le rôle du réalisateur.

Ce n'est peut-être pas non plus un hasard que ce film ait été le premier de mes films à voir le jour. D'autres, tournés au Zimbabwe un peu plus tard, attendent encore d'être montés. Les chemins du CNRS sont en effet difficilement prévisibles. Ainsi, en 1968, nous fut voté de quoi tourner plusieurs films. Mais la nouvelle commission ne voyait pas l'intérêt de voter des crédits pour le montage des films considérés comme une extravagance pour un sociologue. Et ceux-ci attendent encore dans les coffres-forts de voir le jour... mais je sais que ce jour viendra. En attendant, je réalise d'autres films, car il est urgent d'enregistrer ces grandes cérémonies, vouées, par les politiques contradictoires de notre temps, à disparaître.

Je n'ai jamais compris comment et pourquoi les pays, qui sont les premiers à parler de la conservation de leur héritage culturel, sont aussi ceux qui obligent les peuples fiers de leurs coutumes et cérémonies à les abandonner. C'est ainsi que le CNRS-Audiovisuel, trop souvent traité en parent pauvre du CNRS, fait l'impossible pour que des chercheurs de divers horizons puissent réaliser des films... mais la tâche est immense et les moyens minuscules. Je me suis trouvée à deux reprises devant une décision critique : soit à tout prix, en prenant des risques énormes, réaliser le film de cérémonies à longs cycles, célébrées pour la dernière fois; soit en abandonner l'idée. Par deux fois, j'ai pris ce risque. Je ne le regrette pas, mais l'enjeu était énorme.

Chacun sait qu'il faut souvent plusieurs années pour monter une production. En 1970, j'avais assisté à la grande cérémonie du Emuowo Olkiteng. Les jeunes garçons maasai, aspirant à devenir des guerriers dits de main droite, terrassent un taureau puis le strient pour l'emmener ensuite sur une falaise où il sera sacrifié. C'est une cérémonie très spectaculaire à long cycle (personne ne me disait de combien d'années il était). J'avais eu le droit de prendre quelques photos à l'époque, mais avais déjà décidé qu'il faudrait filmer la cérémonie suivante. A partir de 1982, on commença à parler de préparatifs pour cette cérémonie. Je me déplaçai plusieurs fois au cours des années 1983 et 1984 pour savoir où en étaient les préparatifs. Mais une sécheresse sévissait, et les Maasai me disaient que, pour que la cérémonie puisse avoir lieu, il faudrait en attendre la fin. Puis en juillet 1984 on me dit que la cérémonie aurait vraisemblablement lieu au mois d'octobre.

Invitée pour deux mois au Brésil afin d'assurer des conférences à l'université de São Paulo, j'accepte donc d'y aller en août et septembre 1984. J'avais mis tout en place pour qu'une équipe de la télévision française vienne tourner avec moi au mois d'octobre la grande cérémonie maasai. Puis certaines confusions eurent lieu, par lesquelles on tenta de m'enlever la réalisation de ce projet pour le confier à un réalisateur vétéran. Cependant, je savais que j'étais la seule au monde, par mon appartenance à la société maasai, à pouvoir réaliser dans son authenticité et son intégralité le film de ces cérémonies. Mais la querelle à peine entamée fut esquivée : dès mon arrivée au Brésil, un coup de fil de mon fils au Kenya m'apprenait que les garçons se réunissaient au pied de la montagne sacrée et exigeaient que la cérémonie eût lieu avant la fin du mois d'août, car leur Homme rituel, le Laibon, avait prédit que dans ce cas la pluie tomberait. L'équipe française n'était pas libre dans l'immédiat : je n'avais qu'une semaine pour faire d'autres arrangements, et cela du Brésil. Ma fille Isabelle, coréalisatrice du film, se trouvait à Paris. Quelques minutes avant une conférence publique à l'université de São Paulo, je hurlais au téléphone : « Isabelle, annule le contrat à Paris. Je vais trouver une coproduction brésilienne », sans la moindre idée de « comment » et « où ». Puis je me rendis à la télévision brésilienne pour y visionner des films dont un me plut. « C'est avec la réalisatrice de ce film que je veux travailler », devais-je annoncer. « Oh, elle est américaine et n'est pas souvent au Brésil, mais son mari français est peut-être là. » J'obtins son téléphone, et sur-le-champ un rendez-vous avec Maureen qui était là. Chez elle, je me trouvai dans un assemblage de plumes, de peaux, de poteries qui m'évoquaient mon propre intérieur, et il fut décidé d'emblée qu'elle partirait dans quelques jours pour le Kenya comme directeur de la photo. Elle contacta le cameraman avec lequel elle avait l'habitude de travailler, qui lui aussi fut d'accord pour tout abandonner en faveur du film maasai. Il ne restait plus qu'à trouver les billets. En quelques coups de fil et quelques escales, ceux-ci furent miraculeusement trouvés. Tout semblait se mettre en place comme par magie.

A Paris, de son côté, Isabelle poussait des portes interdites pour recevoir des accords de principe pour la postproduction avec A2, et une avance de pellicules d'un laboratoire. Il devenait évident que ce film devait être tourné et que toutes les puissances visibles et invisibles cherchaient à s'en assurer. Arrivée la première, quatre jours seulement avant la cérémonie, je devais encore acheter une voiture tout terrain. Ole Kapusia assurait le rôle d'assistant réalisateur; sans sa présence et ses directives rien n'aurait pu être fait. Isabelle, bardée de pellicules et de bandes magnétiques, arrivait le lendemain de Paris.

Dans la nuit qui précéda la cérémonie devait arriver l'équipe brésilienne. A une heure trente du matin, nous étions tous à l'aéroport. Maureen sortit avec les bagages : caméras, pieds, etc., mais pas de cameraman! Elle était passée avec son passeport français qui ne posait pas de problème, mais le cameraman brésilien n'ayant pas de visa en règle était retenu à l'aéroport et ne pourrait entrer, affirmait-on. Notre régie kenyanne me conseilla de repartir à l'hôtel prendre un sommeil bien nécessaire, tandis qu'il s'occuperait à la première heure de faire entrer Lucio. En attendant, il serait confortablement logé à l'hôtel de l'aéroport. « Je ne savais pas que l'aéroport a un hôtel », devais-je innocemment dire. Le lendemain, un cameraman épuisé arriva. En effet, il avait passé la nuit sur une chaise peu accueillante, mais comme dit notre régisseur : « J'ai émis un mensonge pour vous permettre de dormir sans remords ni inquiétude! » Nous prîmes immédiatement la route. Notre cameraman, qui avait été deuxième caméra pour le film *La Forêt d'émeraude* tourné dans la verdure luxuriante de l'Amazonie, devait s'exclamer devant la lumière diffuse de ces plaines assoiffées : « Que puis-je faire avec une lumière pareille ? »

En ce qui concerne la lumière, il s'en est très bien tiré. C'est à d'autres obstacles qu'il vint se heurter.

Il n'est jamais facile de travailler avec les Maasai, société acéphale sans aucune hiérarchie, où chacun se dit plus important que son voisin. Nous avions beau avoir la permission des organisateurs de filmer cette cérémonie, il y avait toujours quelqu'un pour donner des contrordres. Dans ce cas, notre opposant était redoutable puisqu'il portait l'uniforme d'un chef de l'administration. Notre régie avait beau lui montrer nos permis de tous ordres provenant des hauts lieux de Nairobi, il usait de son aura pour soulever l'opinion contre nous. Maureen et le cinéaste, ne comprenant pas le maasai, continuaient à filmer de leur mieux. Mais je vis le moment où la bagarre risquait d'éclater et je savais que même les caméras pourraient être abîmées. Le temps n'était plus aux explications, je dis à Maureen de rentrer au campement (car de toute façon les femmes ne sont pas admises dans les réunions des hommes et moi j'y ai conquis ma place grâce au fait que je reste effacée...). Pour la caméra, il fallut la pousser vers le bas, pour que chacun voie vite que nous ne filmions plus, ce qui pour un Brésilien n'y comprenant rien fut un acte impardonnable de mépris! Pardon, chers collaborateurs, les moyens les plus forts sont parfois de rigueur pour éviter le pire! Devant ma démission apparente, tout rentra dans l'ordre et je pus continuer à filmer ailleurs, dans une atmosphère plus détendue. Mais c'est maintenant mon équipe qui se sentit frustrée. Comment mener à bien une tâche aussi lourde et plaire à chacun? Je le saurai peut-être un jour. Mais je pense que les antagonismes font partie du quotidien, comme aussi la complémentarité, et que l'essentiel est de savoir les accepter et les programmer.

La tension montait parmi les participants à la cérémonie, car une rivalité opposait les garçons appartenant aux deux sections, Purko et Keekonyoki, qui cherchaient à s'évader pour être les premiers à attraper le taureau rituel. Ce faisant, ils risquaient de se battre et les organisateurs des rites faisaient l'impossible pour les garder au village. Soudain, ils se sont évadés, juste au moment où nous pensions avoir un peu de répit pour recharger les magasins... une scène de transe collective éclata. Le sort a voulu que nous ne l'enregistrions pas... peut-être aurait-elle été déconcertante pour le public, déjà ahuri par l'image d'un seul jeune homme en transe.

Notre ingénieur du son kenyan, charmant, excellent musicien, muni d'un équipement parfait, s'intéressait plus à la musique pour elle-même qu'à la synchronisation du film. Cependant le reste du tournage, épuisant, se passa sans embûches. Je voulais tourner une migration, mais je ne pourrais garder sur place l'équipe brésilienne jusqu'à ce que les membres du manyata se décident à quitter les lieux. Trois semaines plus tard je devais trouver mieux : un manyata célébrant un cycle de trente ans était en migration que je réussis à tourner avec une jeune femme à peine remise de son accouchement.

Lorsque les « pères » maasai ont annoncé le nouveau nom des garçons destinés à devenir les prochains guerriers et se sont mis à cracher sur eux de l'hydromel en bénédiction, un énorme coup de tonnerre vint leur répondre et confirmer la prédiction de l'Homme rituel. Tandis que depuis un an il n'avait pas plu et que le bétail maigre et titubant mourait partout, il plut toute la nuit pour consacrer ce nouveau groupe d'âge. Il avait fallu attendre quatorze ans pour que la cérémonie du Emuowo Olkiteng eût lieu à nouveau. Il est probable que celle-ci, que nous avons pu si miraculeusement filmer, sera la dernière.

Notre film *Le Taureau strié*, sélectionné pour le Festival de Venise en 1985, est passé sur A2, la WDR en Allemagne et suit un parcours heureux. Grâce au fait que les Maasai ont considéré que ce film reste fidèle à leur perspective, ils nous ont appelés pour filmer leur cérémonie eunoto en mars 1986, film réalisé dans des conditions encore plus délirantes que le précédent.

Il est habituel d'attendre environ sept ans entre le Emuowo Olkiteng et la célébration de la fin de la période de guerrier : l'eunoto, cérémonie par laquelle on rase les guerriers pour qu'ils deviennent des hommes ayant maintenant le droit de se marier. Je pensais donc avoir devant moi plusieurs années pour monter la production de ce prochain film. En attendant j'avais l'intention de réaliser avec des guerriers un autre film : *Les Nouveaux Guerriers maasai*, montrant comment les guerriers abandonnaient les razzias de bétail, devenues non rentables depuis qu'ils avaient à leurs trousses non seulement l'ennemi traditionnel auquel ils avaient subtilisé le bétail, mais encore la police qui leur promet sept ans de prison au cas où ils seraient pris. Ils remplacent très avantageusement pour tout le monde les razzias par le commerce de bétail, tout en accomplissant leur rôle traditionnel de guerrier : celui d'accroître les troupeaux. Pour cela, ils jouent astucieusement sur les deux gammes de valeurs : la traditionnelle, par laquelle une génisse, à cause de son potentiel de procréation, vaut un gros bœuf, et celle des marchés des villes où un gros bœuf est vendu pour trois mille shillings kenyans, l'équivalent de quatre génisses et un jeune taurillon. Avec ce genre de commerce le guerrier aura pu mettre en trois mois soixante-douze têtes de bétail dans son troupeau, ce qui équivaut au butin d'une très grande razzia ou de trois mois de petites razzias, sans en encourir les risques et tout en contribuant à l'économie nationale.

Le sort voulut que je puisse tourner les deux films en même

temps. En février 1986, je reçus un coup de fil du Kenya de mon coréalisateur et ami maasai disant : « Venez filmer notre eunoto qui aura lieu à la prochaine lune pour la dernière fois. » Je fis vite un calcul : il ne restait plus que deux semaines avant la prochaine nouvelle lune. Comment faire pour monter une production en deux semaines ? Il fut décidé que je partirais immédiatement pour le Kenya et qu'Isabelle chercherait à suivre toutes les filières susceptibles de participer à cette production à Paris. Dans l'avion, je rencontrai le directeur d'une agence de voyages qui m'offrit des facilités, dont un minibus avec chauffeur, et je trouvai alors sur place d'autres sponsors : logement de mon équipe, essence et autres. Avant mon départ, j'avais rencontré un jeune homme qui se proposait comme coproducteur, certain, disait-il, de pouvoir recevoir une subvention d'une organisation internationale.

Heureusement pour moi, la cérémonie fut repousée d'une lune. Mon équipe arrivait de toute façon, ce qui nous donna le temps de tourner, avec le concours de neuf guerriers choisis, le film *Les Nouveaux Guerriers maasai*. Nous étions en communication téléphonique avec le soi-disant coproducteur de Paris qui promettait toujours que l'argent serait versé à ma banque à la fin de la semaine... ainsi de semaine en semaine. En attendant, je tournais et accumulais les dettes à titre personnel ! Quelle folie intégrale ! Et l'eunoto approchait. Devais-je renoncer à tourner cette cérémonie qui avait lieu pour la dernière fois ? Il est tellement contraire à mon caractère d'abandonner en cours de route que je fonçais, priant que quelque chose arrive pour m'aider à m'en sortir. J'avais l'accord de notre réalisateur maasai d'attendre d'être payé, du cameraman aussi. Le seul à être payé d'avance était le soi-disant ingénieur du son, qui en fait n'en était pas un, mais un musicologue, comme nous devions plus tard le constater. L'homme de la régie, voyant Isabelle et le cameraman repartir le 20 mars, eut sans doute peur de ne pas être réglé et confisqua leurs passeports. Moi, je restai encore jusqu'à la fin du mois dans l'espoir de tout démêler. Une course rocambolesque s'ensuivit pour obtenir de l'ambassade un laissez-passer pour Isabelle et pour faire arrêter l'auteur d'un procédé si peu conforme à toute déontologie. Puis, à la dernière minute, il s'avéra que le voisin chez lequel Isabelle avait déposé tout le matériel qu'elle devait ramener à Paris pour d'autres chercheurs avait oublié de laisser la clé et était parti prendre le train pour Mombasa. Sous une pluie battante, une autre course effrénée s'ensuivit vers la gare, où ils arrivèrent juste à temps pour récupérer la clé, et ils eurent tout de même leur avion, accompagné de l'équipement. J'arrivais à la fin du mois avec dix heures de rushes, sans postproduction prévue, et avec tout le tournage à amortir. Pour l'amour de la science... ou est-ce de l'insouciance?

Il est heureux que je n'aie jamais considéré l'argent comme très important, donnant toujours la priorité à ce qu'il faut faire, avec l'assurance qu'il viendrait en son temps. Mais cette fois-ci il fut réellement long à venir. Voici un an que j'ai tourné et c'est le mois prochain que je commence à monter, et que je m'en sors. Mais considérant qu'il est usuel de prendre au moins un an pour monter une production, je reste dans les normes puisqu'il n'y a qu'un an que ce fameux coup de fil m'appela pour filmer. De plus, j'ai réussi à tourner deux films, car après il n'y aurait plus eu de guerriers pour réaliser le film qui me tenait à cœur : *Les Nouveaux Guerriers maasai*. Je n'étais toujours pas satisfaite, car je rêvais d'une longue file de guerriers qui traversaient la plaine, le tout tourné à partir d'un ballon. Mon rêve faillit se réaliser, mais il y avait toujours un contretemps, ou était-ce le vent qui soufflait ailleurs que dans le sens de mes rêves?

Et maintenant je dois affronter mes joyeux farceurs, qui, m'ayant laissée assumer seule la production de mes films, écrivent : « Nous avons réalisé avec votre collaboration un film sur l'eunoto et demandons la restitution des bandes-son et des rushes pour un clip! » Certains ne manquent pas d'audace! Notre coréalisateur maasai et l'Orateur, chef des « Propriétaires des rites », qui, se rendant compte que l'ingénieur du son ne voulait pas me céder les bandes-son, s'étaient assurés qu'il nous les remette, avaient bien précisé : « Vous, nous ne vous connaissons pas; vous êtes venus ici pour travailler pour ce film que réalise Jacqueline avec nous. Elle est des nôtres. Aucun étranger n'a eu le droit de venir ici prendre image ou son. Le son comme l'image ont été donnés pour le film et non pas à vous. Nous exigeons qu'il nous soit remis immédiatement. » En effet, les Maasai ne se laissent pas exploiter par des farceurs!

Les éléphants sont venus sur le versant en face de la maison, ont agité leurs énormes oreilles, ont humé le vent, puis ont disparu dans la forêt en face. De la montagne une belle jeune femme parée de perles multicolores nous apporte du lait et des nouvelles de la montagne : il a plu; le bétail rit, les enfants rient; tout le monde va bien.

« Je veux être circoncis »

A la fin du tournage du *Taureau strié*, l'orateur Purko est venu nous inviter à la fête de sa circoncision qui aurait lieu trois semaines plus tard chez lui dans les montagnes de Mau Narok. J'assistais très souvent aux circoncisions des fils de nos amis maasai, sans chercher à photographier, et je lui dis que je ferais tout mon possible pour être présente. « Mais vous devez venir me filmer... vous verrez, je vais être très courageux! » J'étais réellement ahurie... car jamais je n'aurais osé demander de filmer une circoncision et voilà que l'on m'invitait à le faire! Mais notre équipe technique brésilienne s'en retournait, et moi j'avais à repartir avec les pellicules enregistrées pour les remettre au laboratoire. Il fut décidé qu'Isabelle resterait sur place au Kenya pour trouver des techniciens locaux, et que moi je repartirais dix jours à Paris pour monter la production. La cérémonie se déroulant sur trois jours, notre film intitulé *Je veux être circoncis* était donc bien délimité dans le temps et l'espace.

Comme cameraman nous avons trouvé un Khoi, ancien photographe de Martin Luther King, maintenant installé au Kenya, qui nous dit amener son ingénieur du son. Ils avaient l'habitude de travailler ensemble et leur synchronisation était excellente, mais le micro avait perdu son bonnet et il fallait tout le temps le rafistoler avec de la mousse dans l'espoir d'éliminer les sons parasites.

Nous arrivons dans ces montagnes, la veille de la cérémonie. Il n'y a pas de route. Ole Kapusia conduit notre grande Land-Rover, de l'ex-armée britannique, bourrée d'équipements; moi je conduis la petite tout-terrain avec les passagers. Tout à coup, ne voyant rien dans les hautes herbes, on se retrouve avec deux roues dans le vide et tout le monde saute de l'auto; moi seule, tel le capitaine d'un navire, n'ose la quitter, me disant qu'avec mon poids en moins elle se retrouverait dans le ravin. Les villageois accourent; Ole Kapusia demande des lanières en peau de bœuf; tout le monde tient la voiture pendant qu'il entre dedans à grand risque pour tâcher de la ramener sur le droit chemin.

Dès l'aube le village s'anime. Le jeune homme devant être circoncis et son frère aîné (ils ont vingt-deux et vingt-trois ans) partent avec le bétail en brousse. Les invités commencent à arriver. Les guerriers viennent en force et commencent à danser; les femmes partent en brousse chercher des branchages d'olivier sauvage pour construire le lit des novices; les jeunes novices (nouvellement circoncis) arrivent en délégation, portant d'imposantes coiffes d'oiseaux empaillés par leurs soins; ils chantent le chant de la circoncision tout en frappant sur des bâtons, scandant ainsi son rythme... et vers trois heures de l'après-midi (dites neuf heures chez les Maasai : heure privilégiée), les deux garçons arrivent au village précédés par les veaux; ils tombent en transe et sont soutenus par les frères aînés. Puis notre héros entre dans une transe molle extraordinaire, par laquelle il arrive à se projeter ailleurs, tout en enregistrant parfaitement les indications que lui donnent les officiants du rite. Ainsi on le rase, on fabrique des chaussures en peau de bœuf en mesurant son pied, puis on l'emmène passer la nuit sur son lit d'olivier sauvage, où pendant toute une nuit il refuse de se confesser. Il avait pourtant été prévenu que pour que ses plaies guérissent il fallait se confesser. Les femmes étaient complices de son secret, car il avait une maîtresse parmi les femmes mariées donc excisées, ce qui est interdit à un garçon non circoncis. A l'aube, il se confessa; une querelle virulante s'ensuit entre deux de ses frères aînés : l'un disant qu'il fallait demander à leur père de payer une amende d'un bœuf, ainsi aurait-il le droit comme les autres de s'adosser contre son oncle maternel; mais l'autre frère en colère disait que puisqu'il avait voulu s'arroger les prérogatives des hommes tout en n'étant qu'un garçon non circoncis, il devait maintenant prouver sa valeur en étant opéré sans le secours de l'oncle, adossé seulement à une branche d'olivier sauvage. Les deux frères s'affrontent en transe et on doit les séparer; je demande au cameraman de prendre des gros plans des visages en colère, raidis par la transe, mais celui-ci, très impressionné, me réplique : « Je n'accepte pas de me faire tuer pour votre film! »

C'est la dernière solution qui fut adoptée par le jeune homme lui-même, et nous avons alors compris pourquoi il nous avait dit : « Je serai très courageux »; le fait d'être filmé était une des motivations de cette bravoure.

Le moment de la circoncision est toujours extrêmement émouvant. On assiste à un véritable sociodrame par lequel chacun crie, hurle, donne des ordres, tombe en transe, tandis que seul celui qui subit l'opération reste parfaitement immobile, sous peine de déshonorer sa famille et, bien sûr, lui-même. S'il bouge seulement un orteil, tout le monde quitte la fête et son père doit payer une amende d'un gros bœuf à son groupe d'âge. Cette honte l'accompagnera toujours. Il n'aura pas su faire ses preuves de guerrier.

Notre cameraman entra entièrement dans le sociodrame; il était tellement ému que sa caméra se baladait partout et avait peine à se stabiliser sur son sujet. Je dois dire que la foule l'y aidait – le bousculant, chacun cherchant à voir de plus près l'intervention, chacun criant des ordres tandis que les jeunes garçons émettaient des cris à mi-chemin entre les pleurs d'enfants et les transes d'adolescents. Au montage, on décida de garder tous ces mouvements fous de la caméra, qui rendent bien l'ambiance.

Ce film est loin d'être techniquement parfait : mais il arrive à créer une émotion. Or, je pense que c'est là le but du cinéma : pouvoir créer une émotion quelle qu'elle soit. Ainsi un film dont la production a été montée en trois semaines, tourné sans moyens, monté au CNRS-Audiovisuel avec seulement une petite subvention du Département des sciences de l'homme et de la société, et en vingt et un jours de montage, prend sa place auprès d'autres, réalisés avec de grands moyens, car il arrive à émouvoir.

C'est pourquoi je continuerai à tenter l'impossible, à ne jamais refuser une opportunité offerte d'enregistrer pour d'autres, par tous les moyens connus, la condition humaine, si variée, si étonnante par les solutions qu'elle est amenée à trouver aux mêmes problèmes qui nous confrontent tous : naître, grandir, affronter joies et douleurs, aimer, se marier, procréer, élever nos enfants, travailler pour subsister, subsister sans travailler, mourir.

Merci, Orateur, de nous avoir invités à filmer votre circoncision et d'avoir été si courageux, affrontant cette épreuve en l'homme que vous aviez déjà su être garçon.

J'ai encore d'autres projets de films – tourner sous d'autres horizons les grandes cérémonies auxquelles j'ai eu le privilège de participer. J'attends le moment propice, toujours dans l'espoir, sans me faire trop d'illusions, que cette fois-ci j'aurai le temps et les moyens de monter une production normale. Mais cela existe-t-il ?

Mara Oltukai : comme toujours un paradis. Le soleil brille et tout scintille, les feuilles luisent, les fleurs rient, l'herbe danse, les hippopotames bâillent, les éléphants avancent pour me présenter leurs nouveau-nés, et moi j'ai retrouvé mon bien-aimé.

En une journée j'ai oublié les longs mois ardus parisiens, les palabres sans fin avec les pharisiens, la vulgarité de la télé et les mornes propos des médias mortuaires; le froid qui glace jusqu'à nos pensées et les collègues préoccupés non de collaborer les uns avec les autres mais d'entraver le progrès de ceux qui pourraient peut-être amener du nouveau.

Les hirondelles ont ajouté un deuxième nid au côté du leur, afin que leurs enfants nés l'été dernier puissent habiter en voisins et ajouter une nouvelle génération d'hirondelles pour bénir la toiture de ma maison. Six hirondelles s'entassent dans un seul nid, après avoir contourné le fleuve argenté où murmure le poisson-chat au ventre rosé, et glisse le crocodile parmi les papyrus complices, accrochés aux rochers. Le babouin aboie pour nous prévenir du danger : trop tard, notre chiot est entraîné sous l'eau pour servir de repas à ce vieux croco édenté. Le léopard furieux bondit de son rocher, car lui se le réservait pour les jours de famine, lorsque les antilopes impala se seront enfuies vers d'autres pâturages. Car si les lions suivent facilement leurs proies, lui préfère rester sédentaire dans son rocher surplombant le fleuve où tôt le matin on les voit s'abreuver, quatre petits, leur énorme mère, et lui, le prince tacheté des lieux.

Évasion, rêve. Que sont-ils devenus notre rêve d'évasion, notre évasion par le rêve?

Le cinéma plus que tout nous le permettait, mais voici que la télévision le remplace et propose des scènes de notre vie quotidienne. Ne pourrons-nous jamais donc y échapper? Et pour évasion on nous propose des nus, comme si notre propre nudité quotidienne ne suffisait pas. Ne savent-ils donc plus que les sept voiles font rêver des grâces qu'ils nous cachent tandis qu'un corps nu, fût-il beau, nous amène du déjà connu qui ne nous réserve aucune surprise... aucune évasion!

21.

LES MAÎTRES DE LA TERRE

Les Torrobo sont des chasseurs cueilleurs, anciens habitants des forêts du Kenya. Maîtres de la terre, qui ont toujours su vivre en symbiose avec les peuples envahisseurs, tout en adoptant certaines de leurs coutumes. Ceux des forêts de Kimendet ont un village de guerriers (manyata) qui se joint à celui de leur voisin Maasai siria pour la grande cérémonie de l'eunoto. Ceux de Dol-Dol, près du mont Kenya, ont adopté les coutumes des guerriers samburu, mais célèbrent séparément leurs cérémonies. Ils ont quatre manyata de guerriers, et il existe une certaine rivalité entre les quatre villages cérémoniels des guerriers torrobo. C'est là que je fus impliquée dans un incident rocambolesque qui aurait bien pu se terminer mal pour moi.

Nous venions, Ole et moi, de passer une dizaine de jours dans un des manyata torrobo; nous apprenons que les habitants du fin fond de la forêt vont célébrer les premiers leur grande cérémonie ilmugit. Munis des permissions des chefs du gouvernement torrobo et des administrateurs pour y participer, nous escaladons tant bien que mal les pentes glissantes de la montagne, le long de chemins tortueux à travers une forêt exceptionnellement dense et obscure. Vers la tombée de la nuit nous arrivons au manyata où l'Orateur des guerriers déjà prévenu de notre arrivée nous attend. Il nous présente aux habitants de son manyata et nous installe dans la maison de sa mère que nous partageons avec ses sœurs. Après un repas de lait caillé et l'échange traditionnel de nouvelles, épuisés nous nous endormons sur les lits de branchages recouverts de peaux. Vers une heure du matin je suis réveillée par un faisceau de lumière dans le visage et une voix agressive d'un homme qui me dit de me lever et de le suivre. Je vois alors que c'est un militaire des troupes de choc, me prévenant qu'il vient me sauver d'une mort certaine : il dit que les guerriers des deux manyata – celui que nous venons de quitter et celui que nous sommes venus rejoindre – s'étaient affrontés dans les plaines et qu'il y avait deux morts; qu'un régiment de guerriers du premier manyata se dirigeait vers celui-ci pour se battre et me récupérer, et que ces batailles étaient de ma faute, car une Blanche n'avait pas à venir habiter les casernes (manyata) des guerriers. Pour me protéger et empêcher la bataille, ils sont venus me chercher avec l'ordre de m'emmener immédiatement à leur baraque dans la plaine où je serais à l'abri. Cette histoire est si invraisemblable et si contraire à la psychologie ormaa (ceux du complexe culturel maasai) qu'Ole met en doute son bien-fondé. Cependant, comme il ne faut jamais contrarier des militaires de choc sous peine d'électrochoc, nous leur signalons notre accord de les suivre mais seulement dans ma voiture, conduite par Ole et accompagnés d'un des leurs muni d'un fusil pour nous protéger.

La route est un cauchemar. La pluie continue. Cette route est bombée, recouverte d'une argile rouge des plus glissantes et l'auto se retrouve sans cesse dans un ravin ou au mieux en travers de la route. Heureusement pour moi, notre pont arrière se brise et nous ne pouvons continuer. Je refuse d'abandonner ma voiture dans cette forêt; j'exige que le camion du préfet vienne nous remorquer à la première heure et qu'un garde du corps reste avec nous pour nous protéger dans cette forêt remplie de buffles et d'éléphants, et surtout de l'armée des guerriers à laquelle j'étais décidée à me rendre, plutôt que d'accompagner ces militaires agressifs qui commencent à perdre la face... puis disparaissent. Le lendemain à la préfecture, nous apprenons que le préfet, alerté de la mort des deux guerriers, avait lui-même mené l'enquête. Il se révéla que tout ceci était sans fondement mais une astuce des deux militaires pour arriver à m'emmener chez eux. L'aventure se termina très mal pour eux et nous avons pu regagner le manyata à temps pour assister aux cérémonies avec une voiture réparée par les soins des mécaniciens militaires des baraques, sur l'ordre du commandant charmant et du préfet en colère.

22.

LA FORÊT PROVIDENTIELLE

Le 10 janvier 1987 : nous partons pour un tout petit safari ne durant qu'une demi-journée. Un notable torrobo, directeur du Comité pour la répartition des terres au Maasai Mara, nous avait demandé de l'emmener aux confins d'une terre attribuée à un homme politique important, car cette terre vierge appartenait aux Torrobo sur laquelle d'autres ethnies sont venues s'installer en « squatters ». Cette ruse devait, pense-t-il, arrêter la pénétration de leur patrimoine par ces étrangers. J'avais donné mon accord; mais mal renseignée sur la distance, je pars avec un demi-réservoir d'essence, croyant cela suffisant, dans l'intention de regagner notre domicile du Mara en début d'après-midi. Hélas, l'endroit est deux fois plus loin que prévu, et il s'agit de pénétrer dans une forêt vierge où il a beaucoup plu, en suivant les traces d'un bulldozer qui a retourné la terre en d'énormes mottes qu'il s'agit, en vitesse surmultipliée, d'escalader. La voiture s'arrête. Impossible de redémarrer. Ayant l'habitude de ses fantaisies, je dis qu'il suffit de la pousser pour la faire redémarrer. Mais non, elle refuse absolument. S'agirait-il de l'essence? Cela en a tout l'air. Les dignes membres du Comité décident donc de continuer à pied pour retrouver les autres, déjà engagés à délimiter les frontières de la propriété. Un des nôtres part avec eux pour demander cinq litres d'essence à la voiture des administrateurs qui nous avait devancés.

Nous attendons une heure, deux heures, trois heures; notre jeune homme revient les mains vides, à sec, disant que la voiture viendrait elle-même nous secourir. Il commence à pleuvoir. Nous voyons des jeunes gens maasai armés arrivant comme en expédition punitive, et nous apprenons qu'ils sont là pour chasser les imposteurs. En attendant, ma fille Caroline et un ami américain blond partis dans la forêt à la recherche d'aide voient deux personnes qui s'enfuient : ils courent après elles, demandant en maasai de l'aide. Celles-ci s'enfuient de plus belle car elles étaient l'ennemi que recherchent les jeunes Maasai; de plus, elles n'avaient probablement jamais vu de Blanc et devaient se demander quelle vision insolite les poursuivait. Elles disparaissent.

Caroline et son compagnon reviennent déçus pour trouver tous les Maasai poussant la voiture sous la pluie. Décidément, cela doit être l'essence. Puis une autre délégation de trois Maasai, l'un armé d'un fusil, arrive nous prévenir qu'il nous faut repartir à pied vers un village maasai à trois heures et demie de marche, car personne ne viendrait nous secourir, tous étant repartis en voiture et bulldozer. Je décrète ne pas vouloir quitter l'auto, car je risque le vol de mes pneus, etc. Une maison abandonnée pointe son toit de chaume au loin.

« J'ai des allumettes. Ne pourrions-nous pas tous rester là cette nuit ?

– Non. Les anciens propriétaires se cachent encore dans la forêt et viendront sans doute nous attaquer ou mettre le feu à la maison. Il serait donc aussi dangereux de rester dans l'auto », me dit-on.

Il faut donc se résigner à partir à pied sous la pluie, à travers cette forêt vierge remplie de buffles féroces et d'éléphants imprévisibles – et aussi d'ennemis armés de flèches empoisonnées –, avec la certitude de ne pouvoir arriver avant la tombée de la nuit. On emmène avec nous tout ce que l'on peut porter. Moi je glisse mais évite la chute fatale grâce à un long bâton maasai. Caroline abandonne ses chaussures trop glissantes et marche nu-pieds dans la boue et parfois émet un cri de douleur à cause des épines. On est précédés du jeune homme armé de son fusil et encadrés par d'autres portant des lances, mais qui soudain disparaissent tous dans la forêt, on n'a jamais pu savoir pourquoi. Environ à mi-chemin, à la nuit tombante, on entend au loin un ronflement.

Un tracteur! Y aurait-il des personnes qui labourent des champs dans ces parages lointains? Tout est possible; mais après l'abandon de ceux qui devaient nous secourir nous n'osons plus croire à quelque aide de ces étrangers. Le ronronnement se rapproche. Nous avançons résignés. Le bruit nous emplit les oreilles, nous continuons à glisser dans la boue, ne regardant même plus si des buffles nous reluquent à travers les arbres, grelottant sous les assauts d'une pluie fine, obstinée, décidée à nous accompagner jusqu'au bout.

« Le voilà, je le vois », crie avec entrain notre Américain, toujours optimiste.

« Et alors, croyez-vous vraiment qu'ils viennent à notre aide? »

Trônant sur un énorme bulldozer, entouré d'une ribambelle d'enfants maasai, se trouvait notre directeur triomphant.

« Pensiez-vous que j'allais vous abandonner dans la forêt? Nous savons dormir dans les branches des arbres, mais pas vous. Nous sommes donc venus vous chercher. Mais il nous faut aussi aller remorquer la voiture, car il n'en resterait pas grand-chose demain. »

Ils nous dépassent et nous nous asseyons enfin au bord de la route pour attendre leur retour. Deux heures plus tard nous arrivons au village où nous pouvons enfin sécher nos vêtements, prendre le premier repas de la journée et dormir, partageant une case d'une pièce avec les deux chauffeurs du bulldozer sauveur. Cette promiscuité inattendue nous permet de les convaincre de nous remorquer encore une fois le lendemain matin, ce qu'ils font jusqu'au point où nous devons trouver l'unique propriétaire d'une voiture; il est perché sur un tracteur et nous propose de l'attendre pendant qu'il va chercher dix litres d'essence – une aubaine, mais peut-être pas assez pour atteindre notre domicile. Peu importe, partons, cela nous fera toujours avancer...

La route est saturée par une pluie de plusieurs jours, et je dois sans cesse faire appel aux services des vitesses surmultipliées; nous avançons comme un crabe dans cette vase glissante, la voiture plus souvent en travers de la route qu'en ligne droite. A ce régime notre précieuse essence disparaît trois fois plus vite. Mais d'autres circonstances imprévues mettent une fin définitive à ce gâchis. Arrivés près d'un petit marché, nous le trouvons installé du mauvais côté de la rivière – tout simplement parce que celle-ci habituellement petit ruisseau est devenue un fleuve infranchissable, même par les plus téméraires, un courant déchaîné emportant tout en tourbillonnant : arbres déracinés, roseaux arrachés à la berge, cadavres de cabris et de gazelles surpris sur les rives. N'ayant toujours pas de démarreur, nous arrêtons la voiture sur une pente et commençons notre attente, installés sous un arbre où je reconnais, pour en avoir souffert, du crachat de venin de serpent.

Heureusement, grâce à la proximité du marché improvisé, nous pouvons acheter quelques vivres; avec l'aide de notre inséparable canif suisse et une boîte d'allumettes (sans laquelle nous aurions eu recours aux bâtons à friction que les bergers maasai portent toujours, avec leurs flèches, dans leur carquois), nous préparons un somptueux repas de pommes nouvelles et d'épinards, ce qui devait être notre régime pendant deux jours. Alors nous nous attendons à voir la rivière descendre à vue d'œil; c'est le contraire qui se produit car il se remet à pleuvoir. Nous tentons malgré tout une traversée à pied, de l'eau jusqu'aux aisselles; ainsi trempés, nous regagnons un abri pour la nuit. Ceux qui nous ont abandonnés au sort de la forêt vierge la veille, pris de remords (du moins je l'espère), nous prêtent des couvertures (deux pour trois personnes) et l'un d'entre nous reste avec l'auto sur l'autre rive. Nous sommes logés dans un petit magasin vide, mais mystérieusement à la tombée de la nuit on y trouve une caisse de bière qui égaie la soirée.

A six heures du matin je suis sur la rive, malgré la présence de deux buffles qui m'ont précédée de peu, mais la rivière est encore trop haute pour tenter une traversée en voiture. De plus, le ciel se couvre à nouveau. J'ai des décisions à prendre car mon fils doit arriver avec des amis à la maison et celle-ci est fermée. Je n'ai pas encore adressé la parole au monsieur kikuyu qui dirige les activités et qui avait insisté, contre l'avis des autres, paraît-il, pour nous abandonner dans la forêt. « Je vous remercie de votre accueil hier et pour le prêt des couvertures. » Surpris, il me dévisage pour voir si j'ironise. J'arbore mon sourire le plus insouciant. Au cours de la conversation j'apprends qu'il souffre du manque de cigarettes dans la région. « Oh, justement on en vend dans le camp à côté de chez nous au bar. Si cela peut vous tenter d'y aller, je serais heureuse de vous offrir l'essence – en fait de faire le plein d'essence pour vous. » C'est seulement en route qu'il apprit que pour cela il fallait d'abord m'emmener jusque chez moi puisque je n'ai pas d'argent sur moi. Je lui remis de quoi faire le plein et de quoi se rafraîchir, puis lui demandai d'acheter aussi vingt litres pour notre voiture... Ce qu'il ne fit pas, se contentant d'un remboursement partiel. Ce fut donc par miracle que notre voiture put arriver à la tombée de la nuit en descendant l'escarpement en roue libre.

Nous trouvons la maison la porte défoncée, un billet doux est accroché à la fenêtre : « Billet sans retour pour l'enfer. » Je suis consternée. On m'a donc cambriolée! Caroline arrive avec un autre mot expliquant que Georges était arrivé en pilotant un avion accompagné d'amis. Ils nous avaient attendus toute la journée sans nourriture ni boisson, puis avaient tenté de rejoindre Nairobi, mais un orage les avait contraints à rebrousser chemin. Ils décidèrent à dix heures du soir de rentrer dans la maison en cassant la porte, afin de pouvoir dormir avant de repartir le lendemain matin à la première heure. Mes cambrioleurs étaient donc bien innocents – sauf pour le mot qui me mit en colère.

23.

DE DALI A KIM BASINGER EN PASSANT PAR LES GUERRIERS MAASAI

J'ai peine à conter mon passé... j'ai vécu trop longtemps dans le présent. Un présent toujours renouvelé, improvisé, passionnant au-delà de mes rêves, me réservant des réalités imprévisibles, multicolores, scintillantes, dangereuses, variées, excitantes, jamais banales car surgies d'une vie précaire, vouée à la découverte, pas seulement théorique, mais exigeant un engagement total non seulement de mes facultés intellectuelles mais encore de ma vie.

Pierre n'est plus de cette terre depuis le 6 novembre 1987. Pour moi, il s'est effacé graduellement depuis 1974, la nuit où, découvrant le gaz en marche et non allumé pendant que les trois enfants dormaient dans l'appartement, je suis allée en face dans son bureau sur le palier. Interrogé, il devait me dire : pourquoi jettes-tu toujours les allumettes par terre ? » Le lendemain, nous trouvions à l'entrée un obus non désamorcé que les services de sûreté sont venus enlever. Je ne dis rien, mais à partir de ce moment-là Pierre se mit à vomir et devenir malade. Je repartis en mission au Kenya continuer mes recherches sur le cycle rituel des Maasai. A Noël, j'ai téléphoné à Pierre qui était en France pour qu'il vienne nous rejoindre. Il n'est pas venu. Je ne l'ai revu qu'une fois au palais de justice en 1980. Celui que Jean-Pierre Melville appelait « l'éternel jeune homme » était devenu un vieux monsieur. J'ai préféré garder de lui l'image d'antan : celle d'un extraterrestre dont la vigueur d'esprit et de corps était étonnante, et qui permit à l'impossible de devenir possible; celui qui me donna de merveilleux enfants, et qui, pour quelques années sublimes et orageuses, parcourut avec moi un chemin vers l'inconnu, qui nous réservait des surprises que chacun interprétait à sa façon : moi à partir de mes initiatives africaines, lui à partir de ses connaissances médicales et psychanalytiques, physiques et autres, et nos perspectives coïncidaient. Lui était un grand visuel et visionnaire, moi je suis plutôt auditive. Nous nous complétions. Il a participé activement au mouvement d'« Art Autre » et était reconnu comme un critique d'art pertinent; il a préfacé plusieurs des livres de Salvador Dali (*Dali par Dali, Les Dîners de Gala* et d'autres encore) et il organisait pour Dali ses manifestations épiques à Paris : *La Dentellière* de Vermeer transpercée par un rhinocéros au zoo de Vincennes; les Métro 1900; la conférence à la Sorbonne où il devait arriver dans la Rolls de Georges Mathieu remplie de choux-fleurs, manifestation de la spirale ADN. Dali devait appeler Pierre « mon psychanalyste » à partir du moment où il lui révéla son « jumeau ». Par la suite, Dali représentait cette gémelléité dans sa peinture sous la forme de deux œufs.

Nous vivions une réalité extraordinaire, passant nos vacances auprès de Dali et Gala à Port Lligat, participant à la création du *Saint-Jacques-de-Compostelle.* Des étincelles jaillissaient entre le génie créateur de Dali qui captait des symboles universels, les mises en perspective toujours originales et pertinentes de Pierre, et les parallèles que j'y voyais avec l'enseignement des écoles d'initiation africaines auxquelles j'avais participé. Dali s'enfermait dans son atelier à la première lueur du jour et y restait jusqu'à cinq heures du soir. Là, après un bain de mer et le petit déjeuner, nous allions le retrouver : tout en continuant à élaborer sa toile, Dali exposait ses idées géniales et Pierre faisait des relations, des mises en perspective – un véritable dialogue de fous s'ensuivait : brillant, étincelant, véridique, magnifique à l'échelle de Dali lui-même et de son « psychanaliste ». Pierre soutenait que Dali était parmi les rares personnes qui n'avaient pas besoin de psychanalyse, car il l'avait effectuée lui-même par son œuvre et en écrivant son livre *La Vie secrète de Salvador Dali.*

Pendant l'un de nos séjours à Port Lligat, Robert Descharnes est venu tourner un film sur Salvador Dali et Gala, auquel nous participions. C'étaient alors de longues promenades en barque avec Dali le long de la côte déchiquetée, qui l'a toujours inspiré et que nous retrouvons dans de si nombreuses œuvres; il commentait sans cesse, et nous voyions surgir de ses fantasmes des monstres préhistoriques, des créatures légendaires, tantôt molles, tantôt dures, qui entamaient ensemble une danse macabre pour réjouir notre esprit et combler nos rêves. J'étais, moi, plus jeune qu'eux; on acceptait, intrigué, avec bienveillance, cette étrange créature venue des confins du continent noir, où elle avait participé à des rites obscurs, qui lui ouvraient les yeux sur les dimensions désaxées qu'interprétaient les surréalistes, certaines de ces réalités qui dépassent l'entendement et de surcroît font sonner en nous le glas.

J'avais enfin trouvé en Occident un homme à la dimension de mon continent natal. Je le disais à Dali, qui me répondait : « Pourquoi irais-je en Afrique, puisque seul j'ai déjà su capter leurs symboles en leur donnant une dimension réelle, au-delà des réalités ? » En effet, Dali demeure le plus universel de nos peintres, puisqu'il s'adresse non à un seul contexte culturel, mais à l'imaginaire qui réside en chacun d'entre nous et ce faisant nous relie au cordon ombilical de l'univers. Il avait horreur des voyages, atrocement peur de l'inconnu, et se cantonnait à une transhumance vitale : New York en hiver pour gagner sa vie en peignant les portraits de ses admirateurs richissismes; Port Lligat en été pour y créer ses grandes toiles et y vivre heureux; entre les deux, en novembre et en mai, Paris, la suite royale de l'hôtel Meurice, les médias, la presse, les happenings surréalistes organisés par ses amis fidèles : Pierre Roumeguère, Georges Mathieu, Michel Tapie de Ceyléran et d'autres choisis par Pierre.

Un matin, tôt, Pierre suggéra que nous nagions jusqu'à l'île où parfois nous allions passer toute la journée; elle se trouve à plusieurs kilomètres de Port Lligat, mais en y passant plusieurs heures, allongée sur le sable, je retrouvais des forces pour rentrer. Ce matin-là, à peine arrivés, il décida de repartir, car disait-il : « J'ai faim, retournons prendre notre petit déjeuner. » Essoufflée, je le suppliai de rester un peu. En vain, il repartit de suite, moi à ses trousses. Mais je n'avais pas récupéré mon souffle et bientôt je perdis Pierre de vue. Seule au milieu de cet « océan », je commençai à paniquer et me sentis sombrer lorsque je vis lentement s'approcher un yacht. Chance inespérée, je m'accrochai aux cordes et demandai à monter. Une comtesse en colère vint rejoindre une horde de ses admirateurs sur le pont pour me dire : « Non. » Je suppliai en vain, et le yacht s'éloigna. Je repris épuisée la nage à la brasse et pleurais de désespoir lorsqu'un pêcheur vint à ma rescousse. La côte était encore très lointaine, et il se demandait ce que faisait la signorita toute seule en pleine mer. Vers la *cinco de la tarde*, Dali et Gala recevaient des amis sur la terrasse, Dali trônait sur son siège de crâne d'éléphant. Nous étions comme toujours de la partie, lorsque arriva la comtesse. « Ah! je ne savais pas que vous étiez une amie de Dali! s'exclama-t-elle. – Car seule son amitié me donne droit à la vie? Pour le reste : noyez-vous! » Et la discussion tourna sur les avantages de la mort par noyade : celle que j'avais déjà frôlée plusieurs fois.

Plus tard, dans le désert du Kalahari, Pierre récidiva : il voulut rendre un livre emprunté à un pilote et partit seul à pied contre les instructions de notre guide royal qui nous avait bien dit de ne jamais s'éloigner seul du campement bushman qui nous hébergeait, car ce désert était nommé avec raison la Côte des Squelettes. Je partis donc seule à sa recherche, sans chapeau, car il fallait absolument le rattraper, mais il s'éloignait à grandes enjambées en me disant de rentrer au campement, car il ne voulait pas rater le départ du pilote. « Mais on ne risque pas sa vie pour un livre! Pierre, nous allons mourir dans ce désert ingrat! » Imperturbable, il continuait et je m'assis un instant à l'ombre du seul épineux de l'endroit. C'est alors que je vis les traces toutes fraîches de deux lions.

« Pierre, tu me laisses en pâture aux lions. Reviens, je t'en prie. »

Je ne saurai jamais s'il m'entendit, mais il continua à s'éloigner, et moi à me traîner, tant bien que mal en suivant ses traces. Le soleil de midi était impitoyable. La soif me gagnait, et je me mis à sucer des cailloux pour survivre : truc appris lorsque étudiante je faisais de la varappe dans les Drakensberg. Puis vers cinq heures du soir j'arrivai à un campement où sans mot dire –

ma langue était desséchée et gonflée et mon corps rôti – je tombai de toute la longueur de mon corps épuisé, devant les quelques habitants consternés. « D'où viens-tu, étrange apparition, chimère du désert ? – Maji, maji – de l'eau, de l'eau », articulais-je à peine. On m'en donna à petites gorgées en aspergeant mon visage, mes bras et mes jambes en feu, et on me porta à l'ombre d'une petite maison en paille. « Oui, nous avons donné de l'eau à un homme hagard, qui s'arrêta à peine et partit en titubant plus loin... nous ayant demandé la direction de " Aéroplane ". Ces pilotes viennent jusque dans notre désert recruter de la main-d'œuvre pour les mines d'or de Johannesburg », m'expliqua un homme en setswana, une langue que je parle. On me dit de rester dormir chez eux, tandis qu'un jeune homme irait avertir Pierre qu'au retour il me trouverait là ; je m'assoupis d'un sommeil profond, peuplé de lions qui me pourchassaient, et moi j'arrivais au bord du précipice ; seul un réveil en sursaut me sauva du choix : être dévorée par les lions ou me jeter dans le précipice sans fond. Pierre, était-ce de l'inconscience, où voulais-tu me pousser à aller toujours au-delà de mes limites avouées ? Je ne t'ai jamais compris, mais je sais qu'avec toi l'impossible devenait possible. Est-ce pour cela que je t'ai épousé ?

Je reviens au présent. Je suis interrompue par l'arrivée des éditeurs de Vogue *Amérique accompagnés de la vedette de cinéma Kim Basinger, qu'ils veulent photographier près de notre dziva : étang d'eau tourbillonnante habité par les hippopotames. Mais comme on chuchote que Kim craint le soleil, cela ne peut se faire que très tôt le matin au lever du jour, ou tard l'après-midi, lorsque le soleil épuisé de ses ardeurs diurnes tombe vers l'horizon comme un gros ballon écarlate. Alors la belle, alanguie sur un rocher dans une robe magnifique, entourée de guerriers maasai, se livre au feu des appareils. Mais, chose imprévue, nos éléphants toujours curieux arrivent sur la scène, amoureux comme toujours de toutes les belles créatures terrestres qu'ils régissent en empereurs. Au loin, le lion rugit pour s'assurer lui aussi que l'on n'oublie pas que si l'éléphant est divin lui est royal. Aussi quitteront-ils les lieux sacrés des rives Mara pour aller photographier Kim, photographiant le lion.*

Et moi je pense à toutes ces autres célébrités qui, émerveillées, sont passées par ici : Charlton Heston, prestigieux gladiateur de l'univers, John Savage, félin et aussi sauvage que son nom, Brooke Shields, entourée de sa mère et ses gardes du corps, qu'elle interroge sans cesse du regard, soumise et charmante; Robert Halmi et ses acteurs lors du tournage de *Nairobi* se voulant conquérants, mais se contentant trop facilement pour l'être réellement.

La pluie tombe en torrents, les éléphants se sont réfugiés auprès de la tente de Vogue, *et l'illustre photographe pleure de rage et de frustration.*

Moi je prépare un café et bénis les cieux du don de cette pluie qui va remplir mon réservoir asséché.

Le léopard, prince tacheté de la lune et des nuits obscures, rôde autour de la maison, cherchant le moyen de se glisser sans bruit à l'intérieur où une proie facile l'attend; mais moi aussi je suis vigilante, car il avait déjà réussi, il y a quelque temps, à mâcher et casser les poteaux de la maison des chiens et à en emporter un : le plus beau dalmatien. L'autre s'est laissé mourir de chagrin, tandis que le chiot se faisait manger par le crocodile sur notre île bordée de papyrus. J'ai donc prévenu Kim Basinger de se méfier des crocodiles gloutons, des léopards traîtres, des lions dorés, de saluer respectueusement les éléphants majestueux et elle m'a répondu : « C'est magnifique ici; je viendrai peut-être un jour en Afrique », comme si elle n'y était pas encore; il est vrai que, programmée pour un journal de mode, on ne se sent peut-être vivre qu'une réalité cartonnée, dans l'espoir d'un jour sortir de la prison dorée de ces pages diffusées dans le monde entier, pour vivre réellement, intimement, passionnément, avec l'ardeur de l'être plutôt que du paraître, des moments exaltants.

Pour moi, chaque jour auprès du fleuve Mara m'apporte des expériences imprévues, des rencontres charmantes ou étranges, une communion avec la nature et les animaux, et c'est pour cela qu'il m'est plus facile et agréable de vous conter mon présent que mon passé. Ah oui, j'allais oublié de vous dire que deux soirs auparavant, à la tombée de la nuit, deux buffles sont sortis de la forêt en face pour venir boire au fleuve; un immense mâle qui humait l'air avec méfiance, les cornes noueuses grises se détachant bien de la verdure obscure, alors que sa compagne, presque entièrement noire, se fondait dans la pénombre; mais tandis que lui, méfiant, nous ayant détectés, retournait à l'abri de la forêt, elle nous dévisageait, intriguée, comme pour communiquer avec nous; et elle ressemblait parfaitement à une vache docile. Alors je compris pourquoi : ses cornes étaient minces comme celles d'une vache – l'une tordue en spirale, l'autre étendue sur le côté de toute sa longueur, et je me demandais si elle naquit d'une rencontre fortuite entre un taureau maasai et une vache-buffle qui sut le séduire. Tout en elle semblait chercher à communiquer, comme si elle portait en elle un écho d'une communion avec les hommes; était-elle de l'espèce que purent apprivoiser les hommes d'antan? Elle continuait à me regarder, cherchant un dialogue au-delà des âges, et je me souvins de ma première existence au bord du Nil il y a quatre mille neuf cent soixante ans et de la vache Hathor. Elle se retourna et nous vîmes qu'elle mettrait bas bientôt, qu'Horus serait bientôt de ce monde du Mara, et chaque jour maintenant j'anticipe cette rencontre.

En attendant, je m'en vais sur l'escarpement assister à la grande cérémonie eunoto des guerriers maasai, par laquelle ils quittent leur statut de guerriers « propriétaires du pays » pour devenir hommes procréateurs; il est trois heures de l'après-midi, dit « quinze » en France et « neuf » en Afrique. Le village rituel est secoué par des cris et des grognements; des guerriers, l'écume à la bouche, les yeux hagards, les membres raides, se contorsionnent et sont maîtrisés par d'autres qui cherchent à les faire s'allonger par terre, pour que la transe se déroule sans heurts; pourtant certains plus forts que les autres réussissent à s'échapper et chacun s'écarte en hâte, car il est connu que la transe décuple la force et que dans cet état sublime le guerrier en prise avec lui-même n'est plus conscient de ce qu'il pourrait faire à d'autres. A plusieurs alors on le rattrape, les femmes et les fillettes viennent l'apaiser, les pères veillent à ce que la transe ne dure pas trop longtemps, car alors elle pourrait être dangereuse : les cris deviennent des grognements, des soupirs ou encore des évocations du clan totémique, des louanges du bœuf préféré et graduellement le guerrier redevient conscient, mais, ayant parcouru une autre dimension de son être, il est devenu invincible, au-delà de toute crainte. C'est ainsi qu'avant un exploit héroïque la transe joue un rôle bienfaisant. Mais aujourd'hui c'est une transe de colère, car ils vont perdre leurs belles chevelures de guerriers : tout à l'heure on en rase quarante-neuf; demain le bœuf dit « le bœuf du nom » sera sacrifié en brousse; les quarante-neuf guerriers rasés boiront son sang mélangé à du lait et de l'hydromel, et chacun recevra une bague faite de la peau de son ventre, qui scelle le pacte des guerriers devenus « hommes procréateurs ». Puis le dernier jour tous les autres seront rasés et le cycle des guerriers aura pris fin... on dit « pour toujours », mais d'autres mettent en doute cette éventualité.

Pour le moment des guerriers corps ocrés et luisants sautent, courent, dansent, crient, gesticulent, suivis des fillettes parées par leurs amoureux de milliers de perles de verre multicolores, le visage peint pour indiquer les exploits de l'amant préférentiel, la fierté et l'audace inscrites sur le visage enfantin aux yeux en amande, au nez aquilin, à la bouche rieuse, corps élancés d'où surgissent des seins à peine esquissés.

Depuis vingt-deux ans je vis cette réalité éblouissante, vouée à disparaître en faveur des bancs d'écoliers. Les maîtres d'école sauront-ils instruire les fillettes plus sûrement que les guerriers? L'ABC saura-t-il remplacer les chants de louanges improvisés pour vanter les exploits des bien-aimés? Les manuels scolaires pourront-ils nous apprendre où trouver les meilleurs pâturages ou comment reconnaître les symptômes d'une vache sur le point de tomber malade car elle ne broute plus avec entrain? Et lorsque, certificat en main, nous rentrerons chez nous, pourrons-nous contribuer à l'économie nationale plus sûrement que le pasteur, notre père, qui alimente les villes avec la viande de ses bœufs? Pour certains OUI, pour certains NON, mais il sera trop tard pour se lamenter sur toute une science vivrière qui va disparaître. Il est vrai que le chômage est un attribut moderne, le tribut rendu aux bancs des écoles. Un témoin de notre manque d'imagination, à savoir admettre comme viables d'autres systèmes.

Les Siria sont un groupe maasai particulièrement intéressant car ils font tout à l'envers des autres; mais comme les Maasai sont déjà une « société à l'envers », les Siria risquent alors de retomber à l'endroit! Premièrement ils célèbrent leur eunoto à la lune décroissante, en prétendant que cela leur donne plus de forces. Puis ils admettent en leur sein des groupes qui sont tenus à l'écart par les autres sections : les « Ilkunono », forgerons, et les « Torrobo », chasseurs cueilleurs. Ces deux groupes créent leur propre baraque de guerriers et, lorsque tous convergent en un seul grand « manyata » pour la cérémonie eunoto, ces deux groupes y envoient aussi leurs guerriers, admis nulle part ailleurs chez les autres Maasai. Ce qui n'empêche pas une certaine autonomie des groupes les uns par rapport aux autres; ainsi les Siria, à l'encontre des autres sections, n'ont pas de leader unique plus important que les autres : chaque groupe a son orateur, mais tous sont unis pour n'avoir qu'un chef religieux.

C'est chez eux qu'en 1968 je suis restée plusieurs mois en attendant l'eunoto de ceux qui sont maintenant devenus organisateurs des rites. J'étais seule au manyata, ayant laissé mes enfants avec une gouvernante seychelloise dans une mission; leur père venait les voir de temps à autre. Moi je ne supportais pas d'être plus de quatre jours sans les voir. Alors on organisait une expédition folle : quatre guerriers munis de lances qui ne connaissaient rien à l'auto, avec moi au volant qui conduisais en en sachant encore moins, car je ne connaissais même pas le principe d'un changement de roue. En haut de l'escarpement, sur les hauts plateaux maasai, dans une des régions du Kenya où il pleut le plus, nous partions sur les plus abominables des routes, bénies d'un sol que l'on appelle *black cotton soil* car on s'enfonce dedans comme dans du beurre, et à force de prier et chanter nos louanges nous arrivions parfois à notre but. Mais souvent il a fallu abandonner la voiture et continuer à pied dans ce pays de buffles et d'éléphants fantasmagoriques. D'autres fois, dans le pays moitanik où les Maasai influencés par les Nandi labourent des champs, un homme venait à mon secours avec ses six bœufs de labour et, moyennant une somme fixe, me sortait de ce marasme impossible; j'arrivais à bon port, encadrée toujours de quatre guerriers, pour passer une nuit auprès de mes trois enfants chéris. Le lendemain, il fallait de nouveau repartir, car la cérémonie eunoto étant proche le calendrier rituel était chargé et je cherchais à connaître tout le cycle rituel.

Une nuit, j'ai presque abandonné mon métier ardu. Vers le soir la voiture s'est enlisée dans un marécage. Je voulus y passer la nuit. « N'y pensez pas, chère amie, devaient me dire les guerriers, c'est le lieu de prédilection des éléphants et ils joueront au football avec la voiture. Nous ne tenons pas à être dedans. » Il fallut alors, en pleine nuit, la pluie tombant à torrents, sans lampe, partir à pied. Il fallut aussi diviser nos forces : deux guerriers partiraient à droite vers le village le plus proche, mais le long d'un parcours où ils rencontreraient sans doute les éléphants; moi je partirais dans la direction opposée, accompagnée des deux autres guerriers, vers un village lointain. En fait, le sort nous réserva une rencontre non seulement avec les éléphants mais encore avec les lions. Quel cauchemar – et je me demandais comment une mère en pleine possession de ses facultés pouvait accepter un métier lui imposant d'abandonner trois petits enfants pour courir ces dangers et subir de telles expériences aberrantes, de telles souffrances physiques et psychiques mettant sa vie en danger. Alors j'entendis les cloches des vaches et sus qu'un village maasai était proche : jamais musique ne fut plus douce et accueil auprès d'un feu aussi voluptueux.

Pendant que j'écris, les éléphants ont encerclé notre maison, trois devant, six derrière les murs en pierres de mon zimbabwe. Je pense que réellement ils sont dans ce paradis, comme au début des temps, les amis des femmes, à condition que celles-ci sachent les respecter. Et maintenant trois immenses mâles jouent à garder un équilibre précaire sur les rochers de l'île où ils broutent les papyrus. Puis un serpent est passé comme un éclair, nous n'avons pu le trouver ni dedans ni dehors; j'espère seulement qu'il ne troublera pas notre repos. Je suis fatiguée car ma voiture tout-terrain s'est enlisée et j'ai dû attendre très longtemps le secours d'un camion. Au retour j'ai trouvé l'équipe américaine préparant des photos élaborées de nus; je ne suis pas restée pour savoir si elles ont été prises car, soudain, un orage terrifiant a éclaté. Mais des nus sous la pluie peuvent être exaltants! Quel luxe d'être assise sur ma véranda et de voir en face de moi, en contrechamp, quatre éléphants se régaler sur l'île. On dit aux enfants de rentrer se coucher car les autres se rapprochent de la maison. Puis des phares d'auto éclairent la montée des cinq éléphants; l'éclat des défenses éblouit un instant, et Sheila, chevelure noire de sorcière encadrant un visage d'une rare intensité, saute de la voiture accompagnée de son assistant structurel, lui-même sculpteur, et dit : « Nous venons tout juste de terminer. Cela a été fantastique : j'ai tout fait sous la pluie; c'était mieux que ce que nous avions prévu! » A mon tour de me réjouir, car j'ai toujours su que la réalité nous offre des possibilités plus extraordinaires que nos rêves – à nous de savoir les saisir.

Sheila pénètre pour la première fois dans mon zimbabwe et s'exclame : « Ah! voici une maison juste. C'est rare. On a envie d'y habiter. » Et nous élaborons des projets pour qu'elle puisse y revenir en famille. Les éléphants applaudissent d'un trompettement sonore; nous élaborons encore d'autres projets car nous sommes sur les mêmes ondes, et elle repart avec mon recueil Rêves/Réalités *que je n'offre qu'à très peu de personnes, car c'est comme livrer un peu de mon être, et en fait je suis extrêmement farouche, et secrète. « Nous nous reverrons à Paris, Rome, New York, au Mara Oltukai. Au revoir! »*

Kim Basinger est de ces actrices dont rêvent les metteurs en scène. Apparemment fragile, de la porcelaine habillée de vêtements rudes de safari en coton kaki, portant d'immenses bottes qui cachent de jolis petits pieds, elle est retirée de tout mais alerte. La moindre suggestion fait son chemin : elle a compris au-delà de ce qu'on lui demande, et elle ira donc beaucoup plus loin dans le sens suggéré, au-delà des souhaits du metteur en scène. Je pense que ce faisant elle a l'étoffe d'une grande actrice, doublée d'une gentillesse innée. Dirigée par l'éditrice Polly, dont l'énergie pourrait déplacer des montagnes, et photographiée par Sheila Metzner dans ce cadre unique au monde, cela promet un numéro éblouissant. Ils sont repartis ce matin à la première heure – les éléphants aussi –, et moi je reste face à cette machine à écrire, à me demander pourquoi je vous conte tout cela, et ce qui pourrait réellement vous concerner dans ma vie à rebondissements constants. Peut-être rien, peut-être tout. Qui êtes-vous, mystérieux lecteurs avec lesquels j'entretiens un dialogue à sens unique, qui doit surtout ne pas devenir monologue?

Lorsque nous nous sommes mariés, Pierre et moi, en juin 1957, nous sommes allés habiter un appartement dans un parc au Val-d'Or d'où nous avions une vue sur les courses de Longchamp. Un ami décorateur réalisa l'intérieur : petit hall d'entrée noir; la porte s'ouvrait sur cette obscurité d'où deux yeux en amande d'un petit tableau de Miró vous scrutaient. On avait déjà l'impression de pénétrer dans le temple de quelque rite obscur. Puis on entrait dans la pièce de séjour éblouissante de blancheur, soulagée seulement par deux panneaux, l'un rouge, l'autre bleu marine. C'était au septième étage et, des fenêtres, on ne voyait que de la verdure. Le bureau de Pierre au bout d'un long couloir jaune faisant chanter ses couleurs préférées : violet, jaune, vert olive. C'était donc un cadre joyeux, aux couleurs nettes et pures. A peine installés, nous étions envoyés en mission en Afrique.

A l'époque nous fréquentions beaucoup Jean-Pierre Melville qui tournait avec Alain Delon, qu'il venait de découvrir, et Mylène Demongeot. Comme pour beaucoup de metteurs en scène, pour Jean-Pierre Melville, les années grasses, pendant lesquelles il régalait tout le monde en grand seigneur, alternaient avec les années maigres, lorsque à tout prix il fallait terminer un tournage qui coûtait toujours plus que ce que l'on avait pu prévoir. C'était une année maigre. Il décida de quitter sa résidence moyenâgeuse et somptueuse pour venir plus près de Paris habiter notre appartement en notre absence. Nous partîmes donc en lui laissant les clés. Revenus trois ans plus tard, nous n'étions plus chez nous : il avait tapissé tous les murs dans des tons marron et gris, jusqu'aux plafonds qui étaient doublés de feutre bon marché, suicidaire. Devant mon désarroi il ne se repentait même pas! « Ne vous en faites pas, ce sont les techniciens des studios qui m'ont installé cela, mais en un clin d'œil ils vous rétabliront l'appartement comme avant. » Seulement ce clin d'œil ne venait jamais, il y avait toujours urgence à Billancourt, et moi je devenais de plus en plus morose. Alors, un jour, Pierre et moi, enragés, nous nous mîmes à arracher avec nos ongles tous ces décors de cinéma série noire, et à repeindre tant bien que mal notre pauvre havre de soleil.

Et maintenant j'aurai à repeindre la toiture de notre maison au bord du fleuve Mara pour accueillir une innovation qui va changer ma vie nocturne : nous allons installer l'électricité solaire, avec l'aide d'un médecin vétérinaire allemand qui travaille dans un institut de recherche en haut de l'escarpement, et que j'ai rencontré à la cérémonie eunoto des guerriers. Je pourrai par la suite aussi installer le système d'eau chaude solaire, ce qui évitera tous les déboires avec les buffles qui viennent abîmer mon installation en frottant leur dos de plusieurs tonnes sur mes tuyaux, sans doute parce qu'ils aiment la chaleur. Lorsque tout sera installé sur la toiture, ils ne pourront plus se payer ce luxe à mes dépens!

24.

L'AMOUR-JEU ET L'AMOUR-TRAVAIL

Nous sommes enfin arrivés au Mara – le pays est saturé et luisant. Les pluies sont tombées vers le 15 mars comme il se doit, l'herbe a viré du jaune au vert et les animaux sont repus, comme disent les Maasai : le bétail rit, les femmes et les enfants rient, tout va très bien. Sauf les routes. Quelle catastrophe! – une véritable patinoire de Narok au Maasai Mara. Trois cents kilomètres de boue, de rigoles, de voitures et camions délaissés au bord de la route, de camions renversés, enfin, le scénario usuel de la période des pluies.

Mais mon fils Georges, habitué à négocier les nuages, m'a pilotée à travers tous ces pièges, et nous sommes arrivés sans trop de déboires à Sikirrar, le ranch d'Ole. Il n'était pas là. Vers la tombée de la nuit quelqu'un passe et nous dit l'avoir vu à Mulot, d'où il se prépare à partir plus loin le lendemain. Georges s'apprête à aller le rejoindre pour annoncer mon arrivée, mais, hélas, les flaques d'eau et la boue ont sectionné et déréglé les phares. Nous devons y renoncer. Ne désirant pas cette fois-ci aborder les mares de bouse de vache liquide qui encerclent les cases, je me décide à dormir sur le siège avant de la voiture, à l'insu de nos hôtes, dont chacun me croyait dans la maison de l'autre. Et, chose surprenante, toutes les vaches que je connais de longue date pour avoir été les acheter dans les marchés de brousse avec nos amis maasai sont venues me tenir compagnie, encerclant la voiture, lui donnant de temps en temps des coups de cornes amicaux, léchant la peinture verte de ma Land-Rover, ou mugissant pour me rassurer lorsque les hyènes se mettent à rire en se rapprochant de cet humain allongé dans sa voiture, au lieu de l'être en brousse où elles ont l'habitude de s'en nourrir. En effet, les Maasai n'ensevelissent pas leurs morts, mais les placent sous des buissons de bosquets isolés pour être dévorés par les hyènes : frères d'Anubis responsables d'assurer leur passage au-delà de ce monde. J'ai souvent pensé que c'est le signe d'une civilisation arrivée à son apothéose : celle d'une nonchalance suprême, où le corps d'un homme appartenant à un peuple de guerriers a si peu d'importance une fois que l'âme l'a quitté, qu'il peut servir à nourrir les fauves. Ceux des agriculteurs peuvent servir à fertiliser les terres; ceux qui veulent effacer leur passage pénible sur terre préfèrent le brûler; ceux qui veulent témoigner de leur apport d'un autre hémisphère l'embaumer... mais seul celui qui est certain d'une survie dont on ne parle jamais – puisqu'il est interdit de parler du mort ou même de la mort – a la suprême audace de ne plus se soucier de la dépouille, mais uniquement du chagrin que provoque la disparition d'un être aimé, qu'il s'agit de dépasser en le reléguant dans l'oubli. C'est du corps du vivant qu'il faut s'occuper lors d'un deuil, car, dit-on d'un proche du décédé : « il est souffrant », et c'est à celui-ci qu'on apporte secours et soins, tandis que le défunt est abandonné pour servir de festin aux fauves. Et surtout, on ne parlera plus d'eux devant leurs contemporains, et même le nom ne doit plus être prononcé. Ainsi, quelqu'un d'autre portant le même nom se trouvera nommé autrement par la famille et les proches du défunt. Il est donc normal qu'une telle société soit volontairement une société « sans histoire ». On vit dans un éternel présent qui ne connaît ni passé ni futur, car il est également interdit de parler de l'avenir ou de formuler des projets « car qui sait si tu seras encore là pour les réaliser? » C'est cette vie d'insouciance, que j'ai eu la joie de partager de si nombreuses années, qui me convient parfaitement. Car pour moi la mort est la seule vérité de ma vie, une vie que j'ai vécue à l'envers.

J'ai été interrompue ce matin par deux cinéastes qui viennent filmer la vie sexuelle des animaux et veulent aussi inclure les Maasai. Ceux-ci n'apprécient nullement d'être distingués parmi l'*homo sapiens sapiens* pour siéger parmi les animaux; aussi y a-t-il un règlement strict des autorités kenyannes pour interdire aux chasseurs d'images des parcs nationaux de photographier les Maasai. Mais cela n'empêche pas tout un trafic qui inclut les chauffeurs des minicars de touristes : ils proposent à ceux-ci la visite d'un village où quelques personnes complices ont reconstitué plus ou moins bien un village maasai, portent des perruques pour ressembler à des guerriers et sautillent en ligne en hurlant des chants qu'ils connaissent mal pour plaire aux touristes et faire la poche des chauffeurs qui gardent la moitié de la somme imposée à leurs clients pour eux-mêmes. Cela est organisé par quelques hommes marginaux, qui se font passer pour maasai, scolarisés mais ayant perdu leur emploi car trop portés sur la bouteille, qui trouvent plus facile d'exploiter les autres ainsi que la sottise des touristes, ravis d'avoir assisté à des danses maasai « authentiques ».

Maintenant, les cinéastes ne trouveront plus de guerriers maasai authentiques, les derniers ayant célébré leur eunoto (que nous avons filmé dans des circonstances délirantes car nous n'avions que six semaines pour monter cette production). Plus de guerriers fiers, nonchalants et vainqueurs pour séduire notre imagination; tous les petits bergers d'antan embrigadés, alignés sur les bancs scolaires récitant ABCD! Plus de hoko improvisé : cette épopée où chacun rivalise de virtuosité en chantant le plus rapidement possible les louanges de ses exploits de guerrier. Plus de grands pasteurs nomades parcourant les savanes à la recherche de meilleurs pâturages. Seulement des jeunes gens ne connaissant plus l'art d'élever le bétail, sillonnant les villes à la recherche d'emplois, que même l'ABCD si consciencieusement répété ne peut leur octroyer. Et des cinéastes qui devront se contenter de filmer la vie sexuelle des animaux, comme si celle des Maasai eût jamais été à leur portée! Que d'illusions se font les Européens en quête de sensationnel ou même de scientifique! Le projet de ces cinéastes s'intéressait au fait qu'ils avaient ouï dire que chez les Maasai c'est la fillette qui choisit son amant préférentiel – peu usuel, disent-ils. Mais puisque leur programme vise la sexualité dans la perspective de reproduire l'espèce, ce qu'ils ont omis de remarquer c'est qu'en aucun cas ce couple d'amants n'est autorisé à se reproduire. De telles amours ne sont que pour « s'amuser ». Par contre les relations sexuelles avec l'épouse sont dites « travailler » car, expliquent les Maasai, « c'est pour avoir des enfants ». Et le choix d'un époux est l'affaire de toute la famille de la fillette et du mari, et ne dépend pas de leurs caprices. On distingue donc bien l'amour-jeu et les relations de travail « pour procréer ».

Je n'ai pas voulu remonter sur l'escarpement ce matin car je suis allergique aux routes glissantes ou collantes. J'ai bien fait car tout l'escarpement est recouvert d'un voile de pluie qui descend sur nous. Les pousses des glaïeuls venus de France s'en réjouissent et allongent leurs têtes.

Avec la pluie, d'énormes champignons blancs tachetés au centre de noir parsèment les prés verdoyants et séduisent les passants. J'étais moi-même très tentée d'en manger, car ils ressemblent à ceux qu'enfants nous cueillions avec mon grand-père près du fleuve Limpopo et dont on faisait des mets délicieux. Mais les Jaluo qui s'y connaissent m'ont prévenue à temps qu'ils sont très vénéneux. Quelques jours plus tard j'en eus la preuve. Arrivés dans un village torrobo en haut de l'escarpement et à la lisière des grandes forêts, nous trouvions tout le monde très agité : deux jeunes enfants d'environ quatre ans avaient en effet mangé ces champignons si attrayants et non seulement ne cessaient de vomir mais avaient les voies digestives ensanglantées. Le père alerté accourut et tua un mouton dont il recueillit soigneusement le sang qui fut administré sur-le-champ aux enfants. Puis la graisse de la queue du mouton liquéfiée continua le traitement et les enfants furent ainsi sauvés d'une mort certaine. Les beaux champignons de nos rêves sont plutôt des cauchemars.

Je viens d'avoir la visite de dix ex-guerriers qui désiraient voir les photos de leur cérémonie eunoto. Je leur ai montré celles que j'avais apportées, et eux m'ont montré les clichés pris par un d'entre eux qui étaient excellents. Ils sont venus à la recherche de leur bétail perdu. Les sept lionnes que nous avions vues chasser un matin de cette semaine sont allées de nuit encercler leur enclos à bétail, dispersant des bêtes affolées. Elles ont réussi à emmener avec elles quatre génisses qui ont descendu l'escarpement de nuit. Arrivées près de leur forêt elles en ont abattu deux, tandis que les deux autres ont rejoint le troupeau du village touristique près de chez nous, étant ainsi sauvées.

Le cycle des cérémonies maasai continue; on vient m'appeler pour la cérémonie de la bénédiction des pasteurs purko; ils ont depuis plusieurs mois un manyata à vingt kilomètres d'ici et la grande cérémonie finale aura lieu avant la fin du mois, à la quatrième lune croissante. Chez les Siria le groupe d'âge des Rambau qui ont célébré leur eunoto en 1975 a installé son « manyata de la corde aux quarante-neuf nœuds » près de l'emplacement du eunoto qui s'est terminé au mois de février dernier. C'est là que la corde qui a servi à mesurer l'enceinte de la grande case rituelle de leur eunoto est dénouée, coupée en lanières qui sont réparties entre tous les participants, et, treize ans après, nouées autour du cou d'un taureau favori. Le cycle des cérémonies maasai est de longue haleine, et il faudra aussi autant de ténacité à ceux qui désirent y mettre fin. Ils semblent penser que tout se résume par la grande et spectaculaire cérémonie du eunoto qui met fin à la période de guerrier, sans se rendre compte qu'il s'agit de cycles qui s'imbriquent les uns dans les autres et qui se déroulent en spirale, comme aussi le python se déroule, correspondant à chaque fois à toute la vie d'un homme; ces rites ont traversé le temps, nous parvenant des anciens protosémites qui habitaient le bord du Nil. Et c'est sans doute pourquoi d'emblée je me suis trouvée si bien chez les Maasai : n'étais-je pas moi aussi née une première fois sur les rives du Nil? Ai-je pu les connaître alors? Je ne pense pas que j'étais des leurs, mais certes il y a eu convergence de nos destins aussi à cette époque.

Cette certitude m'est venue aujourd'hui, entourée de ces jeunes gens qui n'ont pas encore tout à fait quitté leur condition de guerrier : ils sont venus m'annoncer que Olaigwanani, leur orateur, allait célébrer le rite de boire du lait dans la maison, c'est-à-dire que désormais il n'est plus interdit pour lui de boire du lait seul, et il peut à nouveau se nourrir du lait de son propre troupeau; pendant toute sa période de guerrier cela lui était interdit : il buvait le lait des autres et offrait le lait de ses vaches aux autres guerriers. Ainsi une circulation était assurée, présage de la circulation des femmes lors des mariages, mais aussi contribuant à ceux-ci. En effet, pour se nourrir les guerriers sont obligés de fréquenter les villages de leurs camarades, apprenant à connaître les mères et les sœurs de ceux-ci, se faisant connaître des hommes des villages non apparentés, et ainsi créant les conditions nécessaires aux mariages exogames que pratiquent les Maasai.

Les enfants de nos hirondelles ont construit leur nid accolé à celui de leurs parents. Les guerriers de passage hier m'ont dit que cela porte chance. Mes enfants en feraient-ils autant en ce lieu merveilleux? Après tout ils sont aussi Maasai et s'en souviennent parfois. Moi, comme les hirondelles, j'effectue des migrations saisonnières. Et, comme moi et les hirondelles, mes enfants effectueront-ils des migrations saisonnières? Tout est encore possible. Les jeux ne sont pas encore faits.

25.

L'HISTOIRE DU MARA OLTUKAI

L'histoire commence par une blague. En 1968, en remontant l'escarpement d'Ololololo pour regagner le manyata des guerriers siria isolé sur les hauts plateaux de cet escarpement, j'aperçus au travers d'une dense végétation une courbe du fleuve Mara au pied d'une forêt mystérieuse qui abritait éléphants et buffles. « C'est ici que je construirai ma maison », devais-je annoncer – et tout le monde se mit à rire. En effet, il était impensable à l'époque que l'on puisse habiter un lieu pareil. Mais onze ans plus tard, à cet endroit précis, je devais construire mon zimbabwe « dzimba-a-mabgwe », ma maison en pierres, celle que doit habiter, dans le complexe culturel du Zimbabwe, toute reine ou makhadzi. Et, chose curieuse, sans savoir cela, d'autres au Mara devaient me baptiser la reine du Mara!

Ce fut un pur hasard. En 1979, on devait rendre visite au frère d'Ole qui était garde civil dans un lieu perdu, en haut de l'escarpement dans un pays boisé habité par les chasseurs-cueilleurs Torrobo qui vivent en symbiose avec les Maasai, et qui se font passer pour maasai face à tout étranger. Un d'entre eux offrit sa fille en mariage à Ole. Celle-ci était encore trop jeune pour être excisée et mariée, mais les fiançailles eurent lieu car, disent les Maasai : « Ne repoussez jamais une fille que l'on vous offre en mariage; tout au plus si elle ne convient pas, on la destine à un autre membre de la famille. » De plus, cela porte chance d'avoir une épouse torrobo : le bétail sera nombreux. Par contre, un Maasai ne donne jamais sa fille en mariage à un Torrobo : « Où trouverait-elle du lait car les Maasai ne mangent pas de gibier ? » Ole devint donc un beau-fils potentiel des Torrobo de la région qui lui offrirent aussi des terres, car leur territoire était destiné à être réparti en lotissements individuels munis de titres de propriété. Comme pour lui l'emplacement était indifférent, mais aussi parce qu'il est plus facile d'être près d'une route, comme nous avons pu le constater en ce qui concerne la ferme de Sikirrar, il accepta ma suggestion de demander la terre de mes rêves, celle auprès du fleuve Mara. Une bonne raison pour la demander devant être fournie, il nous vint l'idée de dire que nous y installerions une pompe à essence. En effet, l'essence était toujours un problème dans la région; notre requête fut agréée et des arbres correspondant à la démarcation des frontières furent cochés par les membres du Comité de la répartition des terres, réunis en quorum. Un compte rendu de la séance fut écrit par le secrétaire. Faute de pouvoir intéresser quelque compagnie d'essence à notre projet sans titres de propriété, nous avons commencé immédiatement à construire la maison avec les pierres ramassées sur place, du ciment apporté de Nairobi dans la Land-Rover, et des poutres coupées dans les forêts abondantes de l'escarpement. En attendant, nous dormions dans la voiture au bord du fleuve avec l'hippopotame qui broutait à nos côtés; puis nous avons construit deux cases en pisé et chaume avec des portes peintes en blanc. Mais l'hippopotame n'aime pas le blanc et essaya plusieurs fois de défoncer ces portes. Alors nous les avons peintes en bleu, et satisfait, il les laissa tranquilles. Je pris soin après cela d'avoir des égards pour les préférences de notre hippopotame et je peignis les portes de la maison en bleu-gris. Il fallut aussi tenir compte des circuits des éléphants : au mois d'août ils traversent notre forêt mystérieuse avec leurs petits – vingt-neuf éléphants en tout encerclent la maison, cassant des branches de tous les arbres alentour, nous faisant don de bois pour notre feu; et ils repartent après quelques jours, suivant toujours le même chemin. Il faut donc éviter de construire sur leur passage. Et lorsqu'en broutant les splendides cannas que j'avais plantés sous nos fenêtres par inadvertance un d'entre eux cassa ma fenêtre avec sa défense, cela lui fut pardonné sans rancune car leur passage amène tant d'intrigue et de joie, que le manque d'une vitre est vite oublié.

Sauf lorsque les babouins ayant découvert cette voie d'entrée s'installèrent à notre table où j'avais laissé des verres en cristal, et sans doute voulurent imiter les humains en les portant à la bouche. Mais hélas, ils mordirent un peut trop fort, et à chaque verre en cristal il manque un morceau. Je les ai remplacés par des tasses en émail, en prévision de la prochaine visite de nos voisins babouins.

Il fallut sept mois pour construire la maison. Ne sachant pas fabriquer les linteaux des portes, nous avons posé une poutre sur chacune. Mais pour les fenêtres cela était plus compliqué; alors un ami architecte vint passer le week-end dans un camp touristique voisin et nous montra comment faire. Hélas, on se concentra si bien sur le rebord en ciment renforcé, que les pelles furent ensevelies dedans. Impossible d'en trouver d'autres sur place – il fallut un voyage à Nairobi pour les remplacer. Entre-temps, je partais assister à des cérémonies en pays samburu et maasai; j'ai même effectué un voyage d'un mois en France, et chaque fois que je partais les travaux tombaient en panne. Mais un jour tout fut prêt : même la toiture était en place, et alors les pluies tombèrent. La maison fut inondée. Les fenêtres-louvre avaient été placées à l'envers et au lieu de rejeter l'eau la faisaient glisser gentiment vers l'intérieur. « Cela ne fait rien, nous allons tout casser et recommencer », annoncèrent les maçons improvisés. « Surtout pas! » devais-je protester, et j'inventais des volets en bois. Le problème fut réglé. Et ma maison improvisée, miraculeuse, commença à fonctionner le 30 mai 1980. C'était la première fois que j'avais une maison à moi. Peu importe que la terre ne m'appartienne pas : j'ai construit mon dzimba-a-mabgwe. Ailleurs au Botswana j'ai des terres sans maison.

Mais alors commencèrent les déboires. Un Torrobo revenu d'Amérique où il était allé poursuivre des études voulut empêcher Ole d'acquérir cette terre. Il s'en prit donc à son mariage projeté, et, appartenant à la lignée des oncles maternels de la future épouse, il usa de son droit de veto pour empêcher ce mariage et donna la jeune fille maintenant excisée et prête à rejoindre son mari à un autre Maasai d'un pays lointain. Selon la coutume torrobo, Ole aurait pu l'enlever de force, mais, étant Maasai, il refusa d'entrer dans ce jeu et épousa à sa place, pour bien montrer qu'il ne manquait pas d'autres possibilités, la fille du sage du pays maasai, respecté de chacun. Pour le mariage, il sortit donc la tête haute, mais ses droits à la terre furent compromis, comme l'avait prévu l'oncle maternel. Comme des querelles de frontières entre les Torrobo et leurs voisins Kipsigis compliquaient la répartition des terres, tous les projets furent en panne jusqu'en novembre 1986 lorsque enfin on déclara la région prête à être départagée. Alors l'ennemi d'Ole en incita d'autres à venir squatter sur ces terres, y installant un faux village maasai à l'intention des touristes, trop contents de se laisser leurrer par l'aubaine des fausses danses maasai exécutées par de faux guerriers à perruque. Cela dure depuis un an et ils réclament un droit pour cette terre, ce qui fait qu'Ole risque de voir réduite sa part de moitié. Chaque jour amène son quota de peines et de joies; il s'agit de reconquérir chaque jour son droit au soleil : tout est toujours remis en question; et je m'adonne à cette vie depuis vingt-deux ans.

En attendant, en octobre 1980, à peine installée dans mon dzimba-a-mabgwe, je repartis en France pour y installer un pied-à-terre. Mais c'est ici que je viens écrire : où je puis retrouver une communion avec la nature et les animaux et parfois même les hommes.

Tôt le matin, au lever du soleil nous longeons la lisière des forêts habitées par M. X : cet hominidé non identifié. Nous entendons un bruit étrange pour ces parages – un ronronnement qui s'accentue au fur et à mesure que nous avançons. Puis horreur! Nous apercevons des bulldozers qui abattent les acacias en fleur et toute autre végétation que rencontrent leurs dents voraces. L'odeur âcre de la sève se mêle à celle de la terre retournée et le lourd parfum des fleurs d'acacias sature les rayons de soleil somnolents qui tentent de percer les nuages de poussière. Et moi je suis paralysée de frayeur. Que va devenir M. X dans tout cela? « Ne t'en fais pas, il en a vu d'autres! » me rassure mon compagnon maasai. Certes, il était là longtemps avant nous et sera sans doute encore là après nous. Car c'est un homme mais pas comme les autres, qui habite le cœur de la forêt. Nu, poilu, immensément fort, il abat le buffle d'un arbre déraciné; il mange crus le foie, le cœur, et ayant bu le sang, il sectionne une patte qu'il emmène sur l'épaule, sans doute pour nourrir sa famille. Certains ont vu sa femelle aux longs seins; d'autres ont rencontré ses enfants jouant devant des grottes. Mais aujourd'hui on le voit moins souvent que d'antan, car il fuit les lieux fréquentés par les hommes, et ceux-ci envahissent de plus en plus les forêts qui sont siennes. Cependant, le cœur sombre de la forêt obscure où pénètrent à peine les rayons du soleil n'est fréquenté que par lui – même les chasseurs-cueilleurs torrobo n'y vont pas de peur de perdre leur chemin. De là il émerge parfois à la poursuite d'un buffle, ou la nuit pour visiter les lieux étranges des hommes; là il ramasse parfois une corde qui lui sert de piège, ou encore quelques clous ou autre métal : lance brisée, épée, pointe de flèche. On l'a vu un jour porter un essieu de voiture qu'il brandissait comme une arme de guerre pour effrayer des guerriers qui s'étaient arrêtés pour le regarder. Il simulait des attaques pour montrer sa force mais s'arrêtait net avant de leur faire du mal. Ils crurent bon de ne pas insister et battirent en retraite avant d'avoir sondé le fin fond de ses intentions.

J'ai maintenant un dossier de cent neuf rencontres avec M. X dont j'ai l'intention de parler, car il serait bon de faire connaissance avec notre contemporain des confins des forêts tropicales : cet homme pas comme les autres qui nous voit plus souvent que nous ne l'apercevons, je le fréquente, par personnes interposées, depuis 1978. Alors, jeune homme aux yeux bleus et cheveux blonds qui tente l'aventure de planter du blé à la lisière de la forêt d'X, peut-être seras-tu amené un jour à l'inviter à faire un tour sur ton bulldozer, ou encore à toi de partager sa couche perchée sur les cimes des arbres que tu abats? Et laquelle des deux démarches serait le PROGRÈS?

Nous étions donc partis tôt ce matin, au lever du soleil, pour tâcher de joindre les Torrobo qui avaient donné la terre sur laquelle ma maison est construite, et qui depuis neuf ans nous promettent qu'elle va être démarquée. En attendant chaque fois qu'Ole a cherché à l'exploiter il y avait intervention; les ouvriers étaient menacés et ils s'enfuyaient – et les gardiens de même, et trois fois je fus cambriolée. Mais patience, un jour, bientôt, cela sera chose faite; le tout est de ne jamais perdre espoir, de persévérer et de savoir que les aventures de parcours sont peut-être la vraie raison d'être de tout cela, plus intéressantes que le but.

Je somnole donc dans la poussière du bulldozer, embaumée par les vapeurs des fleurs d'acacias, lorsque j'aperçois sept lionnes vigilantes, alanguies sur des termitières, entourées d'antilopes qui semblent savoir que des lionnes repues ne leur feront aucun mal. Est-ce le jardin d'Eden ? Non, le bulldozer le dément. Il s'agit de travailler pour survivre, comme moi aussi ce soir à la machine à écrire. Cependant j'ai eu un bref aperçu du paradis : comme toujours illusoire.

Je ne puis parler de mon passé que s'il intervient dans mon présent. Car il n'est signifiant que s'il contribue à mon présent consciemment. Pour le reste, qu'il se repose. Cela ne lui fera aucun mal, ni à moi ni à vous.

Mais neuf ans d'attente, de remise en question, de querelles, de réconciliations, cela compte. Beaucoup d'eau a coulé sous le pont Mara. Beaucoup de voyages entre Paris et ce paradis. Beaucoup d'éléphants sont venus nous rendre visite et arbitrer en empereurs suprêmes. Les hirondelles n'ont pas abandonné le bercail, et moi non plus. Les lionnes sont devenues féroces et suivent maintenant les hommes, car je suppose qu'ayant goûté à la chair humaine à cause des cadavres laissés en brousse, elles y ont pris goût, chose nouvelle car il y a seulement neuf ans ces lieux étaient inhabités. Puis sont venus les camps pour touristes, et peu après des villages de Maasai. D'abord les lions s'attaquaient au bétail, mais les guerriers leur ont déclaré la guerre et les ont chassés à la lance. Mais maintenant, il n'y a plus de guerriers; seulement des vieux Maasai qui disparaissent et des enfants qui meurent de paludisme. C'est ainsi que les lions ont pris goût à la chair humaine. Dommage pour nous; dommage pour eux. Ils seront tués par le Game Department. Preuve que la civilisation avance et envahit même les coins les plus reculés, même les paradis terrestres.

Depuis quelque temps, je commence à trouver encombrant d'être enfermée dans un corps dont la pesanteur me rattache à la terre. Je rêve d'autres horizons, d'autres exploits : être sans limitations imposées par notre corps.

Alors au milieu de la nuit, hier, le jour de Pâques, à la première lune décroissante, je dis à mon ami :

« Ne sois pas fâché avec moi de te parler de quelque chose qui me tient à cœur. J'ai toujours pu compter sur toi en toutes choses. C'est au nom de notre longue amitié que je te demande ceci :

« Si je meurs ici, comme je le souhaiterais, ne permets pas que l'on me renvoie en Europe (outre-mer). Ne m'enfermez pas non plus dans un cercueil. Roulez-moi dans une couverture massaï, cela suffira. Puis demande à David, notre gardien jaluo, de creuser un trou profond au pied du rocher du léopard, à la courbe du fleuve Mara, dans notre forêt mystérieuse. Là, recouverte de la terre vierge humide et fertile, je reposerai en paix :

Je sentirai le lourd poids des vingt-neuf éléphants majestueux
lorsque au mois d'août ils accomplissent leur circuit rituel.
Je sentirai frapper les sabots des buffles rageurs;
j'entendrai les hippopotames siffler et souffler
l'eau en jets d'eau vers le soleil,
scandés par le cri rauque des canards sauvages;
J'entendrai tard dans la nuit le léopard tousser
et le jour le cri perçant de l'Aigle pêcheur
venu rendre visite à son ami
l'immense crocodile royal
alangui sur son rocher au centre du fleuve
d'où il absorbe la force du soleil.
Je recevrai au mois d'août la visite de M. X annoncée par son cri
qui fait frémir les habitants de la forêt;
et je saurai que je suis redevenue un esprit-lion
qui appartient aussi bien à la forêt mystérieuse
qu'aux grandes étendues du désert du Kalahari. »

Mission Terre accomplie

J'attendrai avec curiosité ma prochaine affectation. J'espère seulement que je serai accompagnée d'un aussi valeureux compagnon que celui qui me fut désigné, contre toute attente, pour ma mission Terre.

26.

LA MAÎTRISE DE SOI

Me voici à Governor's Camp. Nous y sommes venus ce matin pour faire réparer les phares de la voiture. Ensuite, nous désirons continuer le long du Rhino's Ridge, la crête du Rhinocéros, pour visiter un nouveau camp appelé « Intrepids Camp » – le camp le plus coté en ce moment. On me dit cependant que le pont s'est effondré – tant pis, nous allons tenter notre chance. Peut-être sera-t-il réparé lorsque nous y arriverons.

Je suis impatiente de nature. Chez les Maasai j'ai dû apprendre la patience.

J'ai aussi une nature exclusive et jalouse. Grâce aux Maasai j'ai dû apprendre à tout partager – jusqu'à l'homme que j'aime – et j'ai dû apprendre à mater mes instincts de jalousie. Je pense y parvenir, mais c'est une conquête de chaque instant – jamais un acquis une fois pour toutes.

J'en conclus que l'homme est capable de s'adapter à tout s'il est suffisamment motivé.

Motivée, je le suis. Car je n'ai rencontré aucune société où je me sente mieux, plus à l'aise, plus heureuse, plus libre.

Le soleil caresse mon dos d'une main chaude et langoureuse. Les oiseaux réjouissent mes oreilles de leurs multiples chants, en contrepoint; le coucou scande le temps et nous fait oublier le passé douloureux, les années sans issue. Les feuilles luisent de joie et rivalisent de profondeur de vert. Les petits avions bourdonnent au-dessus de nos têtes pour nous rappeler que nous sommes au XXᵉ siècle. Peut-être mon fils Georges pilote-t-il l'un d'entre eux et nous fera fête?

Je viens de passer trois jours de bonheur auprès de mon bien-aimé dans notre dzimba-a-mabgwe. Qu'importe qu'à mon retour en France il rejoigne ses trois autres épouses et ses enfants, toujours plus nombreux. Je les aime tous et nous travaillons en équipe pour résoudre les problèmes quotidiens.

Voici notre histoire : je ne sais pas pourquoi je vous la conte, sinon parce que c'est une belle histoire.

En 1966, lors de mon premier séjour dans un manyata de guerriers maasai, je fus adoptée par l'Orateur, le chef des deux mille sept cents guerriers. Pour s'occuper de moi et de mes deux fillettes âgées de quatre ans et de dix-huit mois, il désigna l'un des guerriers les plus intrépides, en fait sa main droite. Celui-ci s'assura si bien de sa mission que vingt-deux ans plus tard nous sommes encore inséparables.

Ensemble nous avons cherché à boucler le cycle des cérémonies maasai. Nous avons suivi les rites non seulement des douze sections maasai mais encore ceux des peuples voisins et apparentés : Samburu du nord, Rendile du désert Kaisut, Torrobo des forêts de Ndol Ndol.

Un jour, un des leaders rituels samburu du groupe d'âge de mes pères, souffrant d'une cataracte qui l'aveuglait, s'installa dans ma voiture et décida qu'il irait avec nous à Nairobi pour se faire opérer, par nos soins bien entendu. Rien ne pouvait l'en dissuader. Comme je doutais fort que je puisse lui obtenir d'emblée une place à l'hôpital et les soins d'un spécialiste, j'eusse préféré qu'il attende chez lui que ces dispositions aient été prises. Rien à faire. Avec lui nous repartions. Il fut soigné pendant un mois : les deux yeux furent tour à tour opérés. Puis nous repartîmes le conduire chez lui à six cents kilomètres au nord de Nairobi. « Enfin, je vois à nouveau mon bétail, s'exclama-t-il en arrivant. Cela mérite la plus précieuse des récompenses. Je vous donne une de mes filles en mariage. Choisissez celle que vous voulez. » Et nous voici dotés d'une épouse. Je dis bien « nous » car nous faisions tout ensemble et à leurs yeux aussi nous ne formions qu'une entité qui recevait ce don suprême.

Puis vint le moment du choix. Une magnifique créature aux seins fiers et pointus, exposés à la mode samburu, passa au loin et fut désignée comme une des possibilités. « Vous pouvez choisir entre celle-ci qui est la fille de mon frère décédé et que j'élève, et cette autre plus petite que j'ai engendrée. » Il fit signe de la main et une gamine ingrate de quatorze ans s'approcha timidement, poitrine plate, borgne d'un œil. Il me semblait évident que le choix était tout fait et que nous repartions avec la belle et coquette créature. A ma stupéfaction – peut-être à mon soulagement –, c'est la gamine qu'il choisit. Pourquoi ? La stratégie des Maasai ne cesse de me surprendre. « La mère de l'autre est une ivrogne. Chez les Maasai on regarde toujours la mère pour juger la fille, surtout lorsqu'il s'agit de choisir une épouse. D'autre part, tu le sais, il me fut prédit par un homme rituel lorsque j'étais guerrier que j'épouserai une femme borgne et que celle-ci me portera chance. » Le bétail d'Ole, peu nombreux à l'époque, se trouvait en pays maasai. C'est donc moi qui offris les trois vaches, le bœuf et le mouton nécessaires au mariage samburu. Nous sommes partis les acheter au marché local après nous être enquis des couleurs et du pelage désirables. C'est donc ensemble que nous sommes entrés dans un mariage avec une fillette samburu de quatorze ans qui devint notre épouse.

Avant de partir chez son mari la fillette samburu, comme celle des Maasai, doit subir l'excision.

Cependant la fillette samburu, à l'encontre de celles des Maasai, part dès le lendemain de l'excision, à pied, chez son mari. Mais comme nous devions emmener notre épouse à six cent cinquante kilomètres, de là il fut décidé qu'elle remonterait la colline en face et qu'elle passerait une nuit dans le village d'un parent avant de partir avec nous pour le pays maasai... ce pays inconnu qui désormais serait le sien. Lors de la pénible remontée vers le village le lendemain de la noce de sang, je me cachai dans la forêt pour pleurer à chaudes larmes. Il me semblait que je ne pourrais jamais accepter ce partage, qui serait effectif seulement quelques mois plus tard, lorsqu'elle serait guérie. Cependant je me ressaisis, vins prendre quelques photos de cette lente ascension, le mari en tête; j'avais l'avantage de pouvoir cacher mon visage derrière l'appareil, et arrivée dans l'obscurité de la case, je me sentis à nouveau calme et en sécurité. Tôt le lendemain matin, nous prîmes la route avec elle allongée sur le siège arrière. Je pense que j'ai souffert presque autant qu'elle de ce trajet : chaque secousse de la route cabossée me faisait craindre une hémoragie sévère, et j'étais responsable de son bien-être. Mais courageusement elle supportait tout sans se plaindre, comme plus tard elle supporta les accouchements au village.

Dès le commencement, je fus pour elle une confidente, le lien entre son village et celui de son mari, une amie, l'autre face de ce mari étranger. C'est à moi qu'elle confie ses soucis, ses craintes, ses désirs, ses requêtes. Les deux autres épouses en font autant; c'est à moi que revient le rôle de porte-parole, et ensemble nous trouvons les solutions aux problèmes quotidiens.

La prochaine épouse fut choisie par la vieille mère, qui n'était pas satisfaite d'avoir une belle-fille Samburu, aux coutumes parfois différentes de celles des Maasai. Elle fut épousée en 1980 et je donnai le sac de sucre pour préparer l'hydromel de la cérémonie. Après le mariage samburu, je participai intimement au mariage maasai, étant présente pour toutes les tractations en assumant le rôle de la coépouse.

Peu de temps après je partais m'installer à Paris. Au début, elle restait donc plus éloignée de moi, un peu farouche, mais par la suite nous sommes devenues de vraies amies. Elle est grande, belle femme, style maasai, de complexion dite « rouge » et louche d'un œil. Ce qui est un attrait de plus; car son regard tient de la méfiance, ce qui est un attribut chez les Maasai, et de la moquerie, ce qui est considéré comme provocant. Plus de vingt têtes de bétail furent données pour elle car son père, issu d'une bonne famille mais ayant dispersé ses troupeaux par amour de l'alcool et ayant aussi vendu pour boire, le bétail de divers prétendants, reporta sur Ole toutes ses dettes. C'est considéré comme un acte de bravoure que d'accepter un tel défi, et ceci ajouta à la réputation d'intrépidité de notre mari héroïque. Par la suite, lorsque le beau-père continua ses exigences non équitables, son comportement fut soumis au conseil des deux clans réunis, qui lui interdirent tout autre demande, et tout rentra dans l'ordre. Elle a maintenant trois très beaux enfants, typiquement maasai; elle est très énergique et farouchement indépendante. Car on ne peut parler de « soumission » en ce qui concerne la femme maasai.

La troisième est un rayon de soleil. Issue de l'une des familles les plus respectées du pays maasai, elle est charmante et charmeuse, bien élevée, habile en toutes choses. Plus jeune que mes deux filles, elle prend très au sérieux son rôle de « mère » envers elles et leur envoie par mon intermédiaire des bijoux qu'elle fabrique pour elles. Elle aussi n'avait que quatorze ans lors de son mariage en 1983. Elle aussi est borgne et porte bonheur.

La polygamie présente de nombreux avantages pour les femmes et peut-être aussi pour les hommes. Pour les femmes, ce sont les tâches partagées, la camaraderie, la solidarité qui font que les coépouses forment bloc pour obtenir ce qu'elles veulent du mari. Les soins des enfants sont aussi pris au sérieux par toutes et l'entraide est réelle, du moins chez les Maasai où toute manifestation de jalousie provoque un ostracisme intolérable. On a donc avantage à jouer le jeu, et je dois dire que l'on s'y laisse prendre. Partager devient normal tant que chacun observe bien les lois du protocole. Après tout, peu de femmes au monde peuvent dire qu'elles n'ont pas à partager tôt ou tard les faveurs de l'homme qu'elles aiment. Mais cela est rendu plus pénible lorsqu'il y a incertitude, mensonge, manque de règle du jeu. Chez les monogames, c'est l'homme qui conserve tous les avantages. Chez les polygames, l'homme accepte de partager les désavantages. Il assume l'écrasante responsabilité d'être équitable auprès de chacune de ses épouses; d'élever tous leurs enfants, engendrés par lui ou pas; et, chez les Maasai, il accepte la possibilité d'avoir à partager ses épouses avec d'autres de son groupe d'âge si celles-ci le décident. Et cela sans jamais poser de question à ce sujet, donc en restant dans l'ignorance de ce qui se passe réellement. Il me semble tout de même que dans ce système, les avantages sont du côté des femmes!

Par ailleurs, la femme maasai cesse les relations sexuelles lorsqu'elle se sait enceinte et ne les reprend que trois à quatre ans plus tard lorsqu'elle a sevré son enfant. Cela est laissé au choix du mari qui doit accomplir le rite de « raser » la tête de la mère et de l'enfant avant de remettre sa femme dans le circuit sexuel. Dans ce contexte, on comprend alors mieux le fonctionnement harmonieux de la polygamie.

De plus, il faut noter que chaque femme a sa maison, son foyer et que le mari répartit les invités entre les maisons selon une stratégie souvent très astucieuse. La stratégie fait donc partie de la vie quotidienne et intervient en toute chose, ce qui rend le Maasai un ennemi redoutable et un ami ou allié irremplaçable.

27.

HISTOIRE DE FOUS

On vient m'appeler, car deux Européens dépenaillés sont en train de se baigner dans le fleuve Mara en face de la maison. Je demande qu'ils montent s'expliquer avec moi et un jeune homme l'air hagard arrive seul répétant : « Israël, Israël. » J'essaie de l'interpeller en anglais, il hoche la tête; en français, il désigne son camarade encore dans l'eau et repart. J'avais déjà fermé la maison et j'étais sur le point de partir vers un des camps chercher du sucre lorsqu'ils réapparaissent tous les deux. Le deuxième est aussi délabré mais l'air moins fou. Il parle un anglais parfait.

– Vous vous rendez compte bien sûr que vous êtes sur une propriété privée ?

– Je ne pensais pas qu'ici il y avait des propriétés privées.

– L'endroit est dangereux et nous n'aimons pas que des inconnus viennent se baigner dans le fleuve où il y a des crocodiles, se balader dans la forêt où il y a buffles, éléphants et léopards, car si quelque chose vous arrive nous serions aussi accusés de négligence à votre encontre. Où est votre voiture ?

– Nous sommes venus à pied de la barrière du parc national. On nous a bien dit de suivre la route pour limiter les dangers, mais l'endroit ici est si beau ! Il paraît qu'il y a un pont plus loin ?

– J'y vais justement. Montez dans la voiture et si vous le désirez venez avec moi au camp un peu plus loin.

Ainsi je les éloignais de chez nous. Au camp, je leur offre une bière et essaie de connaître leur histoire. Cela fait deux mois qu'ils sont au Kenya, voyageant partout à pied, parfois en autobus ou en stop. En Israël, ils n'ont pas voulu continuer leur service militaire et se sont fait passer pour fous. Ainsi ont-ils pu quitter l'armée avant la fin du service, mais par contre il est difficile par la suite de trouver un emploi ou encore d'être admis dans un kibboutz.

Au retour, ils descendent au pont. Je ne suis pas convaincue de la véracité de cette histoire. Peu importe; cela en fait ne me concerne nullement. Je leur ai trouvé un camion qui pourra les emmener jusqu'à Narok d'où ils veulent téléphoner en Israël. La vie est toujours plus mystérieuse que l'on ne peut imaginer. Cette rencontre me laisse perplexe – il y a matière pour tout un scénario de film, d'autant plus qu'en partant ils me disent :

– N'auriez-vous pas besoin de nous pour un de vos prochains films?

– Je tourne mon prochain film au Zimbabwe au mois d'août.

– Ah, je connais le Zimbabwe devait me dire, pour ajouter au mystère, celui qui parle bien l'anglais, et sur cela nous nous quittons.

J'avais demandé combien de temps ils resteraient au Kenya : « Jusqu'à épuisement de notre argent », ont-ils répondu. Mais à en juger par l'état des vêtements les ressources étaient déjà épuisées; ou alors le débraillement est volontaire, ce qui certes n'est pas en leur faveur en pays maasai, où le jeune homme est extrêmement coquet, paré et soigneux de son apparence. Mais de l'extérieur il est difficile de juger des réactions. Je me souviens d'un collègue japonais qui était au Kenya pour l'un des eunoto et s'était senti désavantagé avec les cheveux courts lorsqu'il désirait s'identifier aux Ilmurran; il repartit chez lui et, un an et demi plus tard, revint avec de beaux cheveux longs. Mais à ce moment-là, il tombait mal à nouveau puisque dans tout le pays maasai il n'y avait plus de guerrier : c'était l'intervalle de deux ans entre les cycles de guerriers. Il n'y comprit plus rien, car chez les Maasai on ne vous explique rien. Il s'agit toujours de pouvoir découvrir les choses par soi-même, et pour cela il faut du temps – beaucoup de temps, comme je devais le constater.

HISTOIRE DE FOUS

Mon enfant
Ne touche pas au volcan
il brûle

Mon amant
ne joue pas avec le volcan
il consume

Mon ami
Allie-toi au volcan
il éclairera tes nuits obscures
d'étincelles éblouissantes
C'est pourquoi depuis vingt-deux ans je me suis alliée au volcan.

28.

PARIS, PARIS

Je ne parle que rarement de ma vie à Paris. Elle fut merveilleuse lorsque étudiante, vivant à la Cité universitaire, j'allais tous les soirs au concert, ou suivais avec enthousiasme tous les spectacles-événements : théâtre, danse, opéra. Le jour, je suivais les cours de professeurs valeureux à la Sorbonne, à l'École pratique des hautes études et au Collège de France : Bachelard, Jean Wahl, Merleau-Ponty, Jankélévitch, Georges Gurvitch. Je discutais, argumentais, cherchais à réconcilier la logique héritée d'Aristote et celle de complémentarité antagoniste de mes initiations africaines. Georges Gurvitch, seul dialecticien que j'avais rencontré, m'enchantait avec son désir de rester proche du vécu, de la réalité sociale dans tout ce qu'elle a de multiple, sinueux, complexe, issue de contingences historiques qui interviennent pour déstructurer ce que la société a érigé, obligeant sans cesse à une restructuration, elle-même toujours précaire. Mais j'appréciais aussi l'effort de Claude Lévi-Strauss pour trouver le code idéal nous donnant des structures immuables, et je publiais aussi bien chez l'un que chez l'autre. Car pour moi chacun représente un des pôles nécessaires de la réalité : complémentaire et antagoniste. Malheureusement, si au début le complémentaire primait dans leurs relations, vers la fin seul l'antagonisme prévalait.

Preuve pour moi qui les trouve tous deux simultanément nécessaires à notre pensée, que ni l'un ni l'autre n'a su intégrer la dialectique à son vécu. Car les habitudes du « vécu » prises dans l'enfance sont plus fortes que celles de notre réflexion.

Lorsque je recontrai Pierre, ce fut le Paris des vernissages, des expositions, des artistes qui s'ouvrait à moi; des voyages en Italie où Pierre faisait des conférences sur l'Art ou était invité à inaugurer des expositions. Le monde du cinéma aussi : le tournage de Jean-Pierre Melville à Boulogne-Billancourt avec le jeune Alain Delon, Mylène Demongeot, les débuts de Catherine Deneuve. Jean-Pierre Melville n'existait que pour et par le cinéma, et il humait à distance les jeunes talents qu'il n'hésitait pas à lancer, toujours très sûr de lui.

Revenus à Paris après une lune de miel de trois ans passée à faire des recherches au Zimbabwe et dans le désert du Kalahari, nous retrouvions un Paris un peu éloigné de nos préoccupations immédiates et nous avions la joie d'attendre notre premier enfant. Pierre, à cause des tractations, dont j'ai parlé ailleurs, n'était plus au CNRS et accepta de partir pour trois ans remplir les fonctions de consul de France, à Bouar en République centrafricaine. C'est là, à Bangui, dans un contexte shakespearien, que naquit Isabelle.

En 1964, je regagnais Paris seule, enceinte de sept mois. Cela fut une période angoissante pour moi car je ne connaissais pas mes voisins à Saint-Cloud, et Pierre promettait d'arriver chaque semaine. Au début, j'allais à Orly attendre l'avion de Bangui; mais comme Pierre n'était jamais là, malgré ses promesses, j'ai abandonné ces déplacements fatigants et frustrants. Un soir, une amie brésilienne me propose d'aller au cinéma et nous laissons Isabelle chez une voisine qui avait fini par s'inquiéter de mon sort. Revenant vers dix heures du soir, nous trouvons Pierre installé à table avec du pain et du fromage : « Ah! c'est comme cela que l'on fait la fête en mon absence! »

Il était resté six semaines de plus que moi à Bangui et était arrivé juste à temps pour l'accouchement; il ne trouva néanmoins rien de mieux que de se faire hospitaliser avant moi et de me demander d'aller lui acheter un pyjama de soie, nos affaires étant restées à Bangui en prévision d'une nomination au Tchad qui ne s'est jamais faite. Au lieu de cela, il fut nommé à l'université de Nairobi et tous nos effets, dont six cents de mes livres, restèrent en rade à Bangui car après six mois les Affaires étrangères ne rapatrient plus rien, et Pierre, insouciant du temps qui passe, n'y avait pas fait attention. Moi, je me préoccupais d'élever deux fillettes en bas âge et de continuer mes recherches, laissant cette organisation matérielle à Pierre. J'appris par la suite qu'il valait mieux que j'assume aussi cet aspect-là de notre vie.

Je n'ai plus jamais revu mes effets de Bangui, dont une thèse presque terminée. Mais la vie ne me donna pas le temps de m'en plaindre. Il fallait à tout prix continuer... et c'est alors que je vins chez les Maasai. Je pensais y rester un à deux ans tout au plus. J'y suis encore.

C'est en octobre 1980 que je devais regagner Paris pour en faire mon pied-à-terre. J'avais appartenu au Laboratoire de sociologie de la connaissance créé par Georges Gurvitch et dirigé par la suite par Roger Bastide. Là, une entente cordiale et une réelle entraide entre collègues régnait. Je n'ai plus trouvé cela à mon retour. Je représentais une rivale potentielle et surtout, par ma longue connaissance de terrains variés en Afrique, on me ressentait comme redoutable. Je n'étais la bienvenue nulle part et personne ne voulait connaître ce que j'avais à offrir. Sauf les médias. C'est donc avec eux que je m'entends, tout en continuant mes recherches avec un groupe « pirate » d'une vingtaine de personnes de tous horizons et de tous pays, qui se sont ralliées autour de moi malgré le manque de statut officiel de mon unité. Par une série de hasards – qui, par hasard, me viennent toujours en aide – j'ai pu créer une collection aux éditions Publisud, où je publie ce que je choisis; pour distribuer mes films, j'ai créé une société de production, Azakili Films. Comme cela, je n'ai pas à collaborer avec les autres : ce sont eux qui ont à collaborer avec moi. C'est plus facile ainsi et peut-être dans l'ordre des choses. J'ai construit mon dzimba-a-mabgwe – ma maison de pierres – au bord du fleuve Mara, où je compte organiser des colloques de sociologues, et où je me réfugie pour écrire et pour vivre heureuse. Donc, chers collègues, vous n'avez rien à craindre de moi. Je n'enfreins nullement vos plates-bandes, mais je vous invite à venir piétiner les miennes si cela vous chante, ou plutôt les partager si vous y voyez quelque utilité. Ce sont les Canaques et les Brésiliens qui ont le mieux compris ma démarche. Ce sont eux qui lisent mes écrits et savent les comprendre. J'irai donc à nouveau enseigner au Brésil bientôt – et peut-être aussi au Canada, où les étudiants nous réservent un accueil chaleureux.

A Paris, je travaille beaucoup et sors très peu. J'attends que l'on vienne à moi et je pratique l'hospitalité africaine. Mes enfants vont et viennent et leurs amis aussi. Et moi je travaille et travaille encore. Ce n'est pas un mal. Mais j'écris mieux au Maasai Mara, entourée des éléments complices. Paris est néanmoins nécessaire, et parfois j'aime y retourner. Surtout au printemps et en automne quand la « Grande Dame » est vêtue de soie verte ou rousse.

29.
LE PONT

Sikirrar 1974

La tranchée creusée, la maison préfabriquée construite en deux jours grâce à un lion qui se mit à manger les cordes de la tente des artisans venus l'ériger, il fallait exploiter cette terre. Pas question au début d'y faire de l'élevage de bétail à cause des razzias. Des analyses de sol furent donc entreprises pour savoir le genre de culture qui convenait à ces sols. Le maïs évidemment – mais il serait volé par les voisins agriculteurs. Le houblon – par chance les brasseries du Kenya recherchaient de nouveaux endroits pour le cultiver car la consommation de bière au Kenya s'accroît sans cesse. Nous avions rendez-vous avec l'agent qui devait venir examiner les lieux et signer le contrat avec nous. Un jeune avocat maasai, sous prétexte de nous conseiller, arrive à savoir qui viendrait et quand, et part l'attendre un peu plus en avant, nous devançant pour lui proposer ses terres. C'est lui qui enleva le contrat et nous attendîmes en vain. Comme quoi les Maasai ont raison de toujours brouiller les pistes pour que personne ne sache ce que l'on fait. C'est une stratégie qui ne m'était pas habituelle mais à laquelle je me rallie maintenant de tout cœur.

Plus tard quand la sécurité de la région se fut améliorée, grâce au fait qu'un important ministre maasai avait acquis les terres voisines où il a installé des gardiens armés, nous avons pu acquérir du bétail et pratiquer l'élevage grâce à un prêt agricole offert par le gouvernement aux fermiers. Mais les démarches étaient très compliquées, et j'ai donc pu assister à leur bon déroulement; en fait Ole et moi nous nous complétions parfaitement : lui me guidait dans toutes les démarches maasai, moi je l'assistais avec la « paperasse » et avais acquis le titre honorifique de « secrétaire » ou plutôt de « scribe ». J'ai souvent constaté que la parole précède l'événement : ce fut le cas pour le bétail. A un vieillard qui se plaignait que l'on avait donné de la terre à un homme sans bétail je répondis : « Ne savez-vous pas qu'il a une centaine de têtes de beau bétail boranna qui attendent de venir ici ? » Or à l'époque il n'avait que vingt-trois pauvres bêtes maigres qui mouraient de faim à quatre-vingts kilomètres de là. Mais peu de temps après nous vint l'idée de faire l'emprunt, et ayant parcouru tous les marchés de brousse où le bétail est moins cher qu'en ville, ce n'était pas cent têtes que le vieillard pouvait voir, mais plutôt trois cents. Cela se sut dans tout le pays maasai et c'est ainsi que l'on vint lui offrir d'autres terres. Car chez les Maasai on ne donne qu'à celui qui a su faire ses preuves.

C'est ainsi que ma connaissance de la société maasai, de son fonctionnement, des déboires des pasteurs, s'est toujours faite au travers d'une participation réelle à la vie quotidienne maasai, et jamais au moyen de questionnaires, auxquels de toute façon ils auraient répondu n'importe quoi. C'est pour cela qu'eux me font confiance pour être « un pont » comme devait l'indiquer le grand Laibonok « homme des rites » Simel.

Au début les épouses d'Ole n'habitait pas Sikirrar car il est impensable pour une femme maasai d'habiter un lieu sans bétail. Mais une fois le bétail acquis et les razzias, qui ne manquèrent pas au début, contrôlées, les épouses ont pu venir s'installer là et construire chacune sa maison en bouse de vache. Moi j'avais la maison préfabriquée, mais je n'étais pas souvent là pour l'habiter, puisque nous suivions tous les cycles des cérémonies maasai dans le pays tout entier. Nous revenions néanmoins régulièrement nous assurer que tout allait bien, comme aussi nous séjournions dès que possible quelques jours à Nairobi où mes enfants suivaient les classes de l'école française. Pendant leurs vacances ils venaient nous rejoindre là où nous suivions les cérémonies ou parfois, en période « creuse », à Sikirrar.

Puis vinrent les demandes de remboursement du prêt. La comptabilité était tellement délirante due aux ordinateurs paraît-il, toujours en faveur du prêt, qu'Ole préféra vendre trois cents acres de sa ferme de onze cents acres pour repayer en totalité le prêt et ne devoir de compte à personne. Puis il trouva un fermier d'origine anglaise qui décida de louer une partie des terres pour y cultiver du blé. Avec l'argent du blé, le pasteur maasai rachète toujours du bétail. Car le bétail, dit-il, « est notre souffle de vie » et on ne dort bien que lorsque l'on entend le tintement des cloches de son bétail et son souffle derrière la maison de bouse de vache. Je suis maintenant aussi de cet avis; c'est la suprême sécurité. Encore ne faut-il dormir que d'un œil de peur qu'il ne disparaisse pendant la nuit. Après la stratégie, la vigilance est l'autre leçon que je devais apprendre chez les Maasai.

LE GRIOT

Le griot me regarde dans les yeux
et chante des mots
qui font vibrer les cordes les plus profondes de mon être;
puis nonchalant
il s'en va de son pas lent
en sifflotant
chanter et regarder dans les yeux
une autre...
et moi
je pleure.

Le buffle a frotté son dos contre mes tuyaux d'eau chaude
et tout le système est devenu fou;
en mon absence la douche a déversé toute l'eau partout
inondant notre chambre d'amis
et vidant le réservoir que nous avons tant de mal à remplir
avec l'eau de la pluie d'avant-hier.
Et maintenant que faire?
Nos invités vont arriver
poussiéreux, désireux de se rafraîchir.

Tant pis.
Il y a toujours le fleuve Mara
où ils pourront se baigner aux côtés du crocodile royal –
c'est encore beaucoup plus simple
et surtout
efficace.

Au loin le tonnerre gronde; dans mon enfance chez les Venda, ils savaient toujours me dire si la pluie allait tomber. Mais chez les Maasai lorsqu'on le leur demande ils répondent seulement : « Dieu seul le sait. » Or le nom de « Dieu » est *Enkai* : « Ciel » donc « Le ciel seul le sait! » Il est vrai que chez les Maasai on est allergique à toute prévision, tandis que les Venda, au contraire, sont les faiseurs de pluie, et donc à même de prévoir ses caprices. J'avais raison en arrivant chez les Maasai, élevée chez les Venda, à la cour royale, de les appeler « la société à l'envers ». Ils sont Désordre par rapport à l'Ordre; Ordre par rapport au Désordre. Comme peut-être le sont toutes les sociétés de guerriers.

30.

DES RIVES DU NIL A CELLES DU ZAMBÈZE, J'ASSUME DE MULTIPLES IDENTITÉS

Il est certaines expériences qui sont si fortes que l'on ne peut s'y référer que par rapport à un passé très éloigné : je préfère donc penser celle-ci comme appartenant à ma première existence au bord du Nil.

La cérémonie qui avait duré tout un an à la cour royale tirait à sa fin. La danse du python qui se déroule, avait acquis en conséquence un rythme accéléré. Chacune des jeunes filles participant à ce cycle préparait une jupette de perles multicolores pour la cérémonie de sortie. Des mères devenaient de plus en plus fébriles, anxieuses et assidues dans leurs exigences d'accompagner leurs filles : nous les trouvions encombrantes et ennuyeuses, ne réalisant pas qu'elles étaient là pour nous protéger. Moi, c'est ma nourrice qui me suivait partout, elle-même d'une ethnie autre qui normalement ne dansait pas ici. Pourtant elle avait insisté pour être présente, et j'avais pensé qu'elle saisissait cette opportunité pour assouvir sa curiosité, car toutes les autres ethnies étaient très intriguées par ce qui se passe. Elle me collait au corps, surtout après la tombée de la nuit, et je me disais que ma présence devait la rassurer. Les trois tambours accéléraient leur rythme; la nuit obscure s'installait, sournoise; on dansait de plus en plus vite et nos têtes tournaient. Puis un long cri de terreur déchira la nuit et glaça nos membres échauffés; nous avons hésité une fraction de seconde à continuer. Des gens s'affairaient derrière les maisons de pisé et les hommes accouraient et chuchotaient entre eux. Mais qu'est-ce que cela peut bien être? Je me retournais pour voir ma nourrice à mes côtés chuchoter une prière.

La nuit se fit lourde de signification cachée. Une torpeur étourdissante nous engloutit mais nous dansions encore, toujours plus vite, il le fallait, et nous ne sentions plus nos membres, seulement une terreur envahir notre être. Pourquoi ? Que se passait-il ? Rien. Continuez à danser, continuez toujours ; rien ne se passe. Seulement le python se déroule. « Continuez, moi Lutanga, roseau qui s'ébranle dans la mare primordiale, je suis le gardien de votre tendresse, et ne vous livre pas encore à la Mère redoutable. » – « Mais l'une d'entre nous a disparu : la belle orpheline. Où est-elle partie ? » – « Battre le tambour. » Et c'est seulement six ans plus tard, devenue instructrice, que j'appris qu'effectivement ce soir-là son bras battait les tambours engloutis dans la nuit obscure, entourés des grands initiés. Car nous étions la Royauté magique, et chaque fonction a ses exigences. Nous ne reverrions donc plus jamais la belle orpheline, et nous avons alors compris la sollicitude de nos mères anxieuses et la dévotion de ma nourrice étrangère à ces rites.

Le lendemain, réunies dans la cour royale, nous étions parées des jupettes de perles multicolores. On nous dit de « losha » : nous accroupir les deux mains allongées devant nous, la tête reposant sur les bras, les index frémissants. La grande Makhadzi, sœur du roi, vint jeter sur nous un mélange de toutes les graines comestibles, en donnant sa bénédiction pour assurer notre fertilité ; puis, à la sortie de la cour, au moment où nous quittions l'enceinte royale pour rentrer chez nous, une boulette, telle une hostie, fut déposée dans notre bouche par le docteur royal ; ainsi entamions-nous le chemin de notre nouvelle existence de femmes, bénies et accompagnées par la belle orpheline, qui a ouvert le chemin pour nous. Mais il y a fort longtemps de cela. Peut-être n'était-ce qu'un rêve au bord du Nil.

Les tambours royaux lozi résonnent sur la surface des eaux du Zambèze, en petites vagues lumineuses et rieuses. Le cortège du Kuomboka, mené par la barque royale striée vert et blanc, pagayée par les princes, resplendissants, parés seulement d'une peau de léopard, corps luisants et parfumés de la sueur de leurs efforts concentrés. Le Litunga repose à l'ombre de la panière et devant lui la vieille, jouant le rôle de l'Aigle pêcheur, effigie de la royauté, chante les louanges de sa lignée royale et émet des cris imitant ceux de ce vénérable oiseau. Suivent les six barques des reines et, après elles, celles des conseillers selon un protocole très strict. A l'écart de la barque royale, un peu en retrait mais devançant celles des reines, ma petite barque allongée, celle de la sœur royale, se maintient à distance égale et glisse sur le fleuve aidée par le bourdonnement des voix des pagayeurs qui rythment de leur souffle sonore son avancée. Mes fillettes, Isabelle et Caroline, fières de leur costume lozi, se pavanent devant eux, et moi je me souviens d'autres embarcations le long du Nil qui ne différaient pas beaucoup de celles-ci. Celles de la Reine du sud remontant le fleuve pour rendre visite à son frère : le Pharaon. Mais soudain une énorme vague vient me projeter de mes rêves d'antan : c'est le Dingololo, monstre du fleuve, qui demande son péage. Je lui jette un bracelet en cuivre, et tout rentre dans l'ordre. Au loin on voit surgir les tertres qui jonchent le fleuve et auprès desquels les rois lozi reposent dans leurs barques royales naufragées. Shiri ya Denga, oiseau du ciel, qui amène la pluie céleste aux hommes par l'éclair, repose dans l'eau du Zambèze, lui-même fleuve céleste.

Son épopée nous révèle l'envergure de cet empire de Zimbabwe qui s'étalait de la côte Est, l'océan Indien, à la côte Ouest, l'Atlantique, et sur lequel le Litunga règne en empereur perpétuel, tandis que d'autres assument les rôles de roi magique, roi économique, roi politique, selon un système admirablement orchestré, que nous étudions dans son contexte ancien et moderne depuis vingt-neuf ans. Et c'est pourquoi je vais tourner mon prochain film au Zimbabwe. Pour retrouver, tout par hasard, les rives du fleuve Limpopo : fleuve souterrain.

Et ce n'est donc pas un hasard si j'ai reçu à une heure du matin un baptême dans la Seine. Ma myopie n'était sans doute que prétexte, car à Paris aussi j'étais vouée à habiter auprès d'un fleuve, celui-là glacial, et, en faisant connaissance, à surmonter une épreuve pas comme les autres, habillée dans un strict tailleur noir – Paris le veut –, portant d'élégantes chaussures à talons aiguilles, accompagnée d'un dandy anglais, dont le parapluie me sauva la vie.

Le fleuve Mara est en crue. Les hippopotames se sont réfugiés plus haut dans les papyrus, et les poissons-chats grincent des dents.

La multiplicité d'identité culturelle est certes très utile, mais elle nous entraîne parfois dans des situations incongrues. Hier, je recevais des amis de longue date qui m'ont toujours connue dans mon identité culturelle française et universitaire. Pour venir, ils avaient loué un avion dont le pilote est un habitué du Maasai Mara où il vient souvent amener les clients des camps. Comme partout ailleurs, beaucoup de gens me connaissent sans que ce soit réciproque. Mes amis me le présentent et, de but en blanc, il me dit : « Il est votre mari ? » désignant Ole qui nous accompagnait. Je n'ai hésité qu'une fraction de seconde avant de répondre : « Oui » tandis que mes amis faisaient une mine incrédule : « Je le savais », dit-il. Comment lui expliquer que pour lui qui fait partie du contexte Maasai Mara c'est OUI, tandis que pour mes amis qui font partie du contexte français c'est NON ? La réalité est si souvent plus étrange que la fiction et certes plus nuancée. On nous demande de répondre par des OUI et des NON à des questions qui se réfèrent à des situations si complexes qu'elles méritent des éclairages multiples. C'est peut-être pourquoi je n'ai jamais voulu répondre à ce genre de questionnaire, ni les utiliser dans mes recherches. Oui, par rapport à mon identité culturelle maasai, je suis l'épouse d'Ole. Non, par rapport à mon identité française. Oui par rapport à l'église Zion Christian Church qui m'a baptisée dans le Jourdain en 1960 et qui admet la polygamie, non par rapport aux Églises protestantes parmi lesquelles j'ai été élevée par des parents et grands-parents missionnaires, et qui n'admettent pas la polygamie. Et par rapport à moi-même : « *Enkai na yoolo*! » (Dieu seul le sait.) L'essentiel est que je Lui demande chaque jour de guider mes pas et mes paroles. Que veut dire ce verset biblique : « Je suis toute chose envers tout homme » ? Qu'importent les étiquettes ? L'essentiel est que nous nous connaissons depuis vingt-deux ans; que notre entente et travail en commun durent depuis dix-huit ans et que nous nous complétons en toute chose.

La forêt en face est d'une immobilité inquiétante et d'un silence sournois. Les éléphants en cette saison des pluies sont partis dans les marécages des plaines du paradis, sur la rive droite; nous ne pouvons plus détecter les branches qui bougent pour trahir leur présence ou entendre des craquements avant de les voir émerger majestueux et plein d'humour au coucher du soleil. Alors ils emplissent tout l'espace de leur aura et de leur présence prestigieuse, et nous font partager avec eux l'infinité de notre devenir.

31.

LES MAKONDÉ QUI SCULPTENT NOS RÊVES

On annonce une exposition : « l'Art makondé ancien et moderne » qui doit avoir lieu au Musée d'art africain et océanien à la Porte dorée (Paris). Les Makondé à Paris! Quelle idée surréaliste! Je les vois descendant l'avenue des Champs-Élysées, portant leurs masques, en jupettes de paille sur échasses; dansant, virevoltant, se contorsionnant, sautant, accomplissant des acrobaties qui les font se retrouver au haut de l'aiguille de la Concorde, et pourquoi pas, la pyramide du Louvre? Car ils représentent une convergence dans le temps de millénaires de danseurs, conteurs, sculpteurs, détenteurs des mythes de l'ancien empire du Zimbabwe, impérativement présents lors de l'intronisation du roi venda : roi magique, et gardien de bien des secrets des sociétés secrètes et des grands ésotérismes de cet empire.

Leurs sculptures modernes sont presque toujours en ébène, un des bois les plus durs qui soient, et donc aussi dur à travailler. Et pourtant, à partir d'un seul tronc gardé intact, ils esquissent une quantité de personnages entrelacés, les uns plus fantastiques que les autres, où il y a une permutation des membres et une liberté totale dans la représentation du corps humain : le thème le plus courant. Nous sculptons le fantastique « so that you may disunderstand », devait me dire un de ces sculpteurs, créant, selon la façon bantu qui permet une permutation des préfixes, ce nouveau mot anglais : dés-entendre. Mot qui évoque précisément cette dislocation des membres, cette dys-lexie dans l'interprétation du corps humain, cette dé-tente que nous amène cet art, par sa totale liberté.

Makondé des hauts plateaux du Mozambique, mais que l'on retrouve aussi en Tanzanie, au Malawi, en pays venda, toujours dans le rôle de créateurs et gardiens d'objets vous êtes les détenteurs des forces et significations ésotériques propres à l'aire culturelle de Zimbabwe.

13 avril 1988 : tout est rentré dans l'ordre. Les eaux du fleuve ont baissé. Trois éléphants sont descendus dans la forêt somnolente et sournoise et l'ont éveillée. Ils sont venus jusqu'à l'eau et ayant longtemps bu, ils se sont mis à traverser pour venir chez nous sur la rive gauche, envoyant les hippopotames dare-dare en aval en face de la maison. Profitant de ce remue-ménage, le gros crocodile s'est emparé du chien de chasse de nos voisins torrobo, venu se rafraîchir dans l'eau, et en a fait son souper. Nous en avons fait autant avec notre plus gros coq; il faut croire que c'est lui seul qui faisait régner l'ordre dans la basse-cour, car ce matin toutes les volailles se sont mises à se disputer. Il nous reste deux coqs, sept poules et quatre poussins que guettent deux aigles qui se ravitaillent régulièrement chez nous. Il faut croire que le crocodile n'est pas plus méchant que l'aigle pêcheur ou les hommes; seulement il a un aspect plus redoutable à cause de sa double rangée de crocs. Les éléphants sont venus me saluer cette nuit en passant sous mes fenêtres. Oui, décidément tout est rentré dans l'ordre.

Aujourd'hui j'ai mis ma plus belle robe de brousse. Mon fils Georges que j'ai enfin pu contacter à la « radio-appel » hier m'a promis de venir aujourd'hui et de m'amener des panneaux pour installer l'électricité solaire dans mon dzimba-a-mabgwe. Cela me semble une révolution, après neuf ans d'éclairage à la bougie. Les glaïeuls et iris amenés de France ont des pousses de six centimètres. Peut-être qu'à mon prochain séjour ici j'aurai le plaisir de les voir fleurir – s'il en reste quelque chose –, et je pense déjà à ces autres glaïeuls : ceux de mon enfance qui poussaient sauvages et couvraient des champs entiers de leurs petites fleurs orange parmi lesquelles j'allais me cacher lorsque je voyais des invités arriver chez ma mère.

Il faut croire que toute ma vie, tout en étant fascinée par l'espèce humaine et ce qu'elle peut inventer, je m'en suis protégée, l'ai fuie pour ne l'aborder que dans la perspective privilégiée du chercheur. Et pourtant peu de chercheurs se sont investis autant que moi, vivant jusque dans les détails les plus intimes de la réalité « autre » qui se présentait à moi, épousant la cause de ceux avec qui je partageais la vie quotidienne.

Dès mes années à l'université de Johannesburg j'ai organisé une école du soir pour les employés, en demandant aux étudiants de consacrer une soirée par semaine à cet enseignement. Cela a marché si bien que nous avions pu assurer toutes les classes jusqu'à l'équivalent du bac (*matriculation*) et qu'un de nos étudiants a pu par la suite poursuivre des études universitaires. Si pour les autres étudiants il ne s'agissait que d'une soirée par semaine, pour moi je devais y consacrer cinq soirées, car il s'agissait de s'assurer que tout marchait bien, que chaque classe était pourvue d'un professeur, de remplacer ceux qui ne pouvaient pas venir, et de s'occuper de tout le côté administratif. Puis je fus élue présidente de l'Association des étudiants chrétiens de l'université. Pour moi, être chrétien ne signifiait pas seulement se réunir avec d'autres pour des cultes et des prières, mais militer pour une justice sociale qui était tous les jours bafouée par la politique d'apartheid qui s'installait. Je suggérais donc que notre association ouvre des clubs de loisirs pour la jeunesse désœuvrée de Soweto. Deux après-midi par semaine je me consacrais donc à cette tâche ardue et dangereuse, car comme dans *West Side Story*, des gangs rivaux cherchaient à dominer la scène et s'opposaient systématiquement à ce que les autres faisaient; puis il y avait des ivrognes qui venaient semer la pagaille; et les racistes noirs qui mettaient tous les Blancs dans le même panier... Mais malgré tous ces déboires les clubs connurent un succès certain, d'autant plus que parmi nos organisateurs se trouvaient aussi des étudiants noirs.

Ce que j'ai dû affronter avec le soutien d'autres membres de notre Association pendant mes années universitaires, j'ai choisi de l'affronter seule l'année de ma maîtrise. Grâce à un administrateur très éclairé, le Dr Hugh Ashton, ethnologue diplômé de Cambridge, qui dirigeait la section africaine de la municipalité de Johannesburg, je pus combiner la préparation d'une thèse sur Orlando (devenu Soweto) et des recherches qui pouvaient être utiles pour l'établissement d'un programme de maisons urbaines qui tiendrait compte de la composition des familles africaines concernées ainsi que de leurs desiderata. J'avais été formée dans les méthodes d'enquête par le Pr Batson selon les méthodes d'échantillonnage de Le Play; j'utilisais les machines Holerith en codant et décodant tout mon matériel, puis je le présentais avec des marges d'erreur de un et cinq pour cent, toutes calculées manuellement. D'où mon appréciation actuelle des ordinateurs! J'avais un objectif : obtenir ma maîtrise et partir continuer mes études de sociologie et philosophie à la Sorbonne. Pour y arriver, j'ai passé un an à travailler comme une forcenée cinq jours par semaine. Je partais à cinq heures du matin pour Orlando dans une vieille voiture Ford offerte par mes parents. Je revenais à dix-huit heures pour me changer, dîner avec des amis, puis reprendre le travail chez moi jusqu'à une heure du matin. Je ne m'accordais que les week-ends de détente. Alors je partais dans les montagnes avec Georges faire de la varappe, ou nous partions faire du bateau à voile sur un des lacs ou encore je m'en allais faire des longues randonnées à cheval. Mais il me fallait absolument sortir des villes et me refaire des forces en contact avec la nature qui a toujours fait partie intégrante de mon être.

Un an plus tard je recevais une maîtrise avec la mention « with distinction »; l'université proposa de publier mon ouvrage, mais cela fut, en mon absence, saboté par la municipalité qui trouvait mes vues trop osées, et moi je prenais le prochain bateau pour la terre promise : Paris et la Sorbonne.

Georges, le plus romantique prince de mes rêves de jeune fille, partit à la même époque poursuivre des études de génétique à l'université d'Édimbourg où très vite il se maria à une brillante et belle jeune collègue. Nous nous sommes revus quelquefois et en 1982 il vint passer un mois dans mon dzimba-a-mabgwe, et avec beaucoup d'humour et de scepticisme assumé relut et commenta mon manuscrit, *The X File*, relatant les rencontres de cent deux personnes avec M. X, l'hominidé non identifié des forêts du Kenya.

Par amour pour lui, malgré ma terreur des hauteurs et du vide, je faisais de la varappe; par amour pour moi, il accepta mon immaturité et renonça quelque temps à sa vie de Don Juan. Mais malgré de forts liens, nos destins ont divergé et lorsque l'on s'est revus tant d'années après je devais m'étonner : « Comment, vous avez passé une vie sédentaire de chercheur et professeur de génétique à l'université d'Édimbourg, vous qui étiez avant tout un homme d'action ? », et lui de s'exclamer : « Comment, vous qui étiez si fastidieuse, vous avez passé une vie d'aventure; vous vous êtes adaptée à toutes sortes d'existences et ça continue ! » Et voilà comment l'imprévisible est une composante de nos vies, et que l'essentiel est de savoir être disponible, pour l'accueillir. Nous étions faits pour rêver l'un de l'autre, rêve qui sut animer nos existences si différentes. J'ai appelé mon fils Georges. Comme lui il pilote des avions, mais comme il a été élevé Maasai, l'esprit de nomade l'emportera sans doute sur celui de sédentaire.

32.

A LA LUMIÈRE DU FLEUVE ROUGE : ENKIPAI

L'ânon tète avec obstination sa mère asséchée; la poule se promène avec un serpent dans le bec ne sachant que faire de cet objet dangereux qui se débat. Les Kipsigi à bicyclette klaxonnent; la seule voiture en dehors de la mienne, une Land-Rover blanche, regorge de clients bruyants. Les cabris mis en vente profitent d'un moment d'inadvertance pour s'évader. Nous sommes au marché hebdomadaire du fin fond de l'escarpement à la lisière des grandes forêts des chasseurs-cueilleurs, où se réunissent des personnes disparates, toujours prêtes à se battre ou à s'évader avec quelque butin insolite inespéré. Une voiture de garde civil arrive; les hommes armés, les yeux injectés de sang, prêts à tout pour extirper quelques confessions, sautent de la Land-Rover; mais le marché comme par miracle s'est vidé. Ne restent que la poule avec son serpent dans le bec; l'ânon qui continue à téter avec obstination et quelques sacs de farine de maïs abandonnés. Nous aussi nous démarrons comme si cela avait toujours été notre intention.

Arrivés chez nous, nous y trouvons des personnes venues de deux cents kilomètres plus loin nous rendre visite, car ils ont des questions de terrains à régler. Ils espèrent repartir le même jour, mais sur la route au-dessus de notre maison leur embrayage lâche complètement. Nous faisons le tour des camps avec eux pour trouver des caoutchoucs de rechange. En vain; ce genre de voiture de luxe n'existe pas ici. Il leur faut repartir à deux cents kilomètres d'ici trouver des pièces de rechange et il n'y a pas de taxi-brousse. Ils dorment donc chez nous et le lendemain, hier, nous les emmenons à soixante-dix kilomètres d'ici sur des routes abominables regagner un taxi-brousse au moyen duquel ils espèrent franchir la première étape. Il y en aura trois autres. Ils espéraient être de retour aujourd'hui pour récupérer la voiture rébarbative, mais ils ne sont pas encore arrivés et la nuit tombe. Cela sera pour demain ou après-demain. Mais pour trouver quelques pièces qui valent vingt francs on aura parcouru quatre cents kilomètres et dépensé deux cent cinquante francs d'essence. Grâce à cette distraction j'ai parcouru les plaines du Maasai Mara à six heures du matin : le meilleur moment pour voir le gibier. Premier arrêt : un guépard qui vient d'abattre une gazelle et se régale. Il lève la tête et, avec ses pattes, garde jalousement sa proie, mais voyant que notre intention n'était pas de la lui disputer, il continue son petit déjeuner avec une grâce incomparable. Plus loin, ce sont les hyènes qui rampent suivies des chacals. Normalement les hyènes chassent les chacals de leur proie et ceux-ci attendent patiemment leur tour; mais ce matin je vis la hyène partager son repas avec un petit chacal que j'ai cru être son enfant. Était-ce une hyène rejetée de la horde, heureuse de trouver de la compagnie? On trouve parfois des associations insolites, comme celle plus loin d'un topi avec les gazelles impala. On dit même qu'il arrive à certaines antilopes, les bubales, de féconder les vaches, mais que la progéniture étant tout à fait bovine reste néanmoins petite.

Plus loin, ce sont deux bergers maasai qui se dessinent sur l'horizon, ils avancent à grandes enjambées, tenant leurs bras suspendus à leur bâton, porté sur la nuque. Seuls les Maasai ont cette démarche et cette façon de tenir le bâton, et c'est pour cela qu'il est très difficile de simuler un Maasai, ce qui se fait souvent dans les films. *Out of Africa* n'y échappa pas non plus. Cela constitue une trahison impardonnable car on n'a jamais raison de sacrifier tant de beauté à la paresse ou à des intérêts commerciaux.

La fanfare des zèbres traversait la plaine au galop et l'impala vainqueur aux grandes cornes torsadées faisait de son mieux pour satisfaire les exigences de son harem d'une centaine d'épouses gagnées dans un dur combat à mort. Les autres mâles, tenus à l'écart, incitent quelques-unes des femelles à s'enfuir avec eux, mais en gros, les règles de la loi du plus fort sont respectées par tous. A côté, le sanglier monogame lève la tête, nous aperçoit, et part au trot, queue en l'air, avec sa petite famille obéissante : la mère en tête suivie de ses cinq bambins, tous queue en antenne, et le mari fidèle en dernier assurant la sécurité de l'arrière-train.

Arrivés à Mulot, pas d'essence, même pas cinq litres ? Même pas un litre ! Que faire pour rentrer ? Les nuages menaçants descendent sur les cimes des montagnes annonçant les pluies torrentielles et la route devient impraticable ou du moins un véritable cauchemar. « Allons voir à la mission catholique de Lemek si le père peut nous dépanner. Encore faut-il qu'il soit là. » Nous avons de la chance, il vient d'arriver, lui aussi soucieux de se mettre à l'abri des routes proverbiales. « Je ne suis pas une pompe à essence ! », dit-il taquin, mais nous cède néanmoins vingt litres – de quoi rentrer. Juste à temps !

18 avril 1988 : le rugissement des lions repus emplit l'espace et la nuit frémit. Il est presque minuit. Soudain des phares éclairent la maison accompagnés d'un fracas de tôle incroyable ; les portières claquent et avant même que nous puissions ouvrir la grille, l'engin repart et trois personnes affamées et épuisées s'effondrent sur nos fauteuils. « Nous voyageons depuis cinq heures du matin. De Mulot à Lemek cela nous a pris cinq heures pour faire les vingt kilomètres et nous avons dû pousser la voiture louée presque tout le chemin, sauf dans les descentes où elle roulait en roue libre. Puis le propriétaire eut le culot de demander à être payé ! Après cela nous avons pris un taxi-brousse jusqu'à Aitong glissant le long de routes impossibles. Puis de Aitong nous avons loué une voiture, mais arrivés vers vingt-trois heures près du pont le chauffeur a refusé de continuer disant que les pierres abîmeraient sa voiture. Alors nous avons rebroussé chemin jusqu'au camp où on festoyait encore après le mariage du directeur, et nous avons loué une de leurs voitures tout terrain pour arriver jusqu'ici. Nous n'avons rien eu à manger depuis hier soir. » Voici le récit de Kenyans habitués aux villes, et à nous de

leur dire que ceci n'est qu'habituel dans ces parages. J'ai sorti quelques boîtes de conserve apportées de Nairobi au début de mon séjour, préparé du thé et les voici rassurés. Tout ce double trajet pour une pièce de rechange qui ne vaut que vingt francs! La pluie rageuse continue à tomber. Les lions continuent à rythmer la nuit de leurs rugissements sourds, et un sommeil profond nous enveloppe. Enfin.

19 avril 1988 : le fleuve Mara serpente en larges courbes au pied de l'escarpement Ololol, empruntant le chemin de moindre résistance entre monts et vallons.

Les animaux secrets du fleuve ont décidé de se montrer. Hier c'était le gros varan vautré au soleil sur le rocher en face de la maison; on est venu m'appeler pour le voir car il porte bonheur, m'a-t-on dit. Ce matin, c'est la plus rare et la plus secrète des créatures du fleuve, la loutre, dissimulée dans les roseaux qui lève la tête timidement pour nous regarder, sa robe de velours luisante, ses yeux brillants d'étonnement. L'hippopotame immergé dans l'étang le plus profond louche en la voyant; le martin-pêcheur voltige au-dessus de l'eau par plaisir, mais aussi pour repérer les poissons, et la cigogne esquisse un atterrissage parfait sur une touffe de papyrus. L'Aigle pêcheur perché sur le dos du crocodile clignote des yeux pour indiquer son mécontentement, car il avait perçu un gros poisson, qu'avale gloutonnement le crocodile, en l'obligeant à décoller plus vite que prévu. Le volume du fleuve s'emplit, nourri par tous les ruisseaux de l'escarpement, et les créatures bénies du fleuve repartent vers leurs repères cachés. Moi aussi.

Hier nous avons abattu un mouton et cela a attiré nos voisins rivaux. Ce matin, autour du repas de la tête du mouton et de vingt-cinq bières grand format, trois hommes ont parlé pour essayer de s'entendre. Comment se fait-il que les mêmes personnes aient donné la même terre à deux groupes différents? Peut-on donner la même vache à deux personnes différentes? Enfin, au fur et à mesure que les bières disparaissent, les esprits se molletonnent et la bonne volonté s'accentue, les rivalités s'atténuent. N'allons-nous pas ensemble trouver une solution contre ces filous qui se permettent de brouiller ainsi les cartes et les amitiés de longue date ? N'avions-nous pas dans le passé l'habitude de venir dormir dans leur village ? N'étions-nous pas apparentés par amitié ? Pourquoi alors laisser ces questions de terre nous séparer, car la terre est grande et il y a place pour tout le monde. Nous allons essayer de régulariser tout ceci : nous l'attendons depuis neuf ans ! Mais, en attendant, mon avion pour la France part dans quatre jours et personne ne s'en soucie. Je n'ai qu'à retarder mon départ comme j'ai eu à le faire tant d'autres fois. C'est seulement pour les films qu'il a fallu se précipiter car tout avait été avancé : d'un mois en 1984 et de trois ans en 1986. Enfin, ils sont partis cuver leurs bonnes intentions ailleurs. Revenons à notre mouton.

Nous faisons des bouillons de viande de mouton et d'écorces bienfaisantes pour prendre des forces pour la prochaine étape de cette bataille qui dure depuis neuf ans. En attendant, beaucoup d'eau coule sous le pont du fleuve Mara et bientôt peut-être sur le pont, car le tonnerre gronde au loin et les nuages se glissent comme un châle entre les montagnes, obscurcissant le soleil.

La forêt en face s'anime. Les cimes de quelques arbres s'agitent. Les éléphants sont arrivés et bientôt viendront boire et nous saluer. Tête d'éléphant : donne-nous ta sagesse. J'en ai énormément besoin.

C'est Tête d'éléphant qui emmena les Venda de Khami au Zimbabwe à Dzata au sud du fleuve Limpopo où ils allaient installer la royauté magique venda. Ils partirent avec le tambour sacré Ngoma Lungundu, qui ne devait jamais toucher le sol, les Lemba, forgerons et conseillers secrets du roi et les objets rituels rescapés du feu du palais de Khami, la capitale magique du Zimbabwe. Ils traversèrent à sec le fleuve Limpopo – eau souterraine – pour assurer ce royaume du sud consacré au culte des ancêtres, au python du lac Fundudzi, lui aussi lac souterrain peuplé de mystérieux trépassés dont on entend le son des voix et des tambours sans les détecter dans les remous verdâtres du lac. C'est chez eux que les jeunes filles vierges pubères viennent danser à la cour du roi le deu : la danse du python qui se déroule.

Thoho ya Ndou, Tête d'éléphant parti à la chasse ou selon d'autres versions, chassé par deux rivaux, entra dans une grotte dont l'entrée se trouva bouchée par un énorme rocher. Lui aussi devint prisonnier souterrain, mais sa Voix continue à guider les hommes avec sagesse car il est devenu oracle. Et c'est ainsi que partout dans le complexe culturel du Zimbabwe où l'oracle se manifeste dans des grottes, le prêtre porte-parole est venda, tel Mudokwa. Les historiens ont cru à l'existence de deux royautés rivales : celle du Mambo de Zimbabwe et celle de Togwa (MuDokwa) sans se rendre compte que cela correspondait à deux pouvoirs, certes parfois en rivalité mais surtout complémentaires : le pouvoir économique et politique de l'empereur : Mambo, et celui de la prêtrise Togwa.

J'ai vécu ces rivalités dialectiques dès ma première enfance. C'est donc un genre de procédé parfaitement intégré à ma façon d'être, d'agir, de penser. En cela je suis plus africaine qu'européenne. Il s'agit de toujours pouvoir saisir les contraires simultanément, sans avoir à choisir l'un ou l'autre. Je choisis donc d'être en même temps européenne et africaine : certes mon physique de blonde aux yeux bleus trahit mon identité héritée, et ma façon de penser un entraînement qui me vient de loin – sans doute des bords du Nil, eau terrestre par excellence.

Ce matin à cinq heures je me suis réveillée au son du fleuve en crue. A la lumière rosée de l'aube on voyait une masse argentée déferler devant nous, engloutissant notre île, emportant d'énormes troncs d'arbres, sautant au-dessus des rochers en envoyant une vapeur en l'air, parsemée de gouttelettes étincelantes. Le pont est recouvert non seulement d'eau mais encore de troncs d'arbres qui s'y sont accrochés, et même après la descente des eaux, cela prendra quelques jours pour les dégager et rendre le pont praticable, car un tracteur devra venir le déblayer. Me voici prisonnière de la rive gauche du fleuve Mara. Aucun moyen de regagner Nairobi par la route, et les avions n'atterrissent pas de ce côté-ci lorsque la piste est mouillée. Nous ne pourrons pas non plus remonter l'escarpement demain comme prévu pour rencontrer ceux qui décideront du sort de la terre. Voici donc un autre imprévu s'ajoutant aux neuf ans d'attente pour nous obliger à patienter encore. Mais moi je dois rejoindre Paris. Comment m'y prendre? La solution sera, elle aussi, improvisée car autrement on ne voit pas comment cela serait possible pour le moment. En attendant, les arbres de l'île engloutie en face de moi deviennent de plus en plus petits au fur et à mesure que l'eau monte, et les hippopotames qui s'étaient réfugiés devant la maison cette nuit cherchant notre sympathie rassurante sont descendus lentement sans attendre dans la forêt, à l'ombre, car ils supportent mal le soleil et le courant est trop fort pour qu'ils se risquent à entrer dans l'eau. Pour nous maintenant, non seulement le fleuve est proscrit mais encore la forêt mystérieuse que les buffles ont abandonnée aux hippopotames se réunissant par centaines sur la piste d'atterrissage hors d'usage. La poule avale un serpent. Les girafes, alignées sur la cime de la montagne en face, regardent, consternées, les eaux tourbillonnantes, qui maintenant à la lumière du soleil méritent bien leur nom : Enkipai – Le Fleuve rouge.

20 avril 1988 : nous savons maintenant pourquoi les soldats sont arrivés en force au marché de brousse dimanche : il y a une campagne sévère pour punir tout vol de bétail à la suite d'incidents graves. La semaine dernière quarante villages ont été attaqués, cent quatre-vingt-douze personnes tuées et cent cinquante hospitalisées tandis que trois mille cinq cents têtes de bétail et de chèvres ont été enlevées à ces villages.

L'attaque s'est faite aux fusils, et on n'a pas encore révélé l'identité des attaquants, mais on sait que la police et l'armée ont pu rattraper les voleurs tuant quarante d'entre eux, la plupart du butin étant récupéré. Mais des razzias de cette envergure n'avaient plus eu lieu depuis longtemps, et il s'agit maintenant de décourager la vendetta qui s'ensuit habituellement. En 1975, j'avais moi-même été témoin de grandes razzias; j'habitais le désert Kaisut chez les Rendile qui ont des troupeaux de chameaux mais aussi du bétail. En saison sèche, le bétail est emmené par les guerriers et les fillettes en pays samburu chez leurs amis et parents tandis que les personnes âgées et les enfants restent dans le désert et se nourrissent de lait de chamelle.

Un matin un guerrier essoufflé arrive au village dire qu'ils ont été pris par surprise dans leurs campements temporaires et que les Turkana ont emmené sept mille têtes de bétail en tuant quatorze personnes dont une fillette, tous dans leur sommeil. Ceci appelait une contre-attaque et il me demandait de l'emmener en voiture chez ses amis samburu pour les informer de la chose. En route, nous avions rencontré des camions de l'armée et des hélicoptères survolant la grande faille dans laquelle les voleurs étaient descendus. Des nuages de poussière trahissaient l'acheminement du butin, mais personne ne savait au juste comment s'y prendre pour descendre dans la faille sans être abattu. Les Ilmurran Rendile conclurent donc qu'une ou deux contre-razzias seraient plus efficaces pour récupérer leurs troupeaux, et dès le lendemain huit cents têtes de bétail avaient été prélevées dans des villages turkana. On était encore bien loin du compte et il fallait faire appel aux guerriers samburu pour respecter leur pacte d'alliés. Les contre-razzias se multiplièrent, mais très vite la police s'en mêla et il devint nécessaire de cacher le butin dans les forêts. Une grande cérémonie pour l'ouverture d'une nouvelle promotion de guerriers, pour laquelle j'étais venue dans la région, a été reportée d'un an à cause de ces incidents, car les règlements de comptes se font à long terme. Ce qui avait le plus enragé les guerriers, c'était le meurtre délibéré de la fillette, car dans la déontologie des Ormaa (ceux du complexe culturel ormaa, dont maasai, samburu et rendile), on ne répand jamais le sang de femmes et d'enfants. La nouvelle se répandit dans tout le pays et les guerriers turkana furent méprisés pour cet acte de lâcheté.

C'est grâce à cette règle, que les Ormaa respectent assidûment, que j'ai pu avec mes jeunes enfants vivre chez les Maasai en toute sécurité pendant tant d'années. Les incidents de parcours ont été nombreux et dangereux, mais au moins j'avais la certitude d'être protégée par les plus galants des chevaliers.

Les papyrus plient la tête devant le courant enragé. Les hirondelles n'osent plus effleurer l'eau. La poule qui a avalé le serpent est chassée par nos amis maasai qui me disent : « Tu comprends pourquoi nous ne mangeons pas de poulet. Nous ne mangeons que la viande d'herbivore. »

Cette recherche d'une certaine pureté en toutes choses imprègne la société maasai et fait qu'ils se considèrent comme supérieurs aux autres, du moins plus « propres ». Et il est exact que du point de vue alimentation cela est ainsi : quoi de plus sain que le lait de vache, trait dans des calebasses stérilisées au feu ? On alterne les semaines où on ne boit que du lait avec des périodes d'alimentation à base de viande rôtie ou bouillie. Mais pas n'importe quelle viande. Uniquement celle des cheptels : bœuf, mouton ou chèvre. Et à nouveau les femelles sont protégées, et ce sont les mâles que l'on abat. De plus, ce sont des animaux qui ne mangent que de l'herbe, considérée bénie par Enkai, Dieu, le Ciel. Tandis que nous mangeons une quantité de créatures qui auraient pu absorber de la chair humaine : porc, poulet, poissons, crevettes, langoustes. Je dois dire qu'après avoir vécu tant d'années chez les Maasai j'ai acquis un certain dégoût pour les aliments « impropres », mais comme je suis amenée à vivre un peu partout je tâche de ne pas y penser. Mais comment cette poule qui vient d'avaler le serpent, en ingurgitant aussi la tête et les poches de poison, arrive-t-elle à échapper à son effet ? Et si même elle a sa recette de survie, si moi je l'abats ce soir pour la manger ne serai-je pas atteinte par ce poison mortel ? Aujourd'hui, je ne le ferai pas parce que je l'ai vue avaler le serpent, mais j'aurais pu l'ignorer. Alors comme les Maasai, il vaut mieux s'abstenir. Je sais bien que si en France on évite les dangers des serpents en élevant les volailles dans des cages, on n'évite guère celui des hormones. Donc en fin de compte il vaut mieux manger ce qui vous est offert sans trop réfléchir.

Il est vrai qu'au cours de ma vie j'ai mangé des sauterelles, des chenilles, des œufs de fourmis, même du serpent, du pangolin, du hérisson, du porc-épic et bien d'autres choses curieuses. Mais pourquoi vous en reparler ?

Il est six heures du soir. L'hirondelle rentre au bercail au-dessus de ma tête; les poules qui m'ont martyrisée toute la journée sont rentrées dormir; le crocodile ne s'est pas manifesté pendant cette période de crue et donc je ne sais ce qu'il en pense. Le varan, lui, s'est réfugié à la lisière de la forêt, ne pénétrant pas trop loin pour pouvoir profiter du soleil; et maintenant il rentre sous un rocher passer la nuit. Un caméléon jaune vif qui s'est trompé de couleur traverse la route de terre rouge, et on ne voit que lui. Suspicieux il tourne la tête tantôt à gauche, tantôt à droite, sans se rendre compte de son erreur flagrante.

La nuit descend vite; nous sommes la septième lune maasai. Mais en ce mois des pléiades Nkokwa, on ne célèbre pas de cérémonie. Nous fermons donc les grilles de notre dzimba-a-mabgwe pour abandonner la nuit aux animaux qui nous ont prêté le jour. Seul un feu follet vient se poser sur mon lit, me suppliant de ne pas le chasser, car il saura éclairer mes rêves.

Un petit avion vient de survoler la maison, et comme j'attends mon fils Georges, je suis partie voir où il allait atterrir. Malgré la piste dite impraticable il a atterri, et lorsque la radio du camp lui dit qu'il ne peut le faire là mais doit se rendre sur la rive droite pour utiliser la piste goudronnée, il répond : « Je ne peux pas. » – « Pourquoi ? » – « Parce que j'ai déjà atterri ! » Ne pensons pas au décollage. J'ai toujours appris à mes enfants à trouver des solutions ou à n'envisager qu'un problème à la fois. J'en avais toujours tant que j'aurais été submergée autrement.

Le petit avion est reparti droit vers une éclaircie de ciel bleu entouré de tous côtés de nuages de pluie et d'éclairs zigzagants. Il en fit autant, jouant à cache-cache avec les nuages de pluie, triomphant dans la quiétude qu'acquiert un être seul dans les cieux, en dehors du brouhaha de la terre.

Pour Georges, né pilote, cela représente le summum du bonheur. Sa première peinture à l'âge de trois ans, que je possède encore, représente un homme les bras en l'air portant triomphalement un avion. Je pense que pour chacun d'entre nous il y a un destin qui peut nous combler; il s'agit surtout d'être alerte pour en déceler le secret, puis disponible pour savoir l'assumer.

Le niveau du fleuve commence à redescendre. On devine les rochers sous les remous de l'eau rouge. L'hippopotame se rappro-

che de la rive pour bénir sa décroissance. Je le vois en soutane portant un ostensoir : prêtre du fleuve, totem de Musikavanhu : créateur des hommes, de ceux qui ne mangent ni riz ni poisson et qui vénèrent tout ce qui provient du fleuve. Chez les Venda ce sont les Ngona au totem Dziva. Je fus instruite par eux.

Il a plu cette nuit, pourtant la rivière est descendue et le pont est praticable. Pour combien de temps? Les sept sages des pléaides sont généreuses avec la pluie cette année, et toute activité devrait s'arrêter pour attendre leur bon plaisir. Il y a deux lunes Nkokwa : avril et mai; le pays devient alors verdoyant, le bétail est repu, il produit beaucoup de lait en prévision du mois de juin qui est celui des cérémonies par excellence : Guju-Orok.

Les poules voraces font la queue devant la grille; elles m'ont rendue prisonnière sur ma véranda. Car depuis que j'ai commencé à les nourrir, elles me suivent partout. J'apprends donc que chez les volailles comme chez l'homme il ne faut pas mélanger les systèmes : soit on les nourrit et on les garde enfermées dans un poulailler; soit on les laisse en liberté, mais alors à elles de trouver leur nourriture. J'ai mélangé les deux systèmes et j'en suis maintenant victime. Est-ce cela la cohabitation?

Les hirondelles, par contre, font bon ménage avec nous. Elles construisent un troisième nid sur le plafond de ma véranda pour leurs petits enfants, et entrent et sortent avec des petits cris de joie et de salutations. Les grilles leur offrent un perchoir très utile, et elles ont même appris à être propres ou le sont-elles par nature?

Aujourd'hui nous aurons le luxe d'avoir de l'eau de pluie dans tous les robinets. Comme il a beaucoup plu nous avons pompé l'eau du réservoir « pluie » dans la citerne centrale au lieu de pomper l'eau rouge de la rivière. C'est la fête. En attendant les bains de lait de Cléopâtre dont j'ai quelques vagues souvenirs.

Les lions du Mara en 1988 ont décidé de s'affirmer. Ils terrorisent les gens qu'ils suivent, sachant sans doute qu'il n'y a plus de guerriers (sur décret officiel). On dit que le lion ne craint rien au monde sauf l'Olmurrani : le guerrier maasai. Mais s'il n'y a plus de guerriers il s'ensuit qu'il n'a plus rien à craindre, et il agit donc en conséquence. L'autre jour, au portail d'un village maasai, situé tout près de la route que fréquentent les minicars de touristes, un gros lion attendait la sortie du bétail pour prélever son repas. Le propriétaire, surpris par cette audace, se précipita sur lui avec son bâton et des cris de protestation, et ne tarda donc pas à tomber entre les méchantes griffes de celui-ci. Alertés par ses cris, les autres hommes du village accoururent, et n'ayant pas encore oublié tout à fait leurs prouesses de guerriers, attaquèrent le lion à la lance, se faisant à leur tour égratigner par la bête furieuse. Un car de touristes arriva sur la scène, et pendant que le pauvre homme se faisait manger les mains et les pieds, ravis, les touristes se mirent à photographier le scoop de leurs vacances.

Je connais un autre chauffeur de minibus plus courageux qui s'intercala entre le lion qui chargeait et sa proie humaine, malgré les cris de protestation de ses passagers touristes.

Mais il semble que de plus en plus en venant au Kenya l'on vienne pour « regarder, photographier » et non pour vivre : que l'on a l'impression de voir tout se dérouler comme sur un écran de télévision, qui ne met pas l'être en cause. Bref, on ne se sent pas concerné.

Ici chaque petite chose prend l'importance de sa juste valeur. Aujourd'hui j'ai acheté au magasin du camp de touristes un tissu multicolore que portent les femmes maasai noué en cape sur les épaules. Je l'ai payé trente francs; alors qu'on le trouve à vingt francs sur les marchés; mais pour y aller il faudrait ajouter le prix de l'essence et des réparations d'auto, car les routes sont abominables. Mais je suis la seule à penser à ça. En attendant, mon achat est un événement. Chacun commente le motif, les couleurs, la mode actuelle maasai qui change avec chaque promotion de guerrier. Maintenant que la cérémonie eunoto a eu lieu et que les derniers guerriers ont acquis le statut d'« hommes procréateurs », la couleur jaune introduite par leur promotion cède le pas au blanc. Le blanc en fait dénote bien l'état d'incertitude dans laquelle se trouvent les Maasai, puisque les derniers guerriers appartenaient à la « main droite » et qu'il manque la promotion

« main gauche » pour constituer un groupe d'âge complet. Obtiendra-t-on néanmois la permission de constituer cette promotion pour que le cycle s'arrête convenablement ? Il y a toujours une période de deux ans sans guerriers, et donc nous sommes encore dans les normes pendant que les esprits échauffés ont le temps de se calmer. Le blanc que portent les femmes, intercalé entre la jupe bleu foncé et la cape multicolore, est seyant... et neutre.

Deux papillons voltigent autour de ma tête et se posent sur mes cheveux dorés. C'est un bon présage et je m'en vais tout heureuse.

Voici Pâques et l'on entend les chants des anges mêlés au refrain des chutes. Et moi je désire en ce jour de fête embellir ma maison. Les rideaux de soie jaune de ma chambre sont vieux et déchirés. Comment les remplacer puisqu'il n'y a aucun magasin ici ? Puis j'ai une idée. Je passe en revue ma garde-robe et y trouve un boubou en batik jaune et orange. Je le découpe; je couds. Et voici ma chambre parée des plus beaux rideaux du monde. Car le soleil levant ravive toutes les couleurs et fait deviner la texture de la cire. Alors c'est une joie de plus de se réveiller à une journée de rosée luisante au soleil, dissimulée derrière mes rideaux de miel.

Hier sont venus nous voir deux Américaines et leurs trois enfants. La sœur de l'une d'elles vient au Kenya pour deux semaines avec un groupe de touristes et veut récolter assez d'informations pour écrire un livre sur les lieux énergétiques du Kenya! Elle en a déjà écrit un sur le Mexique. Elles aimeraient que je leur indique ces lieux. Je réponds que je pense que cela mérite une étude de longue haleine, et de dépouiller la littérature concernant les différents peuples du Kenya qui ont chacun leurs lieux; ou encore mieux une étude auprès d'eux, ce qui demande du temps et surtout d'avoir acquis leur confiance. Pour certains peuples les lieux sacrés sont les montagnes; pour d'autres les lacs ou encore des grottes. Mais chaque lieu demande une approche selon des rites spécifiques, pratiqués par une prêtrise consacrée. Alors comment espère-t-elle en deux semaines de tourisme arriver non seulement à connaître ces lieux mais encore à capter leur énergie ? Naïveté, sottise ou spéculation ? Peut-être les trois réunis. Mais un livre facile comme celui-là attirera certainement plus de lecteurs que le mien sur *Le Cycle rituel des Maasai*, fruit de vingt-deux ans de recherches parmi eux !

J'ai un très grand regret. C'est qu'Orson Welles n'ait jamais terminé le tournage de son film *Don Quichotte*. Lui qui avait tant de génie. Je le prends comme un affront personnel. Salvador Dali ne m'a-t-il pas dessinée en Don Quichotte, en renversant les conventions et faisant un Don Quichotte tout en cercles sur un cheval également rond ? Il est vrai que j'épouse les batailles impossibles. Mais j'arrive habituellement à les gagner et à prouver que l'impossible peut devenir possible. Même celle de tourner un film sans ressources. Alors, ce Don Quichotte triomphe même là où le génie de Welles, las, a tari, devenu puits (*well)* sans eau, desséché au soleil d'Hollywood.

J'arrive à m'en sortir. Les films existent. « Une bouffée de bonheur », me dit un grand reporter lors de la projection de presse. Ouf ! Merci, Don Quichotte. Tu dois être Sagittaire comme moi. Et ton film sera, lui aussi, tu verras.

33.

LA CONSTRUCTION DE MON DZIMBA-A-MABGWE

Le site est rocailleux, en pente descendant vers le fleuve Mara. A droite la forêt secrète, qui cache des singes rares, le léopard et ses petits, et donne sur une courbe du fleuve, habitat du gros crocodile royal. En face la grande forêt de la rive droite cédant à la courbe du fleuve, un aperçu des vastes plaines du paradis du parc national Mara. Derrière, l'escarpement qui monte abrupt et marque la fin de la faille géographique du Rift Valley. Le terrain est dur, riche en roche volcanique parsemée de cristaux blancs, et le fleuve nous apporte, avec des coquilles d'huîtres d'eau douce, des instruments préhistoriques fabriqués en albâtre jaune et rose et en agate.

En face de la maison, une île où poussent des acacias et des figuiers, lieu où le petit crocodile vient déposer ses œufs dans les papyrus. Les rives sont bordées de palmiers qui donnent le nom au site : Oltukai. L'eau, toujours abondante, se jette fougueusement sur de grandes roches pour retomber dans des étangs profonds, où se pavanent les hippopotames. C'est un site qui apparemment n'a jamais été habité, car l'eau attire les animaux sauvages et les moustiques, et les Maasai fuyaient l'un et l'autre, car ils se rendaient compte que c'est un lieu où les fièvres s'emparent des gens; et les fauves de leur bétail. La terre est vierge et féconde, n'ayant jamais été cultivée, aussi la moindre semence pousse à une vitesse étonnante, mais disparaît aussi vite, broutée par les animaux.

Comment s'y prendre alors pour construire dans un lieu si étranger à toute habitation? Le moindre matériel doit être acheté à Nairobi, à trois cents kilomètres d'ici; je ne dispose que de deux Land-Rover pour tout transporter. Alors on apporte ciment, portes, fenêtres, tôles ondulées, en plusieurs voyages répartis sur sept mois, tandis que pour le reste on utilisera les matériaux locaux : les pierres volcaniques qui abondent, des poutres et les bois de la forêt (mais interdiction de toucher à la forêt secrète). Alors, nous partons sur les cimes de l'escarpement dans la forêt illimitée, et chargeons la Land-Rover, dont on a enlevé les portes arrière, de pieux. Mais voici qu'à la tombée de la nuit elle décide de nous lâcher devant un zèbre nouvellement abattu par une horde de lions. Craignant de sortir de la voiture devant ces fauves, j'opte pour passer la nuit dedans. « C'est le plus sûr moyen d'être dévoré par eux », me dit le Maasai qui m'accompagne. « La nuit appartient aux fauves et il est facile pour eux d'entrer par la portière arrière béante. Viens, la nuit est jeune et nous avons le temps de regagner le village à sept kilomètres d'ici. On risque moins de se faire attaquer en partant qu'en restant. » J'hésite encore : « Ne pouvons-nous pas obturer la portière avec la roue de secours ? » – « Crois-tu vraiment que cela peut être efficace pour arrêter un lion qui décide d'attaquer? Enfin si c'est ton choix, Adieu! » Et il commence à s'éloigner. « Attends-moi, je t'en prie, j'arrive », et je le rejoins en boitant, ma sandale ayant lâché. Une nuit noire sans lune ne tarde pas à nous envelopper, et nous entendons les bruits sourds des lions qui nous suivent. Nous n'avons même pas de torche pour les décourager. Continuons et prions. Puis c'est un buffle qui traverse au galop notre chemin. Enfin, le tintement de cloches et nous savons que le village est proche. Plus de bruit de pas velouté derrière nous. Aurions-nous réellement semé les lions? Nous devions apprendre la vérité le lendemain.

« Sais-tu que les lions ont dû dévorer Zakili [1] hier soir? J'ai retrouvé son chapeau sur un sentier entouré de pas de lions. Regarde; c'est bien son chapeau en écorce de palmier, déchiqueté par des crocs de fauves? » Je sors. Miracle! « Comment t'en es-tu

1. C'est ainsi que m'appellent les Siria. J'ai donc intitulé ma société de production de films : AZAKILI FILMS.

sortie? Nous reconnaissons bien les pistes. Et ce chapeau a été transporté par des lions! » Chose étonnante, ils sont partis avec mon chapeau sur une autre piste à un kilomètre de celle empruntée par nous. C'est donc bien ce vieux chapeau fidèle qui m'aurait sauvé la vie, en tombant, sans que je m'en rende compte dans mon désarroi, aux pieds des lions qui nous suivaient, et qui l'ont emmené en trophée sur un autre chemin. Où étaient-ce de nouveau des lions protecteurs qui m'accompagnaient pour s'assurer de mon bien-être comme les deux lions du désert du Kalahari? Je ne le saurai jamais. Mais lorsque les murailles de ma maison étaient construites à demi, douze lions sont venus dormir dedans.

J'achète à Nairobi quatre marteaux pour casser les pierres. J'ai engagé une vingtaine de personnes non spécialisées : quatre doivent casser les pierres pour le gravier. Les autres ramassent les pierres de taille moyenne et font des tas que nous allons chercher en Land-Rover. Avec une ficelle et des piquets je délimite le pourtour de la maison : quinze mètres sur sept mètres (j'avais glané quelque part que cela correspondait aux mesures des tôles ondulées de la toiture). Puis, à l'intérieur, j'ai laissé libre cours à ma fantaisie en délimitant les pièces. Des fondations de vingt centimètres sur cinquante centimètres furent creusées et remplies de ciment et de pierres brisées. Mais le sol était en pente. Alors sept camions de pierres ont servi à niveler le sol, mais certains des cadres de portes avaient déjà été posés. Donc nous en avons de toutes dimensions, ce qui n'est pas trop gênant, car quand un lit ou une armoire ne voulait pas passer, nous l'installions ailleurs. Alors tout le monde se mit à construire les murailles en pierres brutes liées par du ciment. J'admire les artisans du Grand Zimbabwe qui arrivaient à construire ces immenses murailles de pierres sans ciment, simplement en les ajustant les unes aux autres dans un équilibre réellement étonnant. Je ne prétends pas rivaliser avec ces bâtisses qui tiennent depuis plus de mille ans. Dzimba-a-mabgwe n'a que neuf ans mais pour moi elle représente la maison miracle : située dans un lieu d'intersection des ondes, où chacune de mes identités se réalise, où convergent ma vie actuelle et mes vies passées. Et futures.

34.

LE PYTHON ARC-EN-CIEL

25 avril 1988 : le fleuve est de nouveau au-dessus du pont. Hier il a emmené cinq vaches; deux ont pu être sauvées; les autres ont été emportées par les eaux tourbillonnantes, malgré les efforts désespérés des bergers pour les sauver au moyen de grands pieux. Et plus en aval, du côté de Little Governor's Camp, le bateau navette s'est retourné car le courant était trop fort et son occupant, un homme kisii, a disparu complètement; on pense qu'un crocodile a dû l'emmener vers son garde-manger fluvial. Alors les lions, voyant qu'ils ne pourraient traverser le fleuve comme ils en ont l'habitude pour rejoindre le gibier des plaines du paradis en face, et que même le recours au pont leur était enlevé, ont remonté l'escarpement et sont allés tuer trois bœufs dans un village maasai, tandis que deux d'entre eux ont continué toute la nuit à rôder autour d'un autre village où les hommes se sont mobilisés pour les éloigner. Et attendant, les malheureux bergers, qui avaient essayé de faire traverser leur bétail sur le pont malgré les crues, campaient devant le pont, ayant improvisé un enclos en épineux où ils risquent de devoir habiter pendant plusieurs jours encore en attendant la descente des eaux. Heureusement, ils peuvent se nourrir du lait de leurs vaches et donc cela ne pose pas trop de problèmes pour eux. Le Maasai s'arrange à être avant tout autonome.

Pour moi cela risque d'être plus grave. Le petit avion est venu ce matin rive gauche dans l'espoir de pouvoir atterrir, mais ayant survolé la piste deux fois il est reparti se poser sur la piste goudronnée de la rive droite. Un autre petit avion vient de faire le tour de toutes les pistes et décide d'aller se poser à Serena Lodge à quarante kilomètres d'ici. Mais au moins il pourra desservir la rive gauche. Et l'eau rageuse continue son chemin bouillonnant, engloutissant les papyrus, ne laissant que les cimes des palmiers décoiffés flotter sur les eaux, déferlant aux pieds des éléphants consternés. Le gros crocodile repu repose sur la berge en face, ne pouvant plus bouger, mais l'œil encore vif et sur le qui-vive. L'Aigle pêcheur a survolé la maison et puis a longé le fleuve, déployant ses ailes royales pour montrer son ventre blanc, qui porte bonheur, paraît-il, et que chacun accueille en le saluant. « Aigle pêcheur, mambo de Zimbabwe, bénis mon parcours; je sens s'accumuler les problèmes qui m'attendent sans merci à Paris, mais ton fleuve ne me laisse pas repartir. Pourquoi? As-tu une surprise en réserve pour nous? Tu as survolé ma maison hier. Je te salue! »

Le camion, qui hier, parce que plus haut et plus lourd que nous tous, avait quand même réussi à traverser le fleuve, revient bafoué, vaincu. Il dormira à côté des bœufs et des bergers, mais son chauffeur, lui, n'a pas de nourriture.

Ce matin à quatre heures un coup de fusil a retenti; est-ce celui des brigands qui traversent parfois la frontière de la Tanzanie? Nous le saurons demain. Ou est-ce celui des braconniers qui habitent la maison de l'Unité antibraconniers qui a déménagé il y a quelques mois?

Un petit avion survole la maison et le fleuve en empruntant le même parcours que l'Aigle pêcheur; la fenêtre est ouverte, quelqu'un filme et l'avion clignote pour nous dire bonjour. Le pilote est-il un ami de Georges? Cela est fort possible. Je pense que Georges est à Paris depuis hier et que ce n'est pas lui; et moi, je me demande comment je vais m'en sortir pour regagner Paris?

En préparation du colloque et de mon intervention sur la tradition orale, je lis un livre d'un collègue anglais. Mais avec la meilleure volonté du monde, que peut-on comprendre à la tradition orale d'un peuple « autre » en gardant les œillères de notre propre épistémologie ?

La radio annonce des pluies torrentielles dans tout le pays. La région du lac Victoria est déclarée sinistrée. On annonce treize noyades sans compter celles du Maasai Mara. Le pont du Mara près de chez nous a été brisé par les troncs d'arbres véhiculés par les eaux rageuses. Et en face de chez nous, sur les berges de la rive droite, l'hippopotame qui n'aime pas les femmes enceintes a mis bas : un minuscule petit tout rose. Pour lieu, elle a choisi la piste qui remonte du fleuve entre les palmiers, et elle est restée étendue inerte tout près de l'eau pendant plusieurs heures. Puis tout juste après son accouchement, sa victoire, elle est entrée dans l'eau en ne s'immergeant qu'à moitié sur les bords du fleuve et en bloquant le passage au petit qu'elle repoussait de la tête et qui en fin de compte s'est trouvé allongé sur sa tête puissante et protectrice. En effet, nombreux sont les petits hippopotames qui se noient quand le fleuve est en crue. Ce matin l'heureuse mère est à nouveau affalée sur la piste entre les palmiers, mais on ne voit pas le bambin. Espérons que le crocodile ne l'a pas emporté, car il était hier dans les parages.

Que s'est-il passé pour Salvador Dali ces jours-ci ? Je me suis réveillée très consciente de sa présence. En effet je venais de passer un long moment à me promener avec lui, en évoquant les jours d'antan de Port Lligat lorsqu'il peignait Saint-Jacques-de-Compostelle, et Robert Descharmes est venu tourner un film conseillé par Pierre; nous longions avec Gala la côte déchiquetée et grimpions les rochers phalliques et fantastiques de ce paysage qui a été une source inépuisable d'inspiration pour le Maître : Salvador Dali, tu es le plus grand. Tu as su traduire nos rêves en toiles-réalités.

Et maintenant ta grande âme universelle se trouve prisonnière de ton beau corps effondré depuis la mort de Gala. Tu aspires à autre chose et pourtant tu t'accroches à la vie pour te montrer plus fort que la mort. Pourtant la mort est la vérité la plus sûre de notre vie. Et nous ne vivons que par rapport à elle. Et le jour où tu quitteras ton corps dépassé, tu sauras que maintenant seulement tu l'as vaincue.

Et ce rêve m'a fait revivre ces années héroïques où avec Pierre nous partagions la vie des artistes. Nous visitions Étienne Martin dans son atelier magique de la rue du Pot-de-Fer, où de grandes racines étaient domptées pour capter les ondes de l'univers. Où des maisons en plâtre blanc aux multiples recoins accueillants vous invitaient à un voyage vers votre enfance. Nous allions voir César, jovial et rancunier, écraser avec rage des voitures de tout ordre, de préférence des Rolls. Nous allions trouver Nadia et Fernand Léger, tout en extase devant leur petit-fils; ils nous ont offert des tissus peints par Léger, qu'on transforma en rideaux pour le bureau de Pierre. Nous allions discuter de l'Afrique avec Blaise Cendrars sur sa petite véranda donnant sur des broussailles en plein Paris. Les artistes japonais nous fascinaient. Nous entrions dans l'enfer hospitalier du petit atelier de Claire Falkenstein, où, munie d'un chalumeau, cette grande dame austère et pourtant charmante fondait fer et verreries de Venise pour en faire des arabesques de sons et de lumière. C'est ainsi qu'elle créa les vitraux de la cathédrale de San Francisco. Avec elle et Michel Tapié de Ceyléran qui eut le génie de découvrir tant d'artistes de cette époque de « l'Art autre », nous partions à Turin, à Rome, inaugurer des vernissages, photographier des collections privées d'Arcimboldo ou encore de Bosch et c'était la *dolce vita*. Nous inaugurions avec Brown son grand Christ multicolore, fêtions avec Appel son prix UNESCO – et il peignit alors Pierre en Dr Satan (son nom de la Résistance) en noir et jaune. Nous parlions logistique et philosophie avec Georges Mathieu, à la recherche du temps perdu; et des choses à venir avec Lupasco, génial, et revenions avec fidélité aux rendez-vous avec Salvador Dali : en mai et novembre à Paris, en juillet et août à Port Lligat. Avec lui c'était toujours l'apothéose. Salvador Dali n'est-il pas le plus grand?

Et je vous raconte tout cela à cause de mon rêve qui me dit que Salvador Dali a su vaincre la mort. Il sera toujours parmi nous par l'envergure de son œuvre – non seulement peinte, mais encore écrite. Grand Maître, Don Quichotte te salue!

16 avril 1988 : Élias, pharaon imperturbable. Les éléphants sont venus pour te dire adieu et les hyènes pour t'aider à traverser le fleuve Styx. Tu étais une vieille âme, et tu es parti pour ta prochaine mission à bord du petit Cessna biplace que l'on a trouvé sur le dos dans la forêt à vingt kilomètres de ta base avec un de tes élèves à bord. Et personne ne sait pourquoi et comment. Et notre peine est immense. Tu étais un symbole pour tant d'autres qui t'ont connu, qui ont été instruits par toi, que tu as su aider et conseiller. Tu abordais la vie avec un courage exemplaire, un calme rassurant, des valeurs éthiques, une déontologie peu commune. Tu es parti sur des ondes de lumière qui continueront à nous éclairer.

Soudain hier, vers midi, je me suis sentie mal. J'ai cru à une crise de paludisme. Mais maintenant je sais que la cause est autre : une mère participe toute sa vie aux ondes qui entourent ses enfants. Et le petit avion biplace dans lequel Élias a instruit mon fils n'est plus; et Élias s'en est allé vers d'autres horizons. Et notre peine est immense. Ole a capté une bribe de renseignement sur la radio à sept heures ce matin, au sujet d'un avion qui s'est écrasé hier. Et nous avons passé la matinée allant de camp en camp dans l'espoir de quelques précisions; dans le dernier camp, Mara River, on est tombés sur le mariage du directeur, style *Sur la route de Nairobi*, et parmi les réjouissances j'ai appris que c'était Élias. Et ma peine est immense. Et je partage la tienne, Georges, mon fils. Et je sais pourquoi soudain je suis tombée malade. Mais je sais aussi qu'Élias est une vieille âme qui est partie accomplir une autre mission vers d'autres horizons et qu'il nous dit qu'il est là pour nous éclairer.

Je devrais prendre l'avion pour Paris après-demain. Mais y arriverai-je ? Mon fils part aussi pour continuer son brevet de pilote commercial aux États-Unis. Il m'attend à Nairobi. Mais je ne sais jamais jusqu'à l'heure de l'embarquement si je pars ou non. Toute ma vie j'ai dû improviser, m'adapter à un destin qui me dicte mon prochain pas. Quelle nouvelle va-t-on me rapporter ce soir du haut de l'escarpement ? Quel nouveau rebondissement dans l'histoire de Mara Oltukai ?

QUAND LE PYTHON SE DÉROULE

Les buffles se sont réunis par centaines dans la plaine. Et moi je suis prisonnière des poules.

Le fleuve descend. Le pont est praticable. Vais-je pouvoir partir ou est-ce trop tôt? Ma machine va-t-elle démarrer pour me permettre de terminer convenablement ce livre? Mais franchement, entre nous, je suis sûre que vous dites : « Assez! Merci machine! »

Alors moi aussi je vous dis : « Au revoir! Venez voir mes films. Je pense qu'ils en valent la peine. Ils vous introduisent auprès des Maasai : beaux, arrogants, nonchalants, fiers, ne craignant rien au monde car ils ont su, dès leur première enfance, acquérir la maîtrise de soi. C'est la plus importante bataille à livrer en toute circonstance. »

L'arc-en-ciel reflété dans les eaux rouges du Mara me dit : « Ma foi, tu as un parti pris! »

Arc-en-ciel python, je te réponds :
« C'est toi qui m'as emmenée chez Chingoo Désordre/Idéal, Air, Maître des grands pasteurs nomades chez lesquels on a toujours tort, qui parcourent les plaines pour assurer le bien-être de leur « souffle de vie » : troupeaux célestes aux grandes cornes en demi-lune.
Peuple lunaire,
qui porte sur leur corps les marques d'un destin
arrivé à la fin,
car trop parfait
pour être accepté
par nous les insatisfaits. »

Je ne suis pas encore partie. Alors j'ajoute seulement : C'est ainsi que le python se déroule des rives du Limpopo (sud) fleuve souterrain aux berges de la Seine rive gauche (nord) où les eaux sont apprivoisées pour regagner la rivière Sabi (est) près des murailles du Grand Zimbabwe : eau terrestre et aurifère, pour aller voguer sur le Zambèze, eau céleste (ouest) et revenir au centre m'installer en Makhadzi dans mon dzimba-a-mabgwe sur les rives du fleuve Mara : le fleuve rouge, Enkipai. Ainsi j'assume mon rôle double « Biri » de celle qui appartient au centre et au sud-est, prisonnière du coq qui lui fut offert en 1980 par Ganyiri au Zimbabwe. Le coq annonce le lever d'une nouvelle journée, d'une nouvelle étape, d'une nouvelle vie. Il est associé à toutes les institutions, comme je devais le découvrir jeune fille adolescente, saisie pour mon initiation de puberté avec les jeunes filles tsonga et venda.

Et bien que je sois la Makhadzi de l'Aigle pêcheur, c'est à moi qu'il revient de faire chanter le coq.

Je partirai bientôt pour Paris et Bruxelles participer à un colloque APC-CEE pour fêter le vingt-cinquième anniversaire de l'OUA, y montrer le film du Domba et parler de la tradition orale et de la géographie totémique de l'Afrique. Ainsi chantera le coq pour nous dire que le python s'est déroulé.

ÉPILOGUE

Dzivaguru
le python s'est déroulé.
Il a sa queue dans le Nil
son corps dans les fleuves Mara et Zambèze
sa tête dans le Limpopo.
Puis il s'élève en tourbillon
pour regagner les Cieux
où Nyabapa règne suprême.
C'est entre ses mains qu'il me remet
afin que je continue
le cycle de mes initiations, de mes sept existences.
Ainsi soit-il,
Dzivaguru,
python arc-en-ciel,
qui se dessine en ce moment en arc-en-ciel parfait
sur les horizons du Mara inondé
et dont le double se laisse deviner
au-delà du python déroulé
où le mouvement perpétuel
de va-et-vient
est inscrit dans ma destinée.

Mara Oltukai, le 29 avril 1988.

TABLE DE MATIÈRES

Prélude 9

Avant le début 15

1. Origines 21
2. Les bateaux de mes rêves et de mes réalités 36
3. La Cité perdue du désert du Kalahari 50
4. Les Karanga sont-ils des Kalanga? 71
5. Les danseuses de la pluie 75
6. Comment on devient Maasai 79
7. Prince Dika Akwa Nya Bonambela 85
8. L'équivalence des diplômes 88
9. Le royaume de la lune 95
10. L'histoire de Sikirrar 97
11. Comment on devient danseuse à São Paulo, New York, Libreville 101
12. Enkarsis - la Riche 113
13. Propos de femmes : les serpents. Naine, éléphant et sauterelles. Nairobi : la Décade des femmes. « L'enfant est le père de l'adulte. » 118
14. Les dangers de la connaissance 134
15. Mon paradis 142
16. Ma vie d'amazone 146
17. Bétail : notre souffle de vie 155
18. Une mère pas comme les autres 162
19. Mon métier de chercheur 174

20. Mon métier improvisé de réalisatrice 185
21. Les maîtres de la terre 200
22. La forêt providentielle 202
23. De Dali à Kim Basinger en passant par les guerriers maasai 207
24. L'amour-jeu et l'amour-travail 220
25. L'histoire du Mara Oltukai 226
26. La maîtrise de soi 233
27. Histoire de fous 239
28. Paris, Paris 242
29. Le pont 246
30. Des rives du Nil à celles du Zambèze, j'assume de multiples identités 250
31. Les Makondé qui sculptent nos rêves 255
32. À la lumière du fleuve rouge : Enkipai 260
33. La construction de mon dzimba-a-mabgwe 274
34. Le python arc-en-ciel 277

Épilogue 285

Cet ouvrage a été réalisé sur
Système Cameron
par la SOCIÉTÉ NOUVELLE FIRMIN-DIDOT
Mesnil-sur-l'Estrée
pour le compte des Éditions Robert Laffont
le 12 octobre 1988

Imprimé en France
Dépôt légal : octobre 1988
N° d'édition : 31362 – N° d'impression : 10156